田径教学与训练

刘金凤　编著

西南交通大学出版社

·成 都·

图书在版编目（CIP）数据

田径教学与训练 / 刘金凤编著. —成都：西南交
通大学出版社，2014.8
ISBN 978-7-5643-3255-6

Ⅰ. ①田… Ⅱ. ①刘… Ⅲ. ①田径运动－体育教学②
田径运动－运动训练 Ⅳ. ①G820.2

中国版本图书馆 CIP 数据核字（2014）第 176924 号

田径教学与训练

刘金凤　编著

责 任 编 辑	吴明建
封 面 设 计	墨创文化
出 版 发 行	西南交通大学出版社 （四川省成都市金牛区交大路 146 号）
发行部电话	028-87600564　028-87600533
邮 政 编 码	610031
网　　　址	http: //www.xnjdcbs.com
印　　　刷	成都中铁二局永经堂印务有限责任公司
成 品 尺 寸	185 mm×260 mm
印　　　张	14.5
字　　　数	362 千字
版　　　次	2014 年 8 月第 1 版
印　　　次	2014 年 8 月第 1 次
书　　　号	ISBN 978-7-5643-3255-6
定　　　价	32.00 元

前　言

随着体育课程的创新与改革，田径技能教学越来越细化，田径运动以健身为锻炼的目的越来越凸显，从而导致体育专业的学生理论更显强势，技能相对弱化，特别是在大类招生和跨专业选修学分的背景下，体育专业特色中的技能教学与训练尤为重要。在倡导提高人文素养的今天，提高体育专业学生的教学技能和训练能力才更加符合体育专业学生的培养目标。该书的目的是期望为体育教师教育或业余体育训练尽微薄之力，编者以实用运动技能学理论为指导，运用传统的教学与训练方法、手段，对田径各个项目教学训练的完整性和系统性进行探究。

全书通过对田径教学中的田径项目的发展概况、技术分析、技能教学、技术训练、体能训练、心理训练、拓展训练等方面的简述，解析田径教学和田径训练与田径技能发展的关系，为有志于从事体育教学和训练的学生及业余田径教练正确掌握动作要领，提高田径技能水平具有积极的指导作用。

由于编者的学识水平和教学经验的不足，书中必有值得商榷和探究的教学与训练方法，恳请读者批评指正。

此书在编撰过程中，得到了西南交通大学出版社的大力支持和贵州师范大学多位田径专业教师和专家的指导，在此表示感谢。该书在撰写过程中直接或间接引用了多种教材、专著和网络资料，有的未能注明被引用作者的姓名与论著的出处，在此表示歉意，并向相关作者表示衷心的感谢！

编　者

2014 年 5 月

前言

编者
2014年 5月

目 录

第一章 竞 走 ·· 1

  第一节 竞走的发展概况 ·· 1

  第二节 竞走的技术分析 ·· 2

  第三节 竞走的技术教学 ·· 4

  第四节 竞走的素质训练 ·· 6

  第五节 竞走的技术训练 ·· 8

  第六节 竞走的赛前训练与比赛 ·· 9

  第七节 竞走的实训计划 ··· 10

第二章 短 跑 ··· 12

  第一节 短跑的发展概况 ··· 12

  第二节 短跑的技术分析 ··· 13

  第三节 短跑的技术教学 ··· 21

  第四节 短跑的技术训练 ··· 23

  第五节 短跑的素质训练 ··· 25

  第六节 短跑的赛前训练与比赛 ··· 28

  第七节 短跑的实训计划 ··· 30

第三章 跨 栏 跑 ··· 31

  第一节 跨栏跑的发展概况 ·· 31

  第二节 跨栏跑的技术分析 ·· 34

  第三节 跨栏跑的技术教学 ·· 39

  第四节 跨栏跑的技术训练 ·· 43

  第五节 跨栏跑的素质训练 ·· 44

  第六节 跨栏跑的赛前训练与比赛 ·· 46

  第七节 跨栏跑的实训计划 ·· 46

第四章 接 力 跑 ··· 47

  第一节 接力跑的发展概况 ·· 47

  第二节 接力跑的技术分析 ·· 48

  第三节 接力跑的技术教学 ·· 52

  第四节 接力跑的技术训练 ·· 54

  第五节 接力跑的素质训练 ·· 55

  第六节 接力跑的赛前训练与比赛 ·· 55

第五章　中长跑 ·· 57
　　第一节　中长跑的发展概况 ·· 57
　　第二节　中长跑的技术分析 ·· 58
　　第三节　中长跑的技术教学 ·· 62
　　第四节　中长跑的技术训练 ·· 63
　　第五节　中长跑的专项素质训练 ·· 64
　　第六节　中长跑的赛前训练与比赛 ··· 67
　　第七节　中长跑的战术训练 ·· 68
　　第八节　中长跑的实训计划 ·· 68

第六章　马拉松跑 ·· 70
　　第一节　马拉松跑的发展概况 ··· 70
　　第二节　马拉松跑的技术分析 ··· 70
　　第三节　马拉松跑的技能训练 ··· 72
　　第四节　马拉松跑的赛前训练与比赛 ·· 74
　　第五节　马拉松跑运动员的战术训练 ·· 74
　　第六节　马拉松跑运动员的营养 ·· 75
　　第七节　马拉松跑的实训计划 ··· 75

第七章　障碍跑 ·· 80
　　第一节　障碍跑的发展概况 ·· 80
　　第二节　3 000 m 障碍跑的技术分析 ··· 81
　　第三节　3 000 m 障碍跑的技术教学 ··· 84
　　第四节　3 000 m 障碍跑的技术训练 ··· 85
　　第五节　3 000 m 障碍跑的素质训练 ··· 86
　　第六节　3 000 m 障碍跑的赛前训练与比赛 ······························· 87
　　第七节　3 000 m 障碍跑实训计划 ·· 87

第八章　跳高 ··· 89
　　第一节　跳高的发展概况 ··· 89
　　第二节　背越式跳高的技术分析 ·· 90
　　第三节　背越式跳高的技术教学 ·· 95
　　第四节　背越式跳高的技术训练 ·· 98
　　第五节　跳高的素质训练 ··· 99
　　第六节　跳高的赛前训练与比赛 ·· 100
　　第七节　跳高的实训计划 ··· 101

第九章　撑竿跳高 ·· 104
　　第一节　撑竿跳高的发展概况 ··· 104
　　第二节　撑竿跳高的技术分析 ··· 106
　　第三节　撑竿跳高的技术教学 ··· 109

第四节　撑竿跳高的技术训练 ··· 111

第五节　撑竿跳高的素质训练 ··· 112

第六节　撑竿跳高的赛前训练与比赛 ··· 114

第七节　撑竿跳高的实训计划 ··· 115

第十章　跳　远 ·· 117

第一节　跳远的发展概况 ··· 117

第二节　跳远的技术分析 ··· 117

第三节　跳远的技术教学 ··· 122

第四节　跳远的技术训练 ··· 128

第五节　跳远的素质训练 ··· 129

第六节　跳远的赛前训练与比赛 ··· 132

第七节　跳远的实训计划 ··· 133

第十一章　三级跳远 ·· 136

第一节　三级跳远的发展概况 ··· 136

第二节　三级跳远的技术分析 ··· 137

第三节　三级跳远的技术教学 ··· 140

第四节　三级跳远的技术训练 ··· 143

第五节　三级跳远的赛前训练与比赛 ··· 145

第六节　三级跳远的实训计划 ··· 146

第十二章　推　铅　球 ·· 147

第一节　推铅球的发展概况 ··· 147

第二节　推铅球的技术分析 ··· 148

第三节　推铅球的技术教学 ··· 155

第四节　推铅球的技能训练 ··· 156

第五节　赛前技术训练与力量训练 ··· 161

第六节　推铅球的实训计划 ··· 162

第十三章　掷　铁　饼 ·· 164

第一节　掷铁饼的发展概况 ··· 164

第二节　掷铁饼的技术分析 ··· 165

第三节　掷铁饼的技术教学 ··· 168

第四节　掷铁饼的技术训练 ··· 171

第五节　掷铁饼的素质训练 ··· 173

第六节　掷铁饼运动员的赛前训练 ··· 175

第七节　掷铁饼的实训计划 ··· 177

第十四章　掷　标　枪 ·· 179

第一节　掷标枪的发展概况 ··· 179

第二节　掷标枪的技术分析 …………………………………… 181
第三节　掷标枪的教学分析 …………………………………… 189
第四节　掷标枪的技术训练 …………………………………… 192
第五节　掷标枪的素质训练 …………………………………… 192
第六节　掷标枪赛前训练与比赛 ……………………………… 194
第七节　掷标枪的实训计划 …………………………………… 195

第十五章　掷　链　球 ………………………………………… 197
第一节　掷链球的发展概况 …………………………………… 197
第二节　掷链球的技术分析 …………………………………… 198
第三节　掷链球的技术教学 …………………………………… 203
第四节　掷链球的技术训练 …………………………………… 205
第五节　掷链球的素质训练 …………………………………… 207
第六节　掷链球的赛前训练 …………………………………… 208
第七节　掷链球的实训计划 …………………………………… 209

第十六章　全能运动 …………………………………………… 213
第一节　现代全能运动的发展概况 …………………………… 213
第二节　现代全能运动项目技术分析 ………………………… 216
第三节　全能运动的技能训练 ………………………………… 218
第四节　全能运动的实训计划 ………………………………… 222

参考文献 ………………………………………………………… 224

第一章 竞 走

第一节 竞走的发展概况

走是人类活动的基本技能，竞走是在普通走的基础上发展起来的田径运动项目，是一项便于开展的运动项目。竞走起源于英国，19 世纪初，英国人在工作之余，节假日结伴到郊外游玩，逐渐形成了快走比赛。1867 年英国就已经举办了竞走锦标赛，后来竞走在欧洲被广泛传播开展起来，并且很快传播到北美洲、大洋洲的许多国家。当时对竞走的技术没有严格的要求，比赛项目也不固定。

1908 年第 4 届奥运会，男子竞走被正式列为奥运会比赛项目，并且分为 3 500 m 和 10 mile 两种赛程（16.1 km）。1912 年第 5 届奥运会设立男子 10 km 竞走比赛，1932 年第 10 届奥运会首次设立男子 50 km 竞走比赛，1956 年第 16 届奥运会首次设立男子 20 km 竞走比赛。

1976 年以后，竞走在世界各地被广泛开展起来，1980 年国际田联正式将女子竞走列为世界性比赛项目。1992 年第 25 届奥运会首次设立女子 10 km 竞走比赛，我国运动员陈跃玲获该项目冠军，并成为我国运动员在奥运会历史上获得的第一枚田径项目金牌。2000 年第 27 届奥运会首次设立女子 20 km 竞走比赛，我国运动员王丽萍获该项目冠军。

20 世纪初竞走训练是在赛前 2～4 周开始，按比赛的距离进行练习。后来发展到在赛前 5～6 个月开始训练，用不同的距离和不同的走速进行训练。20 世纪 30 年代的竞走训练是从赛前 8～10 个月开始，其训练内容除竞走外，还有各种跑、滑雪和游戏等。20 世纪 50 年代开始全年训练，在全面身体训练过程中，采用了间歇训练法和重复训练法，并增加了训练量。20 世纪 60 年代开始，强调在一定训练强度下的变速走，增加了年走量，重视竞走运动员的选材、训练后的恢复。20 世纪 80 年代开始，强调训练的强度，更加注意竞走运动员的选材、恢复，并广泛地采用了高原训练方法。

竞走分为公路竞走和场地竞走两种，公路竞走以公里（km）为单位，而场地竞走则以米（m）为单位。奥运会设有女子 20 公里（km），男子 20 公里（km）和 50 公里（km）三个项目。

田径竞赛规则对竞走的定义是："竞走是运动员与地保持接触、连续向前迈步的过程，没有（人眼）可见的腾空。前腿从触地瞬间至垂直部位应该伸直（即膝关节不得弯曲）。"运动员在竞走比赛过程中，其技术动作必须符合上述规则中的两条规定，否则会受到裁判员的警告乃至严重警告（给予红卡）。对于运动员的严重犯规，裁判员可在事先没有对运动员进行警告的情况下直接给予严重警告（给予红卡）。这应引起运动员和教练员的高度注意。

上述竞走定义是 1996 年国际田联修改制定的新的竞走定义。与此前的竞走定义相比，新定义有两点变化：① 强调了没有人眼可见的腾空（如果借助仪器观察，事实上存在人眼观察不到的腾空）；② 向前迈出的腿膝关节伸直的时相和范围，由过去的支撑腿在垂直部位膝关节至少有一瞬间必须是伸直的，改为现在的从触地瞬间至垂直部位膝关节应该伸直。规则对支撑腿膝关节伸直范围的要求扩大了，对竞走运动员提出了更高的技术要求。

第二节　竞走的技术分析

一、现代竞走技术

竞走的速度比普通走快，主要是因为竞走时的步幅较大，步频也较快的缘故。由于竞走比赛各项目的距离都比较长，技术动作又有专门的规定，因此，竞走时的技术应实效、省力，同时又要符合规则的要求。

（一）下肢技术动作

当身体重心移过支撑点上方时，支撑腿快速有力地伸展髋关节和踝关节，以 55° 左右的后蹬角，用脚尖蹬离地面。在支撑腿后蹬的同时，摆动腿屈膝迅速前摆，骨盆随摆动腿的前摆绕人体垂直轴转动，小腿依靠大腿向前摆动的惯性而前摆，脚掌沿地面向前迈步，并逐渐伸直膝关节（图 1-1）。

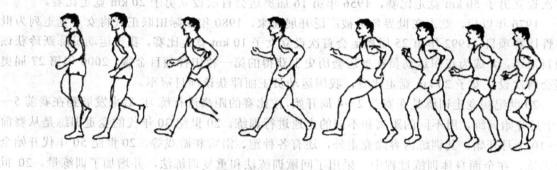

图 1-1　竞走技术

当向前摆的腿膝关节伸直时，以 65° 左右的着地角，用脚跟在身体前方靠近运动中线的地方着地，着地瞬间也正是后腿脚尖将要离地之时。着地后，支撑腿膝关节伸直由脚跟经脚掌外侧柔和、快速地滚动到全脚掌。与此同时，蹬离地面的腿脚尖朝下，离地较近，依靠蹬地反作用力的惯性自然、快速向前摆动。在这一过程中骨盆适度沿矢状轴转动，到支撑腿垂直支撑时，摆动腿大腿摆至支撑腿大腿稍前处，大小腿夹角略大于 90°，摆动腿一侧的骨盆略低于支撑腿一侧的骨盆，摆动腿膝关节角大约 120°。

（二）躯干和摆臂技术

支撑腿在垂直支撑时相，躯干基本上是正直的，眼视前方，颈部自然放松。后蹬过程中躯干前倾 5° 左右。两臂配合下肢动作半握拳屈肘约 90° 前后摆动（两臂上臂摆至躯干两侧垂直部位时，肘关节略大于 90°，两臂向前摆和向后摆结束时，肘关节略小于 90°）。向前摆时，手摆至胸骨前方不超过身体中线，高度不超过下颌。向后摆时，肘稍向外，上臂摆至稍低于肩的位置。

二、技术特点与分析

竞走分公路竞走和场地竞走两种，比赛距离都比较长，能量消耗多。因此，竞走技术的实效性和经济性尤为重要。为了减少能量消耗，节省体力，防止动作变形，在走进过程中应以匀速走为主。大多数优秀竞走运动员全程速度分配都比较均匀。

由于规则规定了向前迈出的腿从触地至垂直部位应该伸直（即膝关节不得弯曲），为了做到脚着地时膝关节能伸直，用脚跟先着地，且脚尖上翘。为了减小脚着地时的阻力，防止走速下降，脚着地时应柔和、迅速地经脚掌外侧滚动到全脚掌，使身体重心迅速前移。

蹬地过程中应充分发挥踝关节的力量。蹬地后，后摆阶段脚尖朝下，离地较近；前摆阶段脚掌沿地面向前迈进，骨盆随摆动腿适度沿身体垂直轴转动，以增大步幅，着地时骨盆转动达到最大限度（图 1-2）。在摆动的整个过程中，大小腿的折叠程度不应过大，成自然折叠状态为宜，以避免身体重心起伏过大。同时为避免重心上下起伏过大，在垂直支撑时相，骨盆应沿矢状轴适度转动，形成摆动腿一侧骨盆稍低于支撑腿一侧。另外，支撑腿同侧肩稍下沉，使其低于另一侧肩的高度（图 1-3）。

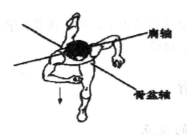

图 1-2　肩轴和骨盆轴沿身体垂直轴的转动方向图

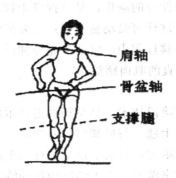

图 1-3　肩轴和骨盆轴沿身体矢状轴的转动方向图

按照规则的定义，竞走应有双支撑动作过程。通过高速摄影或借助其他仪器观察发现，走速较慢时，存在双支撑动作过程，高速竞走时，双支撑动作过程会消失，出现瞬间的腾空。研究结果表明，人眼的视觉分辨差为 43 ms，也就是说竞走时 43 ms 以下的腾空用人眼直接观察是分辨不出来的。在正式比赛中通过高速摄影并结合裁判员的判罚结果分析，43～70 ms 的腾空人眼很难分辨清楚，此时间段处于模糊区域。70 ms 以上的腾空人眼便可清楚地分辨出来。因此竞走训练过程中一方面要严格按照竞走定义去做，尤其是在基础训练阶段；另一方面要运用现代化设备与人眼现场观察相结合，使人眼观察不到的腾空时间控制在一个合理的范围内。教练员和运动员应付出更大的努力，训练与科研相结合，既要努力提高走速，又要避免肉眼观察到的腾空，这是今后竞走训练的重要内容之一。

在场地弯道上竞走时，由于身体需适度向圆心方向倾斜，蹬地时右脚用脚掌内侧、左脚用脚掌外侧向稍右后下方蹬地。向前摆腿时右膝关节稍向内、左膝关节微向外。另外，右臂摆动的幅度和力度也比左臂稍大些。在公路转弯处顺时针竞走时，臂腿动作要求与场地竞走相反。

由于竞走时间比较长，呼吸方法十分重要，要与腿、臂的摆动节奏相配合。一般是用鼻子和半张开的嘴同时进行呼吸。呼吸动作应自然，并与走的步数相配合，通常是两步一呼气，两步一吸气。要注意呼吸的深度，特别是呼气的深度，因为只有充分呼气后，才能充分吸气。

第三节　竞走的技术教学

竞走技术教学通常以完整练习法为主，抓住技术教学的重点和难点，自始至终强调动作的规范性和技术动作的自然、放松。

一、竞走教材分析

（一）竞走技术教学的重点

1. 掌握支撑腿在前支撑阶段膝关节伸直的技术

注意向前迈出的腿着地时伸直的动作，是掌握竞走技术的一个重点。教学过程中，一要抓住迈步过程中的骨盆转动，这样可带动腿前移；二要抓住伸膝动作，着地时脚尖往上翘，在脚掌滚动、身体重心快速前移过程中，膝关节充分伸展，有向后推压膝部的感觉。教学时应强调在前支撑阶段膝关节伸直的肌肉感觉。

2. 掌握双支撑技术

注意竞走过程中的双支撑阶段技术，是掌握竞走技术的又一个重点。教学过程中，一方面应抓住前脚脚跟触地、脚尖上翘，与后脚脚尖着地的同步动作。尤其是脚尖上翘动作质量取决于胫骨前肌的收缩力量和耐力，这需要反复进行负重或抗阻力上翘脚尖练习。另一方面踝关节应做各种绕环练习与脚掌做上、下大幅度的摆动练习。教学过程中通过脚跟脚尖的静止站立，体会较慢速度大步用前脚跟与后脚尖同时着地的感觉。

3. 走进中身体重心要平稳

竞走时身体重心波动小，既可节省体力，又能有效地避免腾空犯规。重心上下波动一般不要超过 5 cm。单腿垂直支撑时相重心位置最低，前脚跟着地瞬间重心位置最高。要使重心在走进中趋于平稳，应从脚落地方式、着地距离、后蹬方向等方面考虑。

（二）竞走技术教学的难点

在竞走技术教学中，教学难点是技术动作的自然、协调和放松。竞走技术教学开始阶段，学生很容易出现身体紧张、动作不协调现象。因此，走的距离不要太长，走速不要太快。练习以前充分伸展有关肌肉群，充分活动肩关节、髋关节、膝关节和踝关节等。教学过程中要始终强调动作的自然、协调和放松。

二、竞走教学的程序与方法

（一）介绍竞走的一般知识

简介竞走分类和技术演变，介绍竞走比赛的规则和遵守这些规则的重要性，强调竞走的健身价值，激发学生学习的积极性。

（二）学习和初步掌握竞走技术

1. 讲解现代竞走技术及其特点
通过教师示范、播放技术录像、观看技术图片及讲解等手段，使学生对正确的现代竞走技术有一个初步的了解。

2. 学生练习体会竞走技术
（1）直线大步走 60～100 m，要求学生脚跟先着地，动作自然放松，步幅开阔。

（2）直线大步屈臂前后摆动走 60～100 m，要求学生脚跟先着地，着地时膝关节伸直。

（3）慢速和中速竞走 200 m 左右，要求学生从脚跟着地时起至垂直部位，支撑膝关节应伸直，在前脚脚跟着地、后脚脚尖即将离地时（不要出现腾空），体会蹬地时伸展髋关节和踝关节的技术动作，要求向前摆腿时控制脚离地高度。

（三）改进和完善竞走技术

1. 改进和完善竞走时骨盆绕身体垂直轴做适度转动的技术
（1）两腿左右开立比肩稍窄，原地做骨盆回环转动练习，体会骨盆主要绕身体垂直轴转动以及适度绕矢状轴转动。

（2）原地和行进中做前交叉步走，体会骨盆绕身体垂直轴转动。

（3）慢速和中速竞走 60～100 m，重点掌握骨盆随摆动腿向前摆动沿身体垂直轴的转动技术，同时体会脚的着地方法和支撑腿膝关节伸直的范围。

2. 改进和完善竞走时的摆臂和肩部动作技术
（1）两腿左右开立比肩稍窄，原地做以肩关节为轴的屈肘摆臂练习，摆臂过程中，肩部随着臂的摆动沿身体垂直轴稍有转动。

（2）两臂置于背后和头后的 60～100 m 的重复走。

（3）慢速和中速竞走 60～100 m，重点掌握正确的摆臂动作以及肩配合骨盆的转动做适度的转动。

3. 改进和完善弯道竞走技术

（1）按照弯道竞走技术要求，沿半径为 10～15 m 的圆圈竞走。

（2）按照弯道竞走技术要求，在田径场弯道上竞走 80～100 m。

（四）巩固和提高竞走技术

（1）中速竞走 100～400 m。

（2）中速竞走 200 m 和快速竞走 200 m 相结合的变速走。

（3）竞走 200 m、400 m 或 800 m。

练习过程中，强调规则对竞走技术的两条规定，要求学生在走进过程中尽量做到放松、自然。

第四节　竞走的素质训练

竞走运动员要想在比赛中取得优异成绩，应具备良好的技术水平、较高的生理机能水平及全面的素质水平，尤其是要具有全面的身体素质优势。运动训练理论和实践研究表明，人身体素质水平的高低，对运动能力的发挥与提高起着非常重要的作用。竞走训练和比赛具有大运动量、高强度的特点，因此，加强竞走运动员的全面身体素质训练，是现代竞走运动员训练必不可少的内容之一。

一、耐力训练

耐力是人体长时间持续工作的能力。从竞走项目特点看，要取得优异的竞走成绩，耐力素质是基础。耐力可分为一般耐力和专项耐力。

1. 一般耐力训练

发展一般耐力通常采用中等强度的练习，采用越野跑、长时间的慢速和中速走或跑、走与跑交替练习、各种球类活动以及游泳等内容进行。

在训练周期的各个阶段应不间断地进行耐力训练。通常准备期一般耐力训练的比重较大。发展一般耐力通常是从增加练习时间和练习量开始。

2. 专项耐力训练

发展专项耐力通常采用比赛强度或略高于比赛强度的强度练习，走的距离短于比赛距离。运用重复练习法和间歇练习法进行训练。现代竞走运动水平越来越高，因此，必须在坚持一般耐力训练的基础上，不断提高专项耐力训练水平。

二、速度训练

竞走的速度训练，通常是采用短于专项或接近专项距离的大强度的竞走练习。如采用顺风走、下坡走及跟随一定速度的自行车或机动车走等。

三、力量训练

1. 一般力量训练

竞走的一般力量训练，主要是采用既能增加肌肉力量又能增强肌肉的伸展和放松能力的练习，尤其是要发展踝关节、髋关节及腰背部肌肉力量，同时要注意发展下肢及肩带肌肉力量。进行一般力量训练时负重量不要大，重复次数可多一些。

2. 专项力量训练

专项力量训练是指发展与竞走动作有直接关系的肌肉群的力量。如上坡走或逆风走等加大难度的竞走练习，两腿交换跳或跳绳等适量的跳跃练习，以及负重摆臂练习等。

四、柔韧性训练

柔韧性训练是竞走运动员不可忽视的训练内容，应做到柔韧性经常练，尤其是要经常做髋关节和肩关节周围肌肉、韧带的伸展性和关节灵活性练习。在每次进行柔韧性练习时应先进行静力性柔韧练习，然后再进行动力性柔韧练习。

五、高原训练

竞走比赛是技术性很强的速度耐力项目，以有氧代谢为主。赛前上高原（一般在高原上训练 25~35 天），通过在高原上氧分压较低的环境中训练，可以提高呼吸系统和循环系统的机能，特别是可以提高血液中血红蛋白含量。这样下高原再进行适应性训练约两周后参加比赛，对提高专项运动能力效果显著。

高原训练时，可采用阶梯式上强度和恒定间歇时间竞走同一段落的组合方案，逐渐提高强度。也可采用段落长度逐渐缩短、走速不断提高重复走的组合方案。还可采用中等强度的长距离公路竞走、变速竞走和普通走相交替的训练方案。

六、心理训练

由于竞走时间长，动作单一，在长期的训练过程中易形成厌烦情绪。因此，在平时训练中可通过各种心理手段进行调节。

如对长距离走有畏难情绪时，可采用自我暗示法，把要走的距离分成若干段落，逐段完成以消除畏难情绪，也可在长距离走中让队员重点体会竞走的技术进行自我暗示。训练过程中感到枯燥时，还可采用注意力转移法，如追赶同伴、行人或骑自行车的人等。周围没有参照物时，可把注意力转移到呼吸节奏上。还可采用更新环境法进行调节，提高训练效果。

七、理论学习与战术训练

竞走运动员深入学习竞走规则和竞走裁判法是非常重要也是必需的。充分理解规则，对掌握正确的竞走技术是非常有利的。了解竞走裁判方法（裁判员提出警告和严重警告的程序，主裁判执行取消运动员继续比赛资格的规定）以及裁判员的职责范围，对调整自己的走速和战术也是非常有利的。教练员在平时的训练过程中应有目的地组织队员学习竞走规则和裁判法，同时还应向队员讲解竞走训练理论，以达提高训练效果的目的。

当运动员有了丰富的有关竞走方面的知识，在遇到水平相当的对手时，就能合理运用战术，战胜对手，取得优异成绩。为了减少能量消耗，应按事先制定好的速度分配方案，凭借自己的速度感觉，采用匀速走战术。如果竞技水平高、一般耐力好，可采用领先走战术；如果运动员速度好，耐力一般或缺乏比赛经验，可采用跟随走战术，力争在最后超过对手。如果训练水平高，为了甩开对手，可采用变速走战术。

战术的运用取决于平时的严格训练，不论采用何种战术，都应从对手、场地、气候及路线等实际情况出发。

八、恢复训练

竞走运动员的训练和比赛的时间长、运动量大、体能消耗大，动作单一、易产生疲劳。因此，每次训练后，应充分做好放松和整理活动，采用慢跑、慢走、徒手操、互相按摩等，使身体得以恢复。有条件的也可以采用一些物理放松手段，服用田径规则许可的可以促进恢复、增强体能的各种营养成分。

加强医学监督和自我监督。可采用测量脉搏和体重，根据饮食、面色、睡眠、情绪等情况进行自我监督。有条件的还可不定期进行血色素、尿、血乳酸、心电图等检查的医学监督，根据身体状况合理安排训练。

运动员还应有饮食和营养标准，夏季或出汗多时，应适当喝点食盐水以及含碱电解质的饮料，多吃水果、蔬菜和含维生素丰富的食物。

第五节　竞走的技术训练

由于田径竞赛规则对竞走技术有严格的规定，因此，运动员必须掌握正确、规范的竞走技术。尤其是新手应严格按竞走定义加强技术训练。随着训练水平和运动成绩的提高，运动员应不断改进和完善竞走技术，只有扎实地掌握了竞走技术，才能在高速走中控制好技术，而不被裁判员警告或严重警告，以取得理想的运动成绩。

一、摆臂练习

两腿左右开立，比肩稍窄，也可前后站立，体重放在前腿上，以肩关节为轴，半握拳，曲肘90°，前后摆臂。前摆不超过身体中线，高度不超过下颌，后摆肘稍向外，上臂摆至稍低于肩的位置。也可原地摆臂与摆腿动作配合练习。

二、低姿直摆腿走练习

在竞走技术训练的最初阶段，摆动腿可进行直腿摆练习，目的在于强化脚着地时膝关节伸直，直至垂直支撑阶段。为了达到这一目的，强调摆动腿前摆时脚尖上翘，脚离地要近，迫使膝关节反应性伸直，以足跟先着地。

三、快速低姿稍屈膝的前摆腿练习

在低姿直摆腿走的基础上，要求腿在向前摆的过程中，膝关节适度弯曲，使其摆动动作轻松、自然。仍强调着地时脚尖上翘，脚跟先着地，以确保着地时膝关节伸直。着地后迅速滚动到全脚掌，重心迅速前移，膝关节保持伸直到垂直支撑。

四、骨盆动作练习

原地两腿直屈交换伸髋、伸膝练习。两脚左右开立约 20 cm，直腿一侧全脚着地，另一腿屈髋、屈膝前脚掌着地，其膝朝向另一腿的脚尖方向。在交换过程中，屈腿一侧骨盆下降，使骨盆适度沿矢状轴转动，同时适度沿垂直轴转动。原地两腿大幅度左右交叉步走以及行进中加大步幅走，使骨盆沿垂直轴转动。

五、两腿协调蹬摆快速走

在该练习中强调后蹬腿伸髋伸踝，脚尖蹬离地面，向前摆腿膝关节自然折叠，脚离地要近，着地时脚尖上翘，脚跟先着地，以保证着地时膝关节伸直。

六、较长距离的反复走

在比较长的距离内反复走，全方位感知摆臂、骨盆动作、步幅、步频、速度分配、支撑腿膝关节在规定的范围内是否伸直、有无人眼观察到的腾空等，逐渐使其竞走技术在快速走中符合竞走定义的要求。

第六节 竞走的赛前训练与比赛

赛前训练安排对于任何一个竞赛项目都是很重要的，通过赛前训练与调整使运动员达到竞技状态。竞走赛前训练一般通过赛前 6～8 周完成。而这 6～8 周的训练又可分为两个时间相等的中周期，每个中周期各为 3～4 周。

赛前训练第一方案是，把训练分为两个 3 周的中周期。其训练安排为两个中周期的第一周负荷最大，第二周负荷最小，以便在周末为运动员充分恢复和超量恢复创造有利条件，第三周则为模拟比赛训练。

赛前训练第二方案是，把训练分为两个 4 周的中周期。每个中周期的前两周负荷较大，其中第二周比第一周大些，第三周适当减小负荷量进行诱导性训练，第四周为模拟比赛训练。

第一个中周期的最后一周是模拟比赛训练周，要求队员精神上不要太紧张。

第二个中周期的最后一周也是模拟比赛训练周，但应结合每个队员的专项和个人特点合理安排成小周期训练，在该周结束前应减小运动量。

赛前训练的两个中周期的安排，应使队员在最后一周达到并发挥出最佳的运动能力。第二个中周期的安排可同于第一个中周期，也可根据第一个中周期的情况，做一些必要的调整。

赛前训练负荷的变化呈波浪形，第一个中周期运动负荷增加到最大，甚至超过比赛。第一个中周期安排模拟比赛训练，一方面是为了进行训练，另一方面是通过大负荷训练，使运动员对比赛有更好的适应性，并在比赛时达到超量恢复状态。第二个中周期的训练安排基本上同第一个中周期，只是总负荷量比第一个中周期小些。另外还应考虑赛前训练阶段之前的训练负荷安排，如果赛前训练阶段之前的负荷量很大，第一个中周期的负荷量应安排得小些。目的就是使运动员赛前完全恢复，精神饱满地参加比赛。

赛前训练的最后一周应减少负荷量，但只是减量，而强度应保持在比赛水平。另外赛前可让队员适当看书、看电视及谈论与比赛无关的话题，以防止运动员过度兴奋。比赛前几天也应进行较小负荷的训练，不能消极休息。赛前一天以积极休息的方式做一些准备活动或少量的练习，活动时不要太用力，一般控制在身体发热稍排汗为宜，以便防止过度兴奋，有利于提高队员第二天比赛时的能力。

赛前运动员还应保持作息和饮食规律，准备好比赛用的服装、鞋和袜子，修剪好脚趾甲，赛前 3 h 进餐，饮食应是易消化、体积较小而热量高的食物。提前 1.5 h 到达比赛场地，提前 50 min 左右做准备活动，以慢跑和一般性准备活动达到热身和提高关节灵活性，以专项准备活动达到熟练技术的目的。并在准备活动最后进行 200～400 m 竞走练习，之后稍休息调整呼吸，准备比赛。

比赛过程中应按既定战术进行，也可根据实际情况有所调整。其中包括速度分配、何时饮水，并适当注意有无严重警告（红卡），以饱满的情绪、高昂的斗志及一定的调控能力完成全程比赛。

第七节　竞走的实训计划

要取得优异的竞走运动成绩，运动员必须有计划地进行系统训练。训练计划一般分为多年训练计划、年度训练计划、阶段训练计划和周训练计划。这些计划都是按上一级训练计划的任务和目标制订下一级训练计划的任务和目标，由此逐级完成的。不同的训练阶段其训练任务是不同的。现以周训练计划（小周期）为例说明。

一、准备期前一阶段周训练计划（10 000 m）

准备期前一阶段的训练主要是进行全面身体训练，提高一般耐力水平，改进和提高竞走技术。

周一：有针对性地进行改进竞走技术的专门练习，以适宜的速度进行 5 000 m 左右竞走。重点改进竞走技术。

周二：通过球类活动、徒手或持器械的各种体操和力量练习以及游泳等，进行全面身体素质练习。

周三：以适宜的速度进行 10 000～12 000 m 竞走，提高一般耐力和专项耐力水平。

周四：休息。

周五：越野跑 60 min 左右，提高一般耐力水平。

周六：以适宜的速度进行 10 000 m 竞走，提高一般耐力和专项耐力水平。

周日：休息。

二、准备期后一阶段周训练计划（10 000 m）

准备期后一阶段的训练主要是提高专项耐力，进行速度练习和完善竞走技术练习。而一般耐力和一般身体练习都随之减少。

周一：针对性地进行技术练习，以较快的速度进行 6 000 m 左右竞走，进行速度练习，同时完善竞走技术。

周二：以较快的速度进行 12 000 m 左右竞走，提高专项耐力水平，使其技术动作与速度相适应。

周三：进行 60 min 左右的竞走与跑相结合或越野跑与走相结合的练习，提高一般耐力水平。

周四：休息。

周五：以较快的速度匀速或变速竞走 10 000～12 000 m，提高专项耐力水平。

周六：进行 60 min 左右的慢跑或竞走与跑结合的练习，提高一般耐力水平。

周日：休息。

第二章　短　跑

第一节　短跑的发展概况

短跑是人们日常生活中最基本的生活技能，又是竞技场上拼搏的最高境界，作为竞技项目，短跑有激烈的竞争性，也有引人入胜的欣赏性，还有全民健身的示范性，短跑的发展过程，也是社会不断前进的写照。

一、发展概况

（一）距离及项目的确定

在公元前 776 年第一届古代奥运会上，就有一个"斯太地（Stadion）"距离的短跑竞赛项目。从第 14 届开始增加了第二个短跑项目"基阿洛斯"（两个"斯太地"），长度接近 400 m，当时，比赛规则很简单，不计时间也不排名次，谁第一个到达终点谁就获胜。[①]

1896 年，第一届现代奥运会设男子 100 m 和 400 m 比赛，美国运动员布克分别以 12 s 和 54.2 s 获得两项冠军；第二届奥运会增设 200 m 比赛项目，美国的邱克斯贝利以 22.2 s 的成绩摘冠。女子 100 m、200 m、400 m 比赛项目是在 1928 年 9 届、1948 年 14 届和 1964 年 18 届奥运会上依次确定的。从第 20 届起，男女短跑共举行 10 个项目的比赛：100 m、200 m、400 m、4×100 m、4×400 m。短跑项目涌现出的优秀运动员有史密斯、伊万斯、刘易斯、乔伊娜等。

（二）起跑技术的演变

最初的起跑是运动员出发时用一只手抓住绳子，站着起跑，并利用后蹬巨石的力量冲出起跑线，到 18 世纪末，运动员是站在起跑点上，由裁判员喊一声"跑"，比赛就算开始；随后，出现了各种起跑方法，如"分手起跑法""双方同意起跑法""卧倒起跑法"等。大约在 1887 年，美国田径教练玛尔菲到澳大利亚旅行，看到袋鼠在跳跃之前，总是后腿弯曲，身体低低地俯下去。此姿势不仅起动迅速，而且向前的冲力也很大。受此启发，他发明了"蹲踞式"起跑姿势，并于 1888 年被大学生西里西首先使用。在 1896 年第一届现代奥运会上，美国运动员布克采用"蹲距式"以 12 s 的成绩获得了 100 m 比赛冠军；又以 54.2 s 的成绩获得 400 m 冠军，从此"蹲距式"起跑技术开始在全世界推广。起跑器于 1927 年开始出现，到 1929 年，美国选手辛普逊首先使用了可调节的起跑器，并以 9.4 s 跑完 100 m，但由于当时不准使

[①] 斯太地（stadion）是古希腊的长度单位，相传是大力神脚长的 600 倍，一个斯太地的长度为 192.27 m。

用起跑器，只准在地上挖穴，其成绩没有被承认为世界纪录，直到 1936 年第 11 届奥运会，起跑器才取得合法地位。随着对起跑研究的不断发展，"普通式"、"拉长式""接近式"等起跑方法也应运而生。20 世纪 80 年代初，田径规则规定，短跑比赛一律采用"蹲距式"起跑，并规定在"预备"口令发出后，运动员四肢必须支撑地面。

（三）途中跑技术的演变及终点跑技术的发展

据古时图文记载，跑的姿势是上体前倾较大，腿抬得较高，落地前小腿有前摆动作，步幅开阔，手臂摆幅很大，全身表现出很强的力量特征，20 世纪初，出现了"踏步式"，特点是躯干前倾大，大腿抬得高，脚落地点离身体重心投影点近，步幅小而步频快，跑的动作较紧张。后来芬兰人克里麦特创造了"迈步式"（亦称"旧摆动式"），特点是上体直立或稍前倾，大腿高抬并前伸小腿，脚跟着地，落地点距身体重心较远，步幅大而步频稍慢，动作轻松自然。但由于是腿跟着地，仍影响速度发挥。当时瑞典体院对"迈步式"进行研究后，创造出了"摆动式"跑法，其特点是用前脚掌落地，小腿自然摆动，大腿积极下放，膝关节放松，着地点更接近身体重心投影点，从而极大地促进了短跑成绩的提高。20 世纪 60 年代末期塑胶跑道的使用使短跑成绩产生了飞跃。1968 年在墨西哥奥运会上，美国运动员海因斯以 9.9 s 的成绩打破了保持有 8 年之久的 10 s 世界 100 m 纪录；在 200 m 和 400 m 中，美国的史密斯和伊万斯分别以 19.8 s 和 43.9 s 成绩摘冠，并打破世界纪录，技术特点也由原先的"摆动式"，发展到当今的"屈蹬式"，更加强调高抬大腿、积极送髋、快蹬快摆、积极扒地，以及后蹬瞬间支撑腿膝关节不完全伸展的屈蹬技术，整个动作轻快、柔和、富有弹性、前进性好。

20 世纪 60 年代，开始使用全自动电子计时系统，1977 年 1 月，国际田联规定 400 m 和 400 m 以下项目只有全自动计时成绩，才被承认为世界纪录，成绩单位为 1/100 s。由于撞线瞬间成绩与名次都很清楚地排列出来，所以撞线技术更显重要。

（四）短跑技术发展趋势

① 技术动作规范化。具体表现为动作平稳，重心波动差小，四肢配合协调，节奏感明显等；② 结构合理化。一方面重视摆动技术，要求大小腿紧贴折叠，快速有力，大幅摆动；另一方面，注重缩短支撑和腾空时间，并使二者比例合理（途中跑约 1∶1.2），主要通过增大身体重心腾起初速度和减小身体重心的腾起角来实现；③ 步幅、步频同步化。即要求步频、步长同步发展；④ 加速时间和距离延长。总的要求是起跑反应快，加速能力强，途中跑维持高速度时间长，最后冲刺技术合理，整个动作轻松、协调、节奏快，向前效果好。

第二节　短跑的技术分析

短跑全程技术可分为起跑、起跑后的加速跑、途中跑、弯道跑（200 m、400 m）和终点跑 5 个部分。短跑成绩是由起跑的反应速度、起跑后的加速能力、保持最高跑速的时间和距离、弯道跑的身体协调能力、终点冲刺能力以及各部分的技术动作的完成质量决定的。

一、现代短跑技术

（一）起　跑

任务：迅速摆脱静止状态，为起跑后加速创造条件。

重点难点：蹬腿摆臂有力，积极向前。

要求：迅速打破平衡。

1. 起跑器的安装（图 2-1）

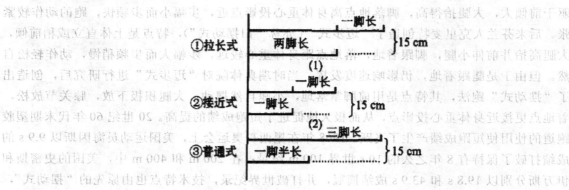

图 2-1　起跑器的安装图

图 2-2　起跑

（二）起跑后加速跑（图 2-2）

任务：尽快达到最高速度。

重点难点：前倾角适宜，蹬摆有力。

要求：渐增步幅，渐抬重心，渐成直线。

提示：分两个加速阶段：① 重心渐升至最高点（约 30 m 左右）；② 重心在高点的加速（约到 60～80 m 处）。

要点：① 步幅渐增，第一步约 3.5～4 脚长，随后每步增加 5 个脚掌长左右；② 上体渐抬，在 30 m 左右完全抬起；③ 重心渐升，在前 5 m 内，约沿 5°角上升；④ 脚印渐合，在 10～15 m 处，两脚脚印逐渐合成一条直线。

图 2-3　起跑后加速跑

（三）途中跑（图 2-4）

图 2-4　途中跑技术

任务：发挥和保持较长距离的最高速度。

重点难点：蹬、叠、抬、扒。

要求：轻松、协调、有弹性、节奏快、屈蹬效果好。

提示：蹬地角 56°～60°，折叠紧，前摆高抬，鞭打扒地。

要点：头部正对前方，颈部放松，躯干稍前倾（前倾角 8°～12°），两臂以肩为轴，前后摆动幅度约 115°～125°。

（四）弯道跑

1. 弯道起跑（图 2-5）

任务：迅速摆脱静止状态，为起跑后加速跑创造条件。

重点难点：蹬腿摆臂有力，积极向前。

要求：重心稍高，正对切线方向，迅速打破平衡。

提示：① 正对切线方向；② 左手撑于起跑线后约 5～10 cm。

要点：由于直线加速距离缩短，上体抬起较早。

图 2-5　弯道起跑

图 2-6　弯道跑技术

2. 弯道起跑后加速跑（图 2-6）

任务：尽快达到最高速度。

重点难点：前倾角适宜，蹬摆有力。

要求：渐增步幅，渐抬重心，渐成直线。

3. 弯道途中跑

任务：尽快发挥或保持最高速度。

重点难点：保持途中跑动作技术。

要求：动作幅度右大于左，出弯道后惯性跑2～3步。

提示：进弯道时，重心开始向左倾，右侧动作幅度渐大于左侧；出弯道时，左右动作幅度渐趋一致。

要点：进弯道时，放松、快摆、加速；出弯道时，应顺惯性放松跑2～3步。

（五）终点跑

任务：尽可能保持途中跑的最高速度。

重点难点：尽可能保持途中跑动作技术。

要求：加快摆臂，迅速撞过终点线。

提示：最后15～20 m 的距离，用胸或肩撞线。

要点：加强摆臂，并适当加大身体前倾。

现代短跑技术特征是（图 2-7）：跑动中上下肢摆动幅度大，缓冲时间缩短，后蹬时间增加，支撑与腾空时间之比更趋合理（约1∶1.2），步频指数（步频×身高）和步长指数（步长÷身高）同步发展，全程各段落速度分配合理，有良好的冲刺能力，并在高速度中有高水平的协调放松能力，总体效果好。

图 2-7　终点跑技术

二、短跑技术特点与分析

短跑技术是人们合理运用身体能力和动作，提高运动成绩的有效方法，评定短跑的技术标准是实效性和经济性，即一方面要发挥人体最大运动能力，产生最好运动效果；另一方面又要合理运用体力，在获得最佳效果的前提下，最经济地使用人体能量。合理正确的短跑技术应以科学理论为基础，在动作结构和肌肉用力形式上都必须符合人体运动解剖学和运动生物力学原理，同时还应结合运动员个人特点，形成个人技术风格。

短跑是在短时间内的大强度快速运动，从运动学和生物力学观点分析，影响跑速的主要因素是：① 人体前进的力量、速度、方向和角度；② 腿和手臂摆动的力量、幅度和速度；③ 全身整体协调配合作用。从动作速度上分析，主要是步幅和步频；从动作结构上分析，主要是支撑与腾空时期技术动作的合理性。

（一）起跑和起跑后加速跑特点与分析

1. 起跑技术特点与分析

物体平衡分为 3 种形式：稳定平衡、不稳定平衡和随意平衡。其区别在于物体重心投影点位置不同，如图 2-8 中，物体重心的投影点 A_1 在支撑面内，属稳定平衡；在支撑点 A_2，属不稳定平衡，始终在支撑点 A_3，属随意平衡。不稳定平衡的特点是在没有外力作用下，能保持平衡，但受一点外力，平衡就会迅速打破。

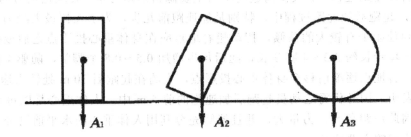

图 2-8　物体的三种平衡形式图

起跑就是要尽快打破平衡，迅速起动，因此，第一，重心投影点 O_1 应靠近支撑点 A_1（图 2-9）；第二，由于 O_1 到 A_1 距离缩短，实际缩短了起跑时重心移动的距离，在毫秒必争的竞赛中，受益是明显的；第三，由于重心前移而支撑脚位置没变，缩小了后蹬角，增加了蹬地时的前进效果；第四重心的前移，从图 2-10 看，除了蹬地力 F 以外，增加了前进的动力 R。因此，起跑的正确姿势是，当听到"预备"口令后，重心平稳向上抬起的同时重心平稳前送，使投影点接近支撑点，臀稍高于肩，形成一个"次不稳定平衡"的起跑姿势（为避免抢跑犯规，因而用"次"来表示）。

据有关资料显示，"预备"姿势时，前腿膝角为 92°～105°，后腿膝角为 115°～138°时，可达到本人最佳起跑效果。运动员起跑反应时一般为 0.1～0.18 s。

实验证明，起跑鸣枪前运动员注意集中在第一个应答动作上，反应时为 0.1～0.15 s，均优于注意力集中在听枪（0.16～0.17 s）和同时集中在听枪和第一动作上（0.14～0.15 s）。

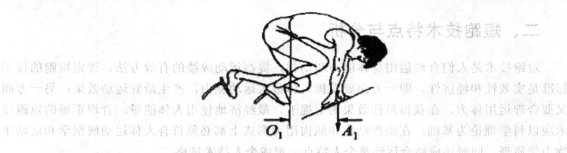

图2-9　起跑时重心投影点与人体支撑点之间的关系图

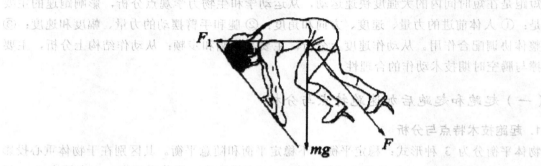

图2-10　起跑时人体受力分析图

2. 起跑后加速跑技术特点与分析

在起跑后加速跑过程中，人体前进的动力主要源自后蹬力量，其次是重力的向前分力（图2-11），因此，起跑后加速跑过程中，特别是加速跑前几步，为了发挥最大蹬力，达到最佳前进效果，必须使躯干有较大的前倾，摆动腿着地点应在身体重心投影点之后或接近身体重心投影点，第一步步长约3.5～4脚掌长，随后每步增加0.5～0.8个脚掌，随躯干的逐渐抬起和步长的加大，着地点逐渐前移至身体重心投影点，大约在起跑后30 m处转为途中跑。

有资料表明，国外优秀运动员起跑后加速跑的前5 m中，人体重心是以每步5°角的速度向上升起，因此后蹬角小，力量大，并且能够充分利用人体重心的水平前进分力，这也是现代起跑后加速跑的主要特征。

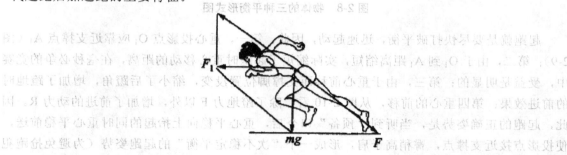

图2-11　加速跑技术分析图

（二）途中跑技术特点与分析

1. 周期结构特点与分析

途中跑是短跑全程中距离最长、速度最快且最能体现短跑基本技术的阶段，根据途中跑各周期中技术参数相对稳定的特点，可将途中跑技术分为如下阶段（图2-12）：

图 2-12　途中跑技术

（1）着地缓冲与"扒地"阶段：着地缓冲与"扒地"阶段是指摆动腿着地瞬间到重心投影点落在支撑点上的这一阶段。传统理论认为，这一阶段应尽可能减小地面对人体的反作用力，尽可能做好缓冲；而现代理论认为阻力大小取决于"扒地"速度与人体水平速度关系，在水平方向上，当"扒地"速度小于人体前进速度时，其差值就是人体前进的阻力速度；当"扒地"速度大于前进速度时，便形成了一个绕人体重心转动的圆周运动，其差值便是人体前进的速度，其原理如汽车滚动前进一样，此阶段要求用脚前掌落地，支撑重心要高，鞭打"扒地"积极快速。

（2）后蹬阶段：指重心投影点与支撑腿的支撑点重合到脚离地瞬间的阶段。后蹬是着地缓冲动作的延续，是人体前进的主要动力，也是短跑技术的核心。其要求是在尽可能发挥蹬地力量的同时，获得最佳蹬地效果。根据人体运动的生物力学原理，膝关节最佳发力角度为130°，但资料表明，优秀运动员后蹬时的膝角一般为 150°～156°，外国优秀运动员后蹬角度约为 56°～60°（支点到身体重心连线与地面夹角），我国运动员一般为 62.7°，因此，当身体重心移过支撑点垂直面时，支撑腿必须积极有力地蹬伸。其用力特点是先从伸展髋关节（送髋）开始，依次蹬伸膝、踝关节，直到脚掌蹬离地面。

（3）折叠阶段：指支撑腿的脚蹬离地面到摆动腿脚跟接近臀部阶段，此阶段是一个以重心为悬点的单摆运动，此时大小腿的充分折叠可以缩短摆动力矩，加快摆动速度，放松肌肉，有利于能量供给，保证后续速度的发挥。例如，美国著名短跑运动员刘易斯和我国著名女子短跑选手李雪梅的大小腿折叠都相当好。具体的动作过程是：后蹬结束时，膝关节充分放松，并随大腿的快速前摆，小腿顺势后收，脚跟几乎贴近臀部形成大小腿折叠。

（4）高摆阶段：指摆动腿折叠完成后到前摆高抬膝阶段。

摆动腿膝关节的高抬，不仅可以加大人体的动作幅度，也增加了前进的步幅，是现代短跑技术快速有力地大幅摆动的具体体现，其动作要求是"以髋带腿"，小腿自然打开，膝盖高抬；当膝抬到最高点后，大腿便积极下压，小腿随大腿下压动作积极"鞭打式"着地，着地点不应距身体重心的投影点前面太远。

（5）躯干与摆臂：人体是有机整体，正确的躯干和摆臂动作不仅能使整个跑的技术放松、协调、平衡，而且还能有效提高运动成绩。适宜的上体姿势是：躯干稍前倾，腰部固定正直，不塌腰，更不能左右摇晃；头部保持自然正直，眼睛平视；摆臂要求松肩、沉肘、前后快摆，前摆时手不要过高，后摆时肘关节角度加大，左右不能超过人体中线。

2. 肌肉供能特点

在高速跑中，腿部肌肉参加工作的形式是：在很短的时间内，收缩并施力于动作环节上，然后靠惯性来完成动作。特别在跑动中，人体各环节的动作完成往往都是对抗肌协调工作的结果，因此，跑动中协调对抗肌的工作起着关键作用。

短跑属于极限强度的无氧代谢运动，有资料表明，当肌肉的紧张度为20%～30%时，肌肉中的血液流动受阻，当肌肉的紧张度为100%时，肌肉中的血液流动基本停止，这两种情况都有不利于人体剧烈运动时所需能量的供给，因此，进行短跑运动时一定要学会放松，实现运动中能量供给的经济实惠。

3. 步频与步幅分析

步频和步幅是决定跑速的主要因素。步频指单位时间内跑的步数，步幅是每步两脚之间的距离，跑速=步频×步幅，步频和步幅是矛盾的统一体，它们既相互对立，又相辅相成。在发展速度时，无限制地提高步频或步幅中的任何一个因素，必然会造成另一个因素的下降，无助于速度提高。科学的训练是在提高身体素质和改善跑的技术的同时，适宜地提高步频和步幅。最好的评价标准是：步频指数（步频×身高），男子≥8，女子≥7.5；步幅指数（步幅÷身高），男子≥1.2，女子≥1.15。

（三）弯道跑技术特点与分析

弯道跑属于圆周运动，其最大特点就是有向心力。为了适应这种向心力，在弯道跑时，就必须适当改变跑的身体姿势和蹬摆方向。另外，由于弯道跑时身体重心内移，加重了支撑腿支撑地面的力量（图2-13），造成体内耗能加大（F>mg），因此在出弯道时，应顺惯性自然跑两步调节能量，以利后阶段速度的进一步发挥。

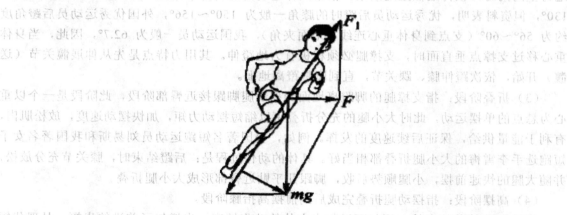

图2-13　弯道跑受力分析

（四）终点跑特点与分析

终点跑技术从理论上讲与途中跑技术相似，但是在实践中，由于后程疲劳的出现，技术出现较大变形，使跑速明显下降（下降4%～10%），因此，在技术上，要协调好各段落的速度分配，在训练中要加强冲刺能力的训练，学会高速跑中的协调放松。当出现动作变形时，应考虑通过加大后蹬力量、加强摆臂来纠正。在撞线时，由于电动计时设备的普遍运用，名次之间有时是毫秒之争，快速用胸或肩撞线更显重要。

现代短跑技术发展的主要特点可概括为"松、快、大"三字。即重视高速跑中肌肉的协调放松，在加快步频的基础上加大摆动幅度，取得更大步长，达到最快速度。从外观上看，动作具有放松、轻快、柔和、自然、协调、步幅开阔、富有弹性、向前性好等特点。在具体实践中，强调摆动腿前摆时积极送髋，着地时前脚掌积极鞭打、扒地，后蹬时"屈蹬"角度要小，离地时折叠前摆高抬，双臂摆动幅度大；另外，在遵循技术原理的前提下，强调技术与运动员自身特点相结合，以形成有个人特色的、整体效果好的技术。总之，跑是周期性运动，分成上述几个技术阶段是为了便于分析，实际动作是不可分割的。在教学与训练过程中，要有周期性与连续性概念，讲究整体效果，这样才能真正达到分析技术，提高成绩的目的。

第三节　短跑的技术教学

一、短跑教材分析

短距离快跑是人们基本生活技能之一，它既是增强体能的有效手段，更是竞技场上竞争的最高境界。短跑的普及推广相对容易，但较好掌握这一技术却很难。在日常生活中，一个人跑的技术有错误，他仍然能向前跑，却感觉不出自己的技术动作有问题。但在竞技运动中，却要考虑其技术是否能发挥人体自身最大潜力，获得最佳成绩。在短跑教学中，应着重发展学生的速度、速度耐力、协调、灵敏等身体素质，增强下肢肌肉力量和内脏器官功能，提高快速奔跑能力；使学生掌握跑的基本知识和基本技术，形成快速跑的正确姿势和掌握运用短跑进行体能锻炼的方法；培养学生勇敢、顽强的意志品质和战胜困难、勇往直前的精神。短跑教学的主要任务是使学生掌握快速跑的基本技术，形成跑的正确姿势，发展速度、灵敏等素质，提高快速奔跑的能力。

提高身体素质和快速跑能力的练习，是进行短跑教学的重要内容，在完成短跑教学任务中，要有计划、有目的地经常采用这些练习。如通过中速跑形成跑的正确姿势，掌握轻松、自然、富有弹性的跑的技能；通过养成加速跑巩固跑的正确姿势来提高学生速度；通过重复跑发展速度和速度耐力；通过起跑锻炼反应力等，最终使学生动作质量，身体素质和跑的能力得到提高。

短跑教学应从途中跑开始，然后进行蹲踞式起跑和起跑后加速跑、终点跑、弯道跑及弯道起跑等教学环节的学习。短跑技术的教学重点是途中跑和蹲踞式起跑，通过途中跑教学使学生掌握跑时正确的腿部动作，上体姿势和摆臂动作，同时，还要注意跑的协调、放松和直线性等问题。通过蹲踞式起跑教学，使学生熟悉起跑过程中各动作规格要求，并及时调整心态，适应各种竞争，锻炼学生快速应变能力。除此之外，还应进行起跑后加速跑和终点冲刺跑的教学，培养学生迅速发挥速度和保持高速度冲过终点的能力。

短跑全程跑是学生在素质和技术上的全面体现，应在反复进行提高身体素质和快速跑能力的练习以及跑的基本技术教学后进行。在短跑教学开始时，要充分利用每个人都具备的自然跑的能力，采取多种方法相结合的方式进行教学。

在教学中，始终强调自然、放松和富有弹性的大步幅跑技术，着重培养学生在快速奔跑中的放松能力，并进一步改进和提高技术，不断提高全程跑成绩。

二、短跑教学方法与程序

（一）短跑教学方法

短跑常用教学方法繁多，如讲解示范法、完整分解法、预防纠错法等，各种教学方法在实际运用中都有积极的一面，也有消极的一面，不管采用哪种方法，都应是殊途同归，目的不变。在教学中，应根据"教学有法、法无定法、贵在得法"的原则，围绕教和学双边情况和个体特征进行教学，做到重实效、轻形式、精讲多练，循循善诱，发展能力。在此，介绍趣味教学法、渐进教学法、前馈教学法、自练互练法，供学习参考。

1. 趣味教学法

把教学内容与趣味练习联系在一起，调动学生学习的积极性，提高学习效率，培养终身锻炼习惯。如在起跑教学中，背对起跑线的听信号起跑，坐姿听信号起跑，叫号追人的追逐起跑等，在终点跑、全程跑教学中，可采用竞赛接力、游戏等形式。

2. 渐进教学法

指教师根据技术动作要求，从学生熟知的简单动作开始教学，逐渐过渡到完整的较复杂的技术动作，这种教学法，学生容易接受，教学效果好，是教学中常用的方法之一。

如专门练习中的小步跑：要求快频率、高重心、积极扒地。根据这一要求，在教学法中，可采用如下教学程序：起踵顶头抬大腿（高重心）—松踝松膝抬大腿（放松）—松踝松膝脚尖不离地抬大腿（松踝）—抬腿脚尖前移半脚掌再还原动作体会扒地（扒地）—前移重心—加快频率—小步跑—巩固提高。

高抬腿跑：要求高重心、高抬膝、快频率，根据这一要求，可采用如下程序：双脚依次起踵顶头（高重心）—起踵抬大腿（抬腿）—加快节奏—重心前移—巩固提高。

后蹬跑：要求后蹬充分，以髋带腿前摆高抬，教学程序是：原地双腿跳（蹬充分）—原地单脚跳（蹬充分）—跳起小步行进（过渡）—跳起加大步幅前进（过渡）—后蹬跑—巩固提高。

又如在加速跑教学中，先运用慢跑，通过不断提出新要求，逐步完善技术。如要求跑得轻松，富有弹性等，最后通过加快频率或加大步幅而改变原有速度，进行变速加速练习，达到学习加速跑的目的。

3. 前馈教学法

是与反馈纠错法相对应的教学方法，指在教某一技术动作之前，将该技术有关动作要求以分散的信息形式传授给学生，特别是对一些难度较大的教材内容，这种分散的形式有利尽快尽好地学习完整技术。如短跑教学中的重点内容途中跑，跑是人的基本活动能力，但要达到竞技水平却很难，在教学中，可充分利用这种基本能力，通过简单的信息提示和要求进行练习，如放松、协调、有弹性等，使学生在完整学习途中跑前对技术动作有一定感知后，再完善、巩固和提高整体技术。

4. 自练互练法

在教学中，教学对象往往不止一人，为充分调动学生学习的积极性，培养动手能力，可两人或多人一组，在教师指导下，互帮互教，互查互练，这是短跑技术教学的重要方法之一。如摆臂练习，当一位同学练习时，其他两位分别站在前后，用双手给练习者确定摆幅最大空间，使练习者不论前摆或后摆，都必须触到同伴事先在空中定位的手掌，从而严格地规范技术动作。这种方法，一般适应原地技术练习，如原地高抬腿，原地跑步等。

短跑技术教学应注意：① 教学中加强对基础技术的训练，如正确的跑姿，正确的着地动作和摆臂技术等；② 在教学中应注意培养学生放松协调的能力；③ 充分运用各种专门练习手段，诱导和提高学生正确跑的技术；④ 应根据学生的特点提出不同技术要求，充分发挥学生特长；⑤ 加强更新意识，及时把一些新的先进的技术传授给学生，以利成绩的进一步提高。

（二）短跑教学程序（表 2-1）

表 2-1 短跑教学程序与内容

建立概念了解技术	专门练习	直道途中跑	加速跑	蹲踞式起跑	弯道跑和弯道起跑	终点跑和全程跑	改进提高短跑技术
发展概况	高抬腿跑	摆臂技术	匀加速跑	反应起跑	进弯道跑	慢中快撞线	专门练习
项目特点	小步跑	慢中快跑	起跑加速跑	起跑器安装	出弯道跑	不同距离撞线	变速重复跑
基本技术	后蹬跑	过渡跑等	变速跑等	技术学习	弯道起跑		
观图示范	折叠跑等						

第四节 短跑的技术训练

在短跑技术训练中，应着重身体各部位的正确姿势和跑的协调放松能力的训练。突出对脚的着地方式、蹬伸速度、蹬摆配合、步频与步长的适宜比例等关键技术训练，加强起跑与加速度跑技术和全程跑节奏训练。

一、起跑和起跑后加速跑技术训练

1. 训练要点

（1）协调放松，便于快速起动。

（2）舒适合理，便于发力。

（3）有良好的出发初始角度。

（4）有良好的第一步技术。

2. 训练方法

（1）不听信号的各种姿势起跑 20 m×（8～12 次）；听信号的各种形式（单个或集体等）起跑 20 m×（8～12 次）；听口令做"各就位"和"预备"动作，听"预备"口令后，做间隔时间不同的听信号起跑（20～30 m）×（8～10 次）。

（2）多人一组的起跑练习，同伴用腿或手顶住肩做起跑动作，同伴用橡皮带在后拉住腰做起跑动作等。

（3）增加起跑难度练习，如上坡起跑、等动拉力器牵住身后起跑、负重起跑等。

（4）起跑后最大速度跑、快慢速度变化跑、快速跑接惯性跑等。

二、途中跑技术训练

1．训练要点

（1）整体协调、放松、有弹性。

（2）快蹬、快摆、快节奏。

（3）"扒地"后蹬，折叠高抬要到位。

（4）相关力量、频率和柔韧性。

2．训练方法

（1）跑的专门练习及专门练习过渡到跑的练习。

（2）60～80 m 的加速跑。

（3）强化某一跑的动作练习，如负重摆臂、负重抬腿、扶垫后蹬、推人前跑等。

（4）各种跨跑低栏练习。

（5）各种距离的快跑练习。

（6）变换速度的波浪跑、惯性跑、往返跑、放大步跑等，体会跑中的放松技术。

三、弯道跑技术的训练

1．训练要点

根据圆周运动特点，体会弯道途中跑技术要求。

2．训练方法

（1）沿第 6～8 道弯道以最高速度的 80%～90%的强度跑 50～80 m 加速跑。

（2）沿第一弯道以 3/4 强度做 50～80 m 的加速跑。

（3）以各种速度做由弯道进直道的加速跑 80～100 m。

（4）以各种速度做由直道进弯道的加速跑 80～100 m。

（5）以各种速度在弯道上进行 30～50 m 的起跑练习。

四、短跑技术训练注意事项

1．技术训练是一个不断改进和完善的过程，也是一个长期和不间断的纠偏过程，该过程应贯穿短跑训练的每个阶段。

2．短跑技术训练必须因人而异、区别对待，以形成适合运动员个人特点的短跑技术。

3．技术训练应与提高身体素质相结合，特别注意发展那些影响技术提高的专项素质。

4．短跑技术训练应以完整技术训练为主，对某些薄弱环节可以在完整技术训练中有重点地加以改进。

5．技术动作协调放松能力的培养是一个长期而复杂的过程，短跑训练中应特别重视，任何练习的完成都要有协调放松的要求。

6. 短跑技术训练应与实践相结合，通过比赛使技术得到巩固和提高。

第五节 短跑的素质训练

一、概 念

短跑素质训练是指与短跑项目有密切关系，能直接促进和掌握短跑技术，提高运动竞赛成绩的专门训练。短跑素质训练的内容和手段，通常由短跑的完整技术、单个动作、动作的某一部分或几个动作之间的衔接动作所决定。训练方法的选择，必须在动作的运动学和动力学特征上，动作的形成及性质和心理定向上，尽可能与短跑专项特点相一致，并且应根据不同年龄阶段而有所侧重（表 2-2）。

表 2-2 不同年龄阶段短跑训练安排

阶段	年龄/岁	训练时间/年	周训练频度/次	次训练时间/h	训练重点
基础训练阶段	13~16	3	4~6	1.5	全面发展，速度爆发力，基本技术
初级训练阶段	16~18	3	6~8	1.5~2	一般素质，专项技术能力
中级训练阶段	男：19~21	3	7~9	2	专项技术与素质，专项技术能力
	女：19~20	2			
高级训练阶段	男：21 以上		7~9	2~2.5	专项技能和技术完善
	女：20 以上				

二、特 点

1. 基础阶段训练特点

（1）全面提高身体素质。

（2）注意发展敏感期训练。

（3）控制好量和强度。

（4）训练形式多样。

（5）避免采用狭窄的专项训练手段、高强度的负荷训练和极限重量的大力量训练。

2. 初级阶段训练特点

（1）培养身体素质，特别是速度素质。

（2）抓好速度力量，速度耐力等专项素质的训练。

（3）抓好短跑技术和能力的训练。

（4）可以采用较大负荷训练，但注意量和强度的安排要循序渐进。

3. 中级阶段训练特点

（1）加强短跑能力和技术训练。

（2）注重竞赛心理和能力的培养。

（3）逐步提高训练负荷的量强度。

4. 高级阶段训练特点

（1）个体特征更加明显。

（2）专项化更加突出（技术、战术与能力）。

（3）以提高训练负荷强度为主。

（4）增加比赛次数，控制比赛强度。

（5）创造条件，发挥最佳成绩。

三、训练手段与方法

速度不是单一的素质，它是集力量、速率、协调、耐力等于一体的复杂组合，包括反应能力、加速能力、保持最高速度能力、总体协调能力等。其中最有影响的是加速能力和最高速度的保持能力，运动员的水平越高，加速的距离越长，保持高速跑的能力亦越强。一名优秀短跑运动员的诞生，需要多年系统的科学训练，而训练的核心是负荷，包括内容、量和强度。

1. 反应能力

（1）训练要点：用尽可能短的时间打破平衡、快速起动（反应时间一般为 0.10～0.18 s，起动时间一般为 0.27～0.36 s）。

（2）训练方法：原地负重跳起，立定跳远，立定多级跳，跳绳听信号起动，各种听信号起动或听枪声起动。例如，快速做与教练员口令相反的动作：俯卧、仰卧、蹲立、背向听枪声起跑等；各种听信号起动的游戏等。

（3）注意事项：① 注意练习中技术动作的合理性；② 注意练习过程中的安全性（如场地空旷，路线无障碍等）；③ 注意起动动作的快捷性。

2. 加速能力

（1）训练要点：在较短的距离内，尽快发挥最高跑速。其中有技术因素亦有素质影响，技术方面，加速跑前 2～4 步起主要作用的是速率和后蹬力量，而之后起主导作用的是步频和节奏，训练中适宜的步幅与步频增长以及躯干的逐渐抬起是重点；在速度训练中，除技术动作外，还要加强中枢神经系统的灵活性、协调性，肌肉的力量，动作的速率等方面练习。

（2）训练方法：采用 30～80 m 的起动跑、冲刺跑、行进间跑、接力跑、下坡跑（2°～3°）、顺风跑、牵引（引导）跑，段落组合跑（20 m＋40 m＋60 m＋80 m），重复跑，段落变速跑（20 m 慢跑＋50 m 大步跑＋50 m 快跑）以及各种快频率的专门练习，降低难度练习（仰卧快速上蹬腿，1 s 和数秒原地快跑摆臂跳绳等）和跨跳练习等。

（3）注意事项：① 速度训练应保持良好的精神状态，一般放在基本训练的前半部分；② 在训练中要强调快速，更要强调协调、放松、富有弹性；③ 注意力量和爆发力的同步发展；④ 少儿训练中要控制数量、强度，把握好休息间隔，避免产生过度疲劳。

3. 速度耐力

（1）训练要点：合理选择练习距离，追求适合个人特点的步长和步频的最佳比例。

（2）训练方法：① 超主项距离的重复跑，如 150 m×（10～15 次），200 m×（8～12 次），300 m×（6～8 次）。还可采取分段快跑，如 150 m 快跑＋50 m 放松大步跑＋100 m 快跑等；② 近主项距离的间歇跑，如 100 m（25%强度）×9 次＋100 m（全速）；或 100 m（25%强度）×4 次＋100 m（全速）两组；150 m（75%强度）×（8～10 次）＋150 m（全速）或 150 m（75%

强度）×4 次＋150 m（全速）两组等。时间间隔为终点走到起点，立即进行下～练习（两个练习之后可增加间歇时间）；③ 近主项距离的变速跑，如 100 m（75%强度）＋100 m 慢×12 次左右，150 m（75%强度）＋150 m 慢×10 次左右，200 m（75%强度）＋100 m 慢×7 次左右；④ 各种距离组合跑，如递增跑，从 100 m 起，以 50 m 递增到 500 m。或递减跑，从 500 m 起，以 50 m 递减，直到 100 m 等；⑤ 近主项距离的上坡跑（150～200 m）、连续接力跑等。

（3）注意事项：① 少儿与成年运动员应有所区别，少儿速度耐力训练不宜安排过早；② 各种练习应相互结合、交叉采用，以免形成不良技术定型；③ 间歇时多采取走和慢跑形式的积极性休息；④ 为避免慢频率的动力定型，训练后应进行几次加速跑或快速跳跃练习；⑤ 距离越长的练习越要注意后程技术的正确性。

4. 力量

（1）训练要点：包括速度力量和最大力量两种，重点增加爆发力和相对力量，并强调一个"快"字。速度力量的发展，主要是克服自身体重，用负小重量的快跑、跳跃或近似短跑动作结构的专门练习来实现；最大力量的发展主要是通过较大重量的重复练习来实现。

（2）训练方法：① 徒手或持小哑铃（1～1.5 kg）快摆臂 10 s×（4～6 次）；② 俯卧推手击掌（10～15 次）4 组；③ 快速俯卧撑（20～30 次）×5 组；④ 快速卧推杠铃（30～40 kg）×（5～10 次）×5 组；⑤ 快速两头起 100 次×5 组；⑥ 负 1～1.5 kg 沙护腿，高抬腿跑 10 s×4 次；⑦ 负 1 kg 沙护腿（30～60 m）加速跑×4 次；⑧ 负 3～4 kg 腰带 30～80 1TI 加速跑 4 次；⑨ 负重或不负重的上坡跑；⑩ 两人一组的推人跑；⑩ 沙地上负重快速直膝跳 10 s×6 次；⑩ 立定跳、立定多级跳；⑩ 快速蛙跳（5～10 级）×5 次；⑩ 单足跳、跳栏架、跳深；⑩ 原地拉橡皮带前摆腿或后摆臂；⑩ 各种杠铃的练习和联合器械的练习；⑥ 大腿后群肌肉练习等。

（3）注意事项：① 注意全身各部位力量均衡发展；② 先发展速度力量，后发展最大力量；③ 单个力量练习时间不应超过 10 s；④ 注意运动员承受能力，避免人为伤害事故。

5. 放松能力

（1）训练要点：通过对自我身体感知能力的训练，提高运动员感知在高速行进中的用力感觉的能力，从而减少不必要的肌肉活动，实现真正意义上的经济性和实效性。

（2）训练方法：① 惯性跑（40 m 快跑＋30 m 惯性跑＋30m 慢跑）等；② 下坡跑（坡度 3°左右）；③ 中速跑（强度 70%～80%）；④ 顺风跑；⑤ 弹性跑；⑥ 跑格子或跑下楼梯；⑦ 肩、髋、膝、踝柔韧练习；⑧ 脸部放松跑（含树叶等）；⑨ 心理训练（自我暗示、自我调节等）。

（3）注意事项：① 放松不等同软弱无力；② 放松与人体协调联系在一起；③ 注重最佳时期的发展（7 岁以前和 10～12 岁之间）；④ 重点培养运动员用力感觉。

四、训练参数介绍

1. 人体运动素质发展敏感期

平衡：6～8 岁。

反应速度：9～12 岁。

移动速度：男 7～14 岁，女 7～12 岁。

力量素质：13～17 岁。

灵敏素质：10～12 岁。

柔韧素质：8～12 岁。

协调性：10～13 岁。

耐力素质：16～19 岁。

2. 少儿力量训练负荷增长的 3 个阶段（一般以动力性练习为主）

（1）9～11 岁，克服自身体重。

（2）12～14 岁，轻器械负荷。

（3）15～17 岁，专门力量训练。

3. 心率控制

速度耐力训练时，一般要等心率恢复到 110～120 次/min，测试显示负荷强度小，才进行第二次训练。心率在 180 次/min 以上时，测试为极限负荷强度时，增加强度要谨慎，持续时间要短。

4. 速度训练

7～14 岁重点练协调能力，14 岁后加强力量训练，提高步长。

5. 运动后即刻所测心率与强度关系

（1）180 次/min 以上为大强度。

（2）150～180 次/min 以上为中强度。

（3）140～150 次/min 为小强度。

6. 运动后 5 min 所测恢复心率与运动负荷关系

（1）小运动负荷：恢复到运动前心率。

（2）中运动负荷：较运动前快 2～5 次/10 s。

（3）大运动负荷：较运动前快 6～9 次/10 s。

第六节　短跑的赛前训练与比赛

赛前训练是训练计划的重要组成部分，也是一个专门的训练阶段，它是指为参加重大比赛专门进行准备的训练过程。在安排上，受整体训练计划的制约，又有其专门的训练任务。如果说训练是积蓄能量，比赛是释放能量，赛前训练则是把积蓄的能量完美释放前的准备过程，这一阶段的训练目的不在于继续提高运动员潜在能力，而是把已获得的能力，通过赛前训练逐渐表达出来，以在比赛中达到最高水平。

一、赛前训练的特点

（1）时间上约为 4～6 周（或一个月左右），且每个周期时间不宜太长，训练方法与专项特点、训练水平、比赛条件、主要对手以及前一阶段训练情况密切相关。

赛前训练的任务、手段以及负荷的量和强度，应根据训练计划及前一阶段训练实际情况而定。

（2）负荷上，训练总量明显减少（特别是后两个周期），专项强度增到最高点，训练次数和时间安排不变；在比赛前 3 天，进行量小而强度大（接近或超过比赛强度 3%～10%），且短于专项距离跑的训练。

（3）赛前训练不应忽视技术训练，应把技术的稳定，动作的协调、放松等要求贯穿于赛前训练始终。

（4）防止运动员过早兴奋，要针对不同类型运动员进行不同处理，特别是易兴奋型运动员或第一次参加比赛的运动员，对这些运动员可采取转移注意力的方法（如看电影、听音乐、读书、交谈等），控制其过早兴奋，甚至在赛前 6 h，可进行 20～30 min 慢跑来调节心态。

二、赛前训练的安排

训练安排包括负荷，内容与比赛等几个方面，这几个方面是有机相连，互不可分的。只练不比不行，以赛代练不行，故训练的安排不单是练多练少的问题，而是要落实到各个具体阶段，哪些内容该多练，哪些该少练，这是更重要的问题。

1.总负荷水平下降到平时最大负荷的 1/3～1/2，要有相当强度的刺激，但强度不是越大越好，不要刻意追求强度，最好让其自然出现。

2.内容以专项训练为主，目的是熟练技术与节奏，保持和提高专项能力，还要进行专项身体训练，并保持一定比例的一般身体训练。

3.大赛前应参加几次热身赛，以检查训练和技术水平，逐步提高竞技状态，但不要求场场比赛都出好成绩，以全力以赴对付大赛。

4.重视训练后的恢复，原则上是边训练、边恢复，最迟在 24 h 后要恢复，训练后要注重放松与整理活动，并采取其他有效的恢复措施。

5.严格作息和生活制度，保证正常睡眠与充足营养。

三、赛前训练应注意的方面

1. 信息情报方面

对参加比赛的时间、地点、标准、赛次、对手等情况都要了解清楚，并根据这些情况制定周密的赛前训练计划，在比赛中发挥最高水平为目标。

2. 技术与专项方面

在技术上要达到熟练、稳定，掌握好完整技术与节奏，同时重视专项能力的训练，保持较高的专项能力，但又不刻意追求高强度，以轻松、协调、自然又有高强度的反复多次练习为主，以巩固并稳定技术，提高专项能力。

3. 身体素质方面

要进行相当的身体素质训练，其中专项素质要达到较高水平，同时还要保持一般身体训练，尤其要保持有氧能力的训练。

4. 体能方面

通过赛前训练使在强化训练过程中积累的疲劳消失，人体机能状态达到较高水平，并能平衡协调发展，促进训练后的恢复，使运动员的潜在能力逐渐显现。

5. 心理方面

赛前的心理状态应是自信心强、渴望比赛、稳定而有自控力，能摆脱外界的干扰和刺激，自觉抑制对比赛不利的因素。

四、比　赛

比赛是训练的目的，也是训练水平的检验，更是运动员多年训练的成果展示，"养兵千日，用在一时"，经过多年的训练，已积蓄了比赛能量，要尽情发挥这些能量，就必须抓好比赛这个环节。

（1）熟悉情况，知己知彼，以良好的心理状态参赛。

（2）赛前准备活动充分，通过准备活动，不仅使技术和体能达到最佳水平，而且要使人感到轻松，全身充满活力，有跃跃欲试之感。

（3）上跑道前，要情绪稳定，不带杂念，并以回忆技术要领、体力分配等与比赛成绩有关的问题来保证成绩发挥。

（4）起跑前，想好第一步动作，注重积极蹬摆动作和第一脚落点等。

（5）在快跑中，技术动作不变形，快摆、快蹬加放松，有不取得成绩不罢休的拼搏精神。

第七节　短跑的实训计划

（一）少年男子短跑运动员课训练计划（表 2-3）

表 2-3　少年男子短跑运动员课训练计划

课的部分	时间	内容手段	组织形式	符合要求
准备部分	20min	1. 课堂常规 2. 绕场慢跑 1 200 m 3. 柔韧练习	绕田径场 肋木架	小强度
基本部分	90min	1. 跑的专门性练习 3 组 2. 80 m 加速跑 3 组 3. 60 米冲刺跑 3 组 4. 30 米立定跳远 5. 10 米立定三级跳	渐加速，手臂协调 摆臂，爆发用力	大强度
结束部分	10 min	慢跑放松		低强度

（二）少年女子短跑运动员春夏训练周计划（表 2-4）

表 2-4　少年女子短跑运动员春夏训练周计划

星期	主要任务	主要内容		负荷强度
一	柔韧、速度	柔韧练习	下坡跑、变速跑	中
二	频率、力量	摆臂、专门练习、跳绳	大小结合负重练习	大
三	技术	途中跑技术		小
四	反应爆发力	反应游戏	深跳、多级跳	中
五	速度技术	牵引跑、惯性跑	途中跑技术	中
六	速度耐力、力量	组合跑、重复跑	大小结合负重练习	大
日	休息			

第三章 跨栏跑

第一节 跨栏跑的发展概况

跨栏跑的发展历史大致可以分为三个时期：起源与发展时期、形成与成熟时期和现在的突破与创新时期。跨栏跑运动技术水平在近代呈高速发展态势，其技术的演化是向简单、有效、实用的方向发展，运动成绩也在不断提高。我国跨栏跑的发展起步较晚，但近年来无论是在此项目的设置上，还是在技术水平的发展方面都取得了长足的进步，我国的一些优秀跨栏跑选手在国际比赛中也取得了优良的成绩。

一、起源与发展时期

跨栏跑是一项有着悠久历史的运动项目，究其渊源可以追溯到上古时代。那时人类的祖先为了生活和生存，在追捕猎物或在躲避猛兽袭击时，常常需要在快速的奔跑中越过一些天然的障碍物。这就是最原始的跨栏跑。17～18 世纪的英国，牧业发达，牧童们常常越过羊圈，跳进跳出，相互追逐嬉戏。在节日里，牧童们经常举行跳跃羊圈的游戏，比谁跳得快。后来，他们把栅栏移到平地上，设置成若干个与羊圈高度相近的障碍物，看谁能跨过栏杆跑在前头，这便是跨栏跑的前身。这种游戏后来便演化为跨栏比赛。

1864 年，英国牛津大学与剑桥大学进行了一场田径赛，首次设立了跨栏项目，距离为 120 yd（1 yd=0.9144 m）。

运动员要跨过 10 个间隔相等的障碍物，形如羊圈栅栏，每个高 3 ft（106.68 cm）。剑桥大学的丹尼尔取得优胜，成绩是 17.75 s。这就是最初的跨栏跑比赛，标志着现代跨栏跑项目的诞生。

当时的跨栏跑技术与其说是"跨栏"，不如称为"跳栏"更为贴切。当时的过栏技术大体是这样的：前腿屈膝上体挺直，两臂左右横张，后腿顺拖而过，腾空时间较长。英国选手克鲁姆于 1866 年将技术做了些改进，他在过栏时第一次将摆动腿伸直，上体微向前倾。在 1891 年至 1894 年间，跨栏跑的技术虽然没有多大的改进，但是美国选手威廉思和贝思先后以 15.8 s 和 15.6 s 的成绩闯进了"16 s 大关"。

19 世纪之前，可以认为是跨栏跑的起源与雏形时期，开始形成并设立了跨栏跑项目。虽然这一时期跨栏跑技术比较粗糙，但标志着现代跨栏运动的开始，并为以后的发展打下了良好的基础。

二、形成与成熟时期

1. 跨栏技术日趋完善

跨栏虽然起源于英国，但真正得到发展并形成技术风格却是在美国。20 世纪 30 年代以后，美国跨栏技术得到改进和发展，各个时期的优秀选手都对跨栏技术加以改革使之趋于完善，这个项目也就成为了美国的传统优势项目。

19 世纪末，美国运动员克伦次莱英完善了直腿前跨和单臂前摆的技术，成为现代跨栏技术的基础。在跨栏史上，他被称为"现代跨栏运动之父"。1898 年在芝加哥运动会上，他取得了 15.2 s 的好成绩。在 1900 年的奥运会上，他以 15.4 s 夺得冠军。1907 年，美国的史密斯把过栏技术发展为上体半屈，结果在翌年的奥运会上获得冠军，成绩为 15 s 整，为 110 m 栏第一个正式的世界纪录。

到 1916 年，过栏姿势已发展为上体前倾接近过栏架。加拿大选手汤普森于 1920 年发明了过栏时双臂前摆的姿势，并创造了 14.8 s 的世界纪录，成为第一个突破 15 s 大关的人。这一纪录保持了 8 年之久才被打破。这时的栏架采用轻便的"上"型栏，运动员能更多地考虑速度，较少顾及受伤。

1936 年，美国的运动员汤思对跨栏技术进行了很大的改革。他过栏时把摆动腿抬得很高，这对过栏落地的第一步起很大的作用。他用这种技术在 1936 年的奥运会上夺得冠军之后，又在奥斯陆创造了 13.7 s 的世界纪录。后来美国运动员奥尔科特以起跨腿迅速前拉的动作，进一步改进了跨栏技术。他在 1941 年平了汤思的世界纪录。

20 世纪 40 年代后期，出现了一位优秀跨栏运动员，几乎影响了所有的跨栏选手，他就是美国俄亥俄州的鲍斯文—华莱士学院的学生哈里森·笛拉尔德。笛拉尔德是具有非凡速度的短跑运动员，他的短跑技术曾受欧文斯的指导，因此酷似欧文斯的风格。在跨栏中，他的起跨腿迅速前拉落地的同时，让摆动腿完成更长的弧型摆动，这种技术被称作"特别突出的起跨腿式"。笛拉尔德把他的短跑技术和他的跨栏技术相结合，于 1948 年以 13.6 s 创造了 120 yd 栏的世界纪录。

联邦德国运动员劳尔在 20 世纪 50 年代以后把跨栏跑技术提高到新水平。他将起跨腿屈膝前拉，形成一种"剪刀型"的过栏技术。20 世纪 70 年代，跨栏跑项目人才辈出，首先是美国的米尔本，他的技术被称为"摆动式"；然后是法国的德绿，他以"综合型"技术见长。到 1979 年，美国的内赫米塔，使跨栏技术臻于完善。

2. 跨栏成绩迅速提高

从 110 m 栏世界纪录的进展来看，突破 15 s 用了 12 年，突破 14 s 用了 16 年，而突破 13 s 大关则用了 45 年。可见，随着成绩的不断提高，要想进一步取得成绩的大幅度突破也变得越来越难。在这一时期，随着运动生物力学、运动训练学等学科理论研究的进展和实践应用的不断深入，该项目运动成绩的提高是很显著的。

有资料显示，1981 年的世界第 50 名已经相当于 1971 年的世界第 10 名的水平，这和当时的运动医学、运动检测学、运动技术研究的进一步发展与应用是密切相关的，400 m 栏的设立相对较晚，1900 年奥运会第一次设立了这个项目。这一项目一设立就被美国人占据了优势，并且长期为美国人所垄断。在历史上 17 个手计时和 5 个电动计时的世界纪录中，美国选手保持的数目为 16 个，可以看出美国运动员在该项目的优势是十分明显的。当时 400 m 栏实力较强的国家还有联邦德国、塞内加尔、瑞典、牙买加、尼日利亚等国，但总体上还是美国一枝独秀。

对 400 m 栏有着重要影响的是美国选手哈丁，20 世纪 50 年代中期的美国选手戴维思也有杰出贡献。有研究结果显示：男子 400 m 栏成绩自 1971~1983 年期间成绩进展的统计，发现 400 m 栏的成绩进展也是比较快的，1983 年的世界第 50 名已经相当于 1971 年的世界第 10 名的水平，这与当时的跨栏技术的改进和速度耐力训练的提高有着极为密切的关系。

3.女子跨栏开始出现

20 世纪初，开始有了女子跨栏比赛。当时的跨栏距离没有统一的规定，最初是 60 yd 4 个栏架，后来发展为 120 yd 10 个栏架，栏架的高度从 61 cm 到 75 cm 之间，没有明确的规定。1926 年，国际田联确定了女子跨栏比赛距离为 80 m，8 个栏架，每个栏架高度为 76.2 cm；从起跑线到第一栏架的距离为 12 m，每个栏架的距离为 8 m。1932 年，洛杉矶奥运会女子跨栏被正式列入比赛项目。

1969 年，女子 80 m 栏改为 100 m 栏，10 个栏架，每个栏架高度为 84 cm，栏架之间的距离为 8.50 m。1972 年在慕尼黑奥运会上，100 m 栏被列为正式比赛项目。

相比而言女子 400 m 栏发展的时间较短，与男子 400 m 栏的发展相比，迟了将近一个世纪。1984 年，洛杉矶奥运会首次把女子 400 m 栏列入比赛项目。

三、突破创新时期

这个时期的特点是跨栏跑的技术更为实用与简洁，出现了跨栏跑与平跑界限模糊的现象。就跨栏步而言，发展变化较大的是跨栏步的摆动腿技术和起跨腿技术，以及摆臂、折体技术等。20 世纪 70 年代初，伴随着跨栏步起跨腿的充分折叠，"膝高、踝低、钩脚尖"的主动提拉过栏使起跨腿的"侧平拉滑过"的被动过栏技术逐渐淘汰。由于起跨腿技术的改进，加快了过栏动作，随之又出现了摆动腿的"踩栏"新技术，而使过栏技术由"跨"栏过渡到了"跑"栏。

针对"跨"栏技术向"跑栏"技术的演变，我们可以作如下的分析与比较：

①摆动腿下栏由强调"鞭打"动作（大腿带动小腿前抛下压，着地点离重心投影点较远），变成大腿积极下压，小腿直接下踩，在离重心投影点较近的地方扒地，使下栏更快，以便缩短"跨栏步"；②栏上上体大幅度前倾与摆臂，改进为上体适当前倾与大幅度摆臂，又改进为上体适当前倾与近似平跑的摆臂，使全程跑中身体重心运动轨迹平直，减少上下起伏，使"跨栏步"趋于跑一个大步；③起跨腿提拉过栏动作由向后远伸——膝盖外展——大小腿折叠，变成起跨腿小腿直接收向大腿，靠近髋部向前提拉，使下栏第一步达到必要的步长和步速，栏间 3 步均匀化，即栏间 3 步步长相差不大。此时过栏动作更接近跑步动作，跨栏跑的成绩更接近于平跑的成绩。

通过上述的比较我们可以看出：跨栏跑项目在训练、技术方面的突破，使现代跨栏运动水平迅速提高。当今的跨栏技术已经向短平快的方向发展，运动员在整个比赛之中频率更快，协调性更高，成绩也有了大幅度的提高。1993 年，英国的杰克逊以 12.91 s 的成绩创造了男子 110 m 栏的世界纪录，美国人扬也创造了 46.78 s 的当今 400 m 栏的世界纪录，现在女子 100 m 栏的世界纪录为保加利亚选手冬克娃 1988 年在英国伦敦创造的 12.21 s 的成绩。

四、中国跨栏跑项目的发展

相比而言，中国的跨栏跑运动是在近代发展起来的。中国在清末开始有了跨栏跑的比赛。在抗日战争时期，曾有过多种类型的田径运动会，其中均设有跨栏跑项目。新中国成立后，跨栏跑与其他体育运动项目一样，取得了突飞猛进的发展。

早在 20 世纪 60 年代，我国就拥有高济桥、周连立、周裕光、崔岭、梁士强等一批男子 110 m 栏的优秀选手，崔岭 1965 年以 13.5 s 的成绩列世界首位，刘翔 2002 年以 13.12 的成绩打破了 110 m 栏的世界青年纪录、亚洲记录和全国记录，并于 2004 年获得奥运会男子 110 m 栏冠军。女子 80 m 栏拥有文蕴珍、刘政、李淑女、叶丽芳等名将。20 世纪七八十年代，中国跨栏跑建树不大，90 年代又有新的突破：男子 110 m 栏李彤达到 13.26 s，列 1993 年世界第 8 位，女子 100 m 栏刘华金先后以 12.89 s 和 12.69 s 两破亚洲纪录，张渝以 12.64 s 列 1993 年世界第 3 位，柳英以 12.75 s 列世界第 7 位。跨栏跑也成为中国在世界田径大赛上拿分的重要项目之一。

第二节　跨栏跑的技术分析

一、现代跨栏跑技术概述

跨栏跑是集速度、力量、柔韧性、灵敏性、协调性、耐力为一体的项目。它技术性强，竞争激烈，颇具观赏性。随着人们对跨栏跑认识水平、训练水平、场地器材以及科技水平的不断提高，跨栏跑项目越来越受到人们的关注和重视，跨栏跑技术的发展也日趋完善，运动成绩有了很大的提高。

现代跨栏跑技术的发展主要是围绕栏架的变化和竞赛规则的变化而发展的。栏架从当初埋在地下到可以搬动的"上"形，到最后的"L"形，栏架的变革大大消除了运动员的心理障碍。规则的不断完善激发了运动员勇于拼搏进取的精神。20 世纪六七十年代塑胶跑道的出现也直接促进跨栏运动技术水平的提高。跨栏跑技术经历了自然跨跳阶段、跨栏技术改进阶段、跨栏技术与跑速结合阶段和跨栏技术完善提高四个阶段。从自然跨跳阶段的"跳跃"过栏技术发展到跨栏技术改进阶段的摆动腿伸展前摆过栏技术、起跨腿蹬地、起跨腿弯曲、膝关节经体侧向前提拉、加大上体前倾角度、积极前伸摆动腿异侧臂技术。这些技术的出现降低了栏上身体重心的腾起高度，加快了摆动腿和起跨腿的过栏速度。跨栏跑技术由此基本成型。同时人们为了减少由于竞赛规则的限制对跨栏技术的影响，对比赛的规则进行修改，打消了运动员怕碰倒栏架造成成绩无效的思想顾虑。随着跨栏技术的不断完善，世界上许多运动员开始注意到，运动成绩的提高，不能仅限于运动技术的改进，提高跑的速度并与过栏技术结合起来，是获得优异成绩的重要途径。因此发展出在跨栏跑技术与跑速结合阶段的跨栏跑技术：起跨时摆动腿高抬，下栏更加积极，身体重心上升不高，平跑速度快，过栏时采用充分前倾上体的"折刀式"过栏技术，充分体现了技术与速度的完美结合。近 30 年来世界各国运动员为提高跨栏跑技术水平进行了不懈的努力，虽然跨栏跑技术未发生本质性的变化，但技术动作上更加向实效性发展：起跨攻栏积极，过栏剪绞速度加快，身体腾空后立即下压已高抬的摆动腿，下栏后迅速与栏间跑紧密结合，全程跑技术连贯、节奏感强。

许多世界优秀运动员及时吸收现代跨栏跑的先进技术，同时又注意发挥和适应运动员的个人特点，创造新的具有个人技术风格的跨栏跑技术。在重视科学选材的同时，更加注重提高平跑速度与跨栏相结合的能力，缩小了跨与跑在动作外形、速度变化、肌肉用力转换等方面的差别，不仅从缩短过栏时间上下工夫，而且更重视下栏后的速度，跨栏步与栏间跑技术衔接更加连贯，跨栏周期速度快，节奏性强，出现了由跨栏向"跑栏"发展的趋势。

二、跨栏跑技术特点与分析

（一）跨栏跑技术特点

跨栏跑项目有直道跨栏项目和弯道跨栏项目。在经历了跨栏跑发展的 4 个阶段后，到目前跨栏跑技术已形成了它特有的技术风格和特点。

1. 速度成为跨栏跑技术的灵魂

随着"跨栏"向"跑栏"技术发展过渡，人们对跑的要求越来越高，跑与跨的动作区别也在逐步地缩小，运动员跨栏跑的平均速度与运动员平跑的平均速度逐渐接近，跨栏跑的成绩更接近于平跑成绩。因此跨栏跑技术的发展对跨栏跑运动员的速度要求也越来越高，速度将成为优秀跨栏运动员的灵魂。

2. "远起跨，近下栏"的技术逐步形成

现代过栏技术"远起跨，近下栏"这一特点是随着运动员的身高和身体素质的提高而出现的。起跨和下栏技术是整个跨栏跑技术中两个重要的技术环节。起跨是指从起跨腿踏上起跨点至蹬离地面止这一支撑时间。起跨的任务是保持较高的水平速度，为迅速过栏创造更大的腾起初速度和适宜的腾起角度。

正确的起跨攻栏技术是掌握好过栏技术的关键。优秀运动员的起跨距离为 2.00～2.20 m。

下栏着地是指从人体腾空过栏身体重心达到最高点开始，到摆动腿积极下压着地支撑这一动作过程。摆动腿积极有力的下压动作缩短了跨栏跑的腾空距离，减少了腾空时间，减少了运动员水平速度的损失，有效地缩短了过栏时间，提高了运动员的过栏速度，加快了上体的移动速度，使身体重心迅速赶上并超过支撑腿，而且还能保证过栏后获得较高的身体重心位置。优秀运动员的下栏着地点距离栏架约为 1.50 m，着地角度约为 78°左右。

3. 栏间跑的步长以及栏间步与跨栏步趋于均匀化

由于摆动腿下栏的速度明显加快，腾空时间减少，起跨腿小腿直接收向大腿，折叠后靠拢向前提拉的动作，使下栏的第一步达到必要的步长与步速，使得整个跨栏跑的水平速度得到较好的保持，并非常连贯地由跨转入到快速跑进。

过栏动作就像跑 3 步后接连跑一个大步一样，跑与跨结合紧密，使得栏间跑的步子与"跨栏步"相对接近达到较均匀化，而栏间 3 步的距离也由小、大、中趋向均匀化的方向发展。

4. 全程跑技术连贯，节奏感强

全程跑的任务是把跨栏跑各部分技术合理地连接起来，使运动员的技术和体能都能得到最大限度的发挥，以取得最好的运动成绩。由于全程跑运动员要跨越 10 个栏架，尤其是起跑

到第一栏、最后一栏至终点，运动员跑的速度不断发生变化。虽然近年来跨栏周期的最高速度没有很大的突破，但是全程高速跑的能力得到了提高，优秀运动员的过栏技术日趋完善，水平速度损失减少，使得全程跨栏技术更自然、流畅，这对改善全程跑栏的节奏和提高跨栏成绩都起到十分重要的作用。

（二）跨栏跑技术分析

跨栏跑项目有男子 110 m 栏，400 m 栏；女子 100 m 栏，400 m 栏。跨栏跑的技术可以分为起跑至第一栏技术、途中跑技术和终点冲刺跑技术。为了便于进行跨栏跑的技术分析，我们将跨栏技术分为直道跨栏跑技术和弯道跨栏跑技术。

1. 直道跨栏跑技术

直道跨栏跑项目有男子 110 m 栏，女子 100 m 栏。

110 m 栏运动员一般用 50～52 步跑完全程，起跑至第一栏用 7～8 步，栏间跑 3 步，最后一个栏至终点用 6～7 步。110 m 跨栏跑的栏架高度为 106.7 cm，栏间距离为 9.14 m，起跑线至第一栏的距离为 13.72 m，全程设有 10 个栏架。

100 m 栏运动员一般用 49～50 步跑完全程，100 m 跨栏跑的栏架高度为 84 cm，栏间距离为 8.50 m，起跑线至第一栏的距离为 13 m，全程设有 10 个栏架。

（1）起跑至第一栏技术：起跑至第一栏的任务是快速启动，积极加速，为顺利跨过第一栏和为获得全程跑良好的节奏打下基础。

起跑至第一栏一般采用 7 步或 8 步。7 步上栏时摆动腿在前，8 步上栏时起跨腿必须放在前面。起跑时的起跑动作基本与短跑技术相似，只是由于过栏技术的需要，起跑后上体抬得较早，后蹬角度略大，人体重心抬得较高。起跑后步长逐渐增大，跑第 6 步后，上体已接近途中跑的姿势。最后两步更加积极跑进，起跨腿积极着地上步，并略缩短步长，加快起跨速度，为顺利过第一栏打下基础。

（2）过栏技术：过栏的任务是使身体迅速越过栏架，为栏间跑创造条件。过栏是从起跨脚踏上起跨点后攻栏开始，到摆动腿积极下压脚接触地面至，这一技术也称为跨栏步技术。通常跨栏步技术分为起跨攻栏、腾空过栏、下栏着地 3 个阶段。110 m 栏跨栏步步长通常为 3.30～3.50 m，100 m 栏跨栏步步长通常为 2.80～3.10 m（图 3-1）。

① 起跨攻栏技术（图 3-1①～③）。起跨攻栏是指从起跨脚踏上起跨点到后蹬结束脚离地时为止，任务是保持较高的速度，为迅速过栏创造更大的腾起初速度和适宜的腾起角度。正确的起跨技术是过栏技术的关键。

起跨攻栏点 110 m 栏一般距离栏架 2.00～2.20 m，100 m 栏距离栏架 1.90～2.10 m。为了保证高速上栏，起跨前的最后一步必须缩短步长 10～20 cm，以保证起跨腿能迅速地经垂直部位转入后蹬。当起跨腿踏上起跨点时，摆动腿在体后开始折叠，脚跟靠近臀部，膝盖向下，以髋为轴，大腿带动小腿积极向前摆至膝超过腰的高度。当身体重心移过支撑点时上体加速前移，在摆动腿屈膝折叠积极前摆的配合下，起跨腿积极后蹬，起跨腿蹬地结束瞬间起跨腿髋、膝、踝关节充分伸展，并与躯干、头基本成为一条直线。在两腿蹬摆配合完成起跨动作的过程中，上体也随之加大前倾，摆动腿的异侧臂屈肘向前上方摆出，另一臂屈肘摆至体侧，整个身体集中向前，动作平衡舒展，使人体形成积极有利的攻栏姿势。优秀运动员起跨攻栏时起跨腿后蹬角度一般为 68°～72°，完成起跨攻栏结束时两腿的夹角为 120°。

图 3-1　跨栏步技术

②腾空过栏（图 3-1④～⑥）。腾空过栏是指从起跨结束身体转入腾空开始，到摆动腿过栏后即将着地的这段空间的动作，任务是保持空中的身体平衡，快速完成剪绞动作，以利于过栏后继续跑进。

起跨腿蹬离地面身体腾空后，摆动腿大腿继续向前上方摆动，两腿角度继续加大达 125°，两腿在空中形成大幅度的劈叉动作。待摆动腿脚掌接近栏板时小腿继续前伸，摆动腿几乎伸直，摆动腿的异侧臂一起伸向栏板方向，与摆动腿基本平行。同侧臂后摆，上体加大前倾，躯干与摆动腿形成锐角，眼视前方（图 3-1⑤）。

由于人体腾空后身体重心的轨迹不能改变，为了加快摆动腿的积极着地支撑，摆动腿与起跨腿及其肢体的相向运动是提高过栏速度的重要因素。根据相向运动原理，摆动腿积极主动下压能促进起跨腿的快速向前提拉，因此摆动腿积极主动的下压是两腿快速剪绞的关键。

③下栏着地（图 3-1⑦～⑨）。理论上认为下栏着地是指从身体重心达到腾空最高点开始，到摆动腿着地支撑为止的动作过程。它的任务是尽量减少水平速度的损失，使身体平稳、快速地下栏并转入栏间跑。

因为摆动腿的积极下压动作是从腾空最高点开始的，所以实际上下栏的动作意识要早一些，一般当摆动腿的脚掌刚接近栏板时就开始积极下压摆动腿。

摆动腿的积极下压加快了起跨腿髋部向前的移动速度。摆动腿的脚掌移过栏板的同时，起跨腿屈膝外展，小腿收紧抬平，脚尖外展上翘，脚跟靠近臀部，以膝领先经腋下向前加速提拉，两腿在空中完成以髋关节为轴的剪绞动作。过栏时两腿的剪绞动作是在两臂与躯干的协调配合下完成的，两臂配合身体积极摆动，摆动腿的异侧臂与向前提拉的起跨腿做相向运动，膝、肘几乎相擦而过。当臂划过肩后，屈肘内收向后摆，另一臂屈肘前摆以维持身体平衡。

下栏时上体保持适当的前倾，着地瞬间摆动腿伸直，用前脚掌后扒着地，脚着地后踝关节稍有缓冲，使身体重心处在较高的位置，起跨腿大幅度带髋向前提拉，两臂积极有力地摆动，形成有利的跑进姿势。

　　下栏着地时着地点距栏架距离，110 m 栏为 1.40～1.50 m，100 m 栏为 1.00～1.20 m 着地时着地点距身体重心投影点的距离为 15 cm，着地角度为 78°。

　　（3）栏间跑技术：栏间跑技术是指从摆动腿下栏着地点到下一栏起跨点之间的跑动动作。它的任务是尽可能加快栏间跑的节奏，提高跑速，为顺利跨过下一栏创造有利条件。

　　栏间跑的实际距离除去跨栏步的距离外，只有 5.50～5.70 m 左右，栏间 3 步的步长比例一般为小、大、中，随着现代跨栏技术的不断发展，栏间跑的步长趋于均匀化。

　　栏间跑的第一步与跨栏步的积极下栏动作有密切关系，为使跑与跨动作结合紧密，下栏着地时，支撑腿脚掌必须充分后蹬，起跨腿快速向前带髋提拉。第三步的动作与起跨攻栏阶段技术紧密相连，为获得合理的起跨点，获得较好的过栏速度，第三步的步长比第二步短 15 cm 左右，而速度达到最高。因此整个栏间跑技术必须保持高重心，身体重心上下起伏小，跑得轻松、有弹性，直线性好，通过加快步频和改进跑的节奏来实现提高栏间跑速度的目的。

　　（4）全程跨栏跑技术：全程跑的任务是合理地将过栏技术与快速的栏间跑技术结合起来，保证以正确的节奏和最快的速度跨越全部的栏架。

　　跨栏全程跑是一个整体，但它的每一个阶段技术要求又各不相同。起跑至第一栏步点要准，步长与速度逐渐增加。全程的前三栏属于加速阶段，第四至第六栏速度达到最高，以后成下降趋势。因此后程应注意尽量使动作不变形，避免速度下降过快。最后一栏过栏时两臂积极用力摆动并配合下肢蹬地，像短跑那样奋力冲向终点。

　　2. 弯道跨栏技术

　　弯道跨栏包括男子、女子 400 m 栏。400 m 栏栏架相对较低（男子 91.4 cm，女子 76 cm），但栏间距离相对较长。起跑至第一栏为 45 m，栏间距离为 35 m，全程设 10 个栏架，最后一个栏架至终点距离为 40 m。由于栏架相对较低，过栏不是十分困难，但对运动员跨栏的节奏、速度、耐力以及意志品质都要求较高。

　　（1）起跑至第一栏技术：采用蹲踞式起跑，起跑器的安装与 400 m 短跑相同。

　　起跑至第一栏的步数固定，一般男子采用 22～23 步，女子采用 23～25 步，但必须保持步长的稳定性和准确性，为顺利跨过第一栏和跑好全程奠定基础。

　　（2）过栏技术：400 m 栏过栏技术与 110 m 栏过栏技术没有实质上的差异。由于栏架相对较低，因此，在跨 400 m 栏的时候，起跨蹬地力量、上体前倾幅度和摆臂幅度、起跨腿的提拉幅度都较直道跨栏项目要小。

　　400 m 栏除了跨直道栏以外，还必须在弯道上跨越栏架。跨弯道栏时，为了克服人体向前做直线运动的惯性，必须适当改变身体姿势以及后蹬和前摆的方向以产生向心力，克服离心力，使人体能顺利过栏。由于弯道过栏技术的要求，一般来说右腿起跨比左腿起跨有利，它可以利用向心力顺利过栏而不失去身体的平衡。右腿起跨时，要求用前脚掌的内侧蹬地，左腿屈膝攻栏时前摆稍向左前方，右手臂向左前方伸出，左臂屈肘向右后方摆动，右肩高于左肩，腾空后摆动腿从栏架的左上角过栏。下栏着地时左脚用前脚掌外侧在靠近左侧分道线处落地，右腿提拉时向左前方用力，整个身体向左倾斜；左腿起跨时，栏前 3 步必须沿跑道中间跑进，并从跑道中间向偏右方向起跨，最后一步用左脚的前脚掌外侧落地起跨，稍向左前方蹬地，右腿屈膝向左前方攻摆，膝关节内扣，脚尖稍内转，腾空后小腿前摆过栏时要从栏架右端栏顶过栏，以免起跨腿从栏架外越过而造成犯规。

　　（3）栏间跑技术：由于栏间距离固定，因此，要求跨栏时有较好的节奏，栏间步数固定，步长准确，并能准确无误地踏上起跨点。栏间男子一般跑 13~15 步，女子 15~17 步。好的栏间跑技术表现为跑速均匀、节奏准确、动作轻松。向前跑的效果好。

栏间跑一般有相同节奏跑和混合节奏跑两种。相同节奏跑是指全程栏间跑均采用相同的步数跑完全程。混合节奏跑是指不同的段落采用不同的步数跑完。由于相同节奏跑技术要求较高，优秀运动员一般选用这种方法。而混合节奏跑可以弥补后半程由于体力不支而导致速度下降、步幅减小的问题，保证全程栏间跑节奏的相对稳定。栏间步数与栏间节奏的建立，必须结合个人训练水平、运动能力，不能刻意模仿，更不可在临场比赛时随意改变。

（4）终点冲刺和全程体力分配：由于全程跨栏距离相对较长，全程体力的分配对提高栏间跑节奏和全程跑的成绩有较大的影响。全程采用匀速跑对提高栏间跑节奏和顺利过栏比较有利。全程跨栏时前半程与后半程的所用时间相差 2 s 左右。从最后一架栏至终点还有 40 m 距离，运动员已相当疲劳，此时要注意保持正确的技术动作，加强摆臂和抬腿，顽强地冲向终点。

第三节 跨栏跑的技术教学

一、跨栏跑教材分析

（一）跨栏跑技术教学的重点

跨栏跑是一项技术比较复杂的周期性运动项目，要求运动员具备良好的速度、力量、弹跳、柔韧性、节奏感和时空感等素质，还需要掌握正确的跨栏跑技术。

在跨栏跑的技术教学中，重点应主要放在起跑至第一栏、跑跨结合及跨栏步技术。

1. 起跑至第一栏技术教学

跨栏跑的主要技术是起跑至第一栏、跨栏步和栏间跑。起跑至第一栏的技术好坏直接影响着全程栏技术。由于起跑到第一栏只有 11 m 多的加速距离，速度不可能发挥到最高，需在加速过程中跨过栏架，所以过栏有一定困难。因此，要求起跑后步点准确，节奏良好，起跨点距离适宜，过栏动作正确，才能过好第一栏。

2. 跨栏步教学

跨栏步是跨栏跑技术中的重要部分，它分为起跨、腾空过栏和下栏着地 3 个阶段。在起跨过栏时，起跨点距栏架的距离要合适，要有利于过栏及水平速度的发挥。过栏时身体各部分的协调配合，动作的连贯可为下栏着地和栏间跑创造有利条件。跨栏步技术需要上、下肢及躯干的配合，下栏后应形成一个良好的跑的动作，与栏间跑紧密结合。

3. 栏间跑技术

跨栏技术的好坏一是看跨栏步技术，二是看栏间跑技术。从某种意义上说，栏间跑对跨栏全程跑速度的影响更大。栏间跑得好，过栏会更加顺利，跨栏技术才能最终体现出来。栏间跑需要掌握好跑的节奏和直线性。用合理的短跑技术，较快的步频进行栏间跑，才能真正形成"跑栏"技术。

400 m 栏技术的教学重点应放在把握栏间节奏和全程的体力分配上。

（二）跨栏跑教学的难点

1. 提高柔韧性

跨栏跑需要运动员具有良好的身体素质，对身体的协调性、柔韧性和灵活性要求较高。跨栏教学中的难点是由于学生的腿及髋的柔韧性较差，学习跨栏步提拉起跨腿技术较吃力，因此在教学中要始终抓住提高柔韧性的练习。

2. 跨栏步和下栏后的身体平衡

由于学生的协调性、灵活性及在攻栏时控制动作的能力参差不齐，摆动臂和下压腿的配合时机掌握不好，常导致跨栏步和下栏后的身体不能很好平衡。教学中要重点解决这一问题。

3. "跨栏步"和栏间跑的衔接

"跨栏步"和栏间跑的衔接技术较难掌握。由于学生的身体素质较差，做出正确的跨栏技术有一定难度，跨栏步和栏间跑的衔接常常不连贯，导致出现动作停顿现象。初学者一定要选择合适的跨栏步起跨点，过远或过近都会影响到下栏和栏间跑的衔接。

在教学中由于学生个体差异比较大，在选择栏高和栏距上一定要符合学生的实际情况，以利于学生学习和掌握技术。

二、跨栏跑教学的程序与方法

跨栏跑教学可分为直道栏教学和弯道栏教学两部分。一般以直道栏教学为主，在掌握了直道栏技术后再进行弯道栏教学。在教学过程中，通常以跨栏步、栏间跑、蹲踞式起跑后加速跑过第一栏和下第十栏后的终点冲刺跑 4 个环节进行教学。在教学的初期阶段以学习跨栏步和栏间跑相结合的技术为重点。在以前的教学过程中较多采用分解教学法，而近年的教学顺序已有所变化，突出了跑跨结合的能力，以先教栏间跑为主。在教学方法上也采用了先完整后分解，以提高学生的跑跨能力。

实际教学中，可以根据学生的具体情况来选择栏架的高度和栏间的距离，这样可降低跨栏技术的难度，使学生比较容易掌握。

（一）直道跨栏跑教学

1. 建立正确的跨栏跑技术概念

[教学方法]

① 简要讲述跨栏跑的技术特点、比赛项目、栏高栏距、比赛规则等。

② 结合图片、幻灯、录像等直观教具，讲解跨栏跑技术。

③ 示范：蹲踞式起跑跨 3～4 架栏。

④ 组织学生试跨 2～3 架低栏，体验跨栏跑技术。

[注意事项]

① 跨栏跑对身体素质要求比较高，一般安排在短跑技术教学以后进行。

② 教师的讲解应简明扼要，不宜分析过细，示范动作不求速度，应求轻松感，让学生消除恐惧心理。

③ 学生试跨时要注意安全，强调起跨腿起跨和摆动腿落地时踝关节要紧张，避免受伤。

根据学生的实际水平，可缩短栏距，降低栏高，使学生重点体会跨栏步和栏间跑的技术动作。

2. 学习跨栏步技术

（1）学习摆动腿过栏技术。

[教学方法]

① 原地攻摆练习。面对栏架直立，摆动腿屈膝高抬大腿，膝超过栏板高度时迅速前伸小腿，使脚靠近栏板下落。用前脚掌在身体重心投影点前着地，动作熟练后可加上两臂配合（图 3-2）。

图 3-2 走步或慢跑中摆动腿过栏练习

② 走步或慢跑中做摆动腿过栏的攻摆练习。动作同前，但在走步或慢跑中做。动作熟练后连续跨 3～4 个栏，要求动作自然放松，上下肢协调配合。

③ 走步或慢跑中由栏侧做摆动腿过栏练习：从栏前 1 m 左右处起跨，摆动腿屈膝高抬，同时伸小腿经栏板上方向栏后积极下压，直腿下落，前脚掌支撑落地。待动作熟练后可连续过 5～6 栏。

（2）学习起跨腿过栏技术。

[教学方法]

① 原地栏侧做起跨腿过栏练习。双手扶垒木站立，在起跨腿一侧距垒木 1～1.2 m 处放一栏架，在栏顶做起跨腿屈膝经腋下向前提拉过栏，当起跨腿的膝提举到身体正前方时，自然放下（图 3-3）。

图 3-3 原地栏侧起跨腿过栏练习

② 走 2～3 步做栏侧起跨腿过栏练习。动作同前，栏前走 2～3 步，摆动腿落在栏架前方 30～40 cm 处。起跨腿经栏侧提拉过栏，过栏后上体前倾，起跨腿大腿抬到身体正前方（图 3-4）。

③ 慢跑或高抬腿跑过栏练习：起跨点距栏约 1m，过栏动作同前，但幅度小，腾空时间短。注意栏前栏后高重心支撑，上下肢协调配合，尽量不要向上跳，下栏后继续慢跑或高抬腿跑，准备过下一个栏。

图 3-4　行进中栏侧起跨腿过栏练习

[注意事项]

①跨栏步教学是跨栏跑技术教学的重点，教学中可以通过分解练习和专门性练习帮助学生掌握动作。但分解练习不宜过多，同时要结合跨栏步教学，安排较多的发展柔韧性和髋关节灵活性的练习，以利教学任务的完成。

②练习时应要求始终保持前脚掌着地，高重心，高支撑。

③提拉起跨腿时边提边拉，不能先抬高再向前拉。

④提拉起跨腿时要拉至体前成高抬腿动作。

⑤练习时应注意下肢动作与上体、两臂动作的协调配合。

3. 学习栏前跑和跨越第一栏技术

栏前加速跑时如果没有准确的步点和正确的动作就不可能迅速地过栏。因此，在跨栏跑教学中要及早解决这个问题。

[教学方法]

①试跑练习。不设栏架，站立式起跑快速跑 8 步，以检查步长和起跨距离。

要求第 8 步像起跨过栏一样，做出自然的"短步"。

②确立步点。根据学生的不同水平，在起跨点处分别画出起跨标志，要求学生用 8 步反复练习，建立栏前 8 步长的空间定位感。

③起跑过第一栏专门性练习。站立或起跑，起跨腿或摆动腿做栏侧过栏练习。

④站立或起跑过第一栏。要求同上，过第一栏后继续跑进。

⑤蹲踞起跑过第一栏。使用起跑器，听信号练习。要求跑时步幅逐渐增大，蹬摆有力，富有弹性，第 6 步后，抬起上体按要求起跨。

[注意事项]

起跑到第一栏的技术要注意步点准确，节奏感强，积极加速。

4. 学习过栏与栏间跑相结合技术

这是跨栏跑教学的中心任务。通过反复练习，不断提高学生起跨过栏和下栏跑进的技术，形成良好的跨栏跑节奏。此阶段以完整教学为主。

[教学方法]

①站立式或蹲踞式起跑过前 3 栏：适当缩短栏间距，降低栏高，使学生逐步掌握栏间跑技术和节奏。随着技术的提高，逐步过渡到标准栏。

②成组按信号站立式起跑跨 3～5 架栏。

③做站立式或蹲踞式起跑过 5 栏、8 栏、10 栏等多栏技术练习。

[注意事项]

①栏间跑的教学，要在起跑过第一栏技术教学后进行。从跨栏跑速度曲线的特点来看，

一般要在第三栏后才能达到或接近个人的最高速度。因此，前 3 栏是跨栏疾跑阶段，应将栏间跑与起跑至第一栏技术有机地结合起来，完成前 3 栏加速任务。

② 第三栏后进入途中跑阶段，主要任务是提高学生跨栏跑专项耐力，防止后程技术变形，以保持跑的速度。

③ 起跑器的安装应适合于跨栏起跑，脚的前后位置不能搞错。

5. 学习全程跨栏跑技术

[教学方法]

① 站立式起跑跨越缩短栏间距离的 8～10 架栏。

② 蹲踞式起跑跨越 5～7 栏提高跑速，改进过栏与栏间跑相结合的技术，培养正确的节奏。

③ 成组听信号起跑跨越 5～10 架栏。

④ 全程（男 110 m，女 100 m）跨栏跑计时测验。

[注意事项]

① 着重改进个人过栏与栏间跑技术，形成快节奏的栏间跑技术。

② 下最后一栏时尽力跑过终点，做冲刺撞线动作。

（二）弯道跨栏跑的教学

[教学方法]

① 结合图片、录像等直观教具，讲解弯道跨栏跑的技术特点。

② 站立式起跑在弯道上过 2～3 架栏，栏间跑 5 步，让学生体会弯道过栏技术。

③ 蹲踞式起跑过第一架栏，熟悉并确定个人的步长与节奏。

④ 蹲踞式起跑过 3 栏，熟悉并确定个人栏间跑的步数与节奏。

⑤ 200 m 栏练习，熟悉弯道跑的栏间步数与节奏，掌握后半程在疲劳的情况下主动改变栏间节奏，增加步数，学会左右腿轮换起跨的过栏技术。

⑥ 400 m 栏练习，体会不同栏间跑的节奏差异。

⑦ 教学比赛，检查教学效果，明确个人技术上的不足。

[注意事项]

① 弯道跨栏跑教学中最好将栏架放在第二道，有利于学生学习和体会弯道技术。

② 弯道跨栏跑的节奏不宜太快，步子要有弹性，步幅大，有轻松感。

③ 注意两腿轮换起跨的协调性。

第四节　跨栏跑的技术训练

跨栏跑技术训练的主要目的是使跨栏跑技术尽量合理和准确。

一、跨栏跑的技术要求

（1）起跑：提高两腿蹬离起跑器的力量和速度、积极加速过第一栏，力争第三栏前后发挥最高速度。

（2）过栏：栏前尽量快跑，迅速提脚起跨；攻栏动作充分、有力；加快两腿剪绞过栏速度；下栏着地快并与栏间跑衔接好；起跨和下栏着地都保持较高的身体支撑姿势。

（3）栏间跑：下栏与栏间第一步衔接紧密；步长适宜，节奏合理；缩短栏间各步的支撑时间；减小过栏和栏间跑时身体重心的上下起伏；步子要有弹性。

（4）全程跑：提高跑跨结合能力和连续快速过栏的能力；注意动作的直线性、平衡性和节奏感。

二、跨栏跑的主要训练手段

（1）双臂支撑，做起跨腿从栏侧过栏练习。

（2）原地做摆动腿练习。

（3）模仿过栏时的摆臂动作。

（4）坐在垫上模仿跨栏时腿和手臂的配合动作。

（5）在悬垂中，体会跨栏时的动作。

（6）手扶垒木，做跨栏练习。

（7）上一步跨过栏架。

（8）栏间一步的过栏练习。

（9）跑动中模仿跨栏练习。

（10）跨过最低的栏架（0.40～0.50 m）和跨过最高的栏架（0.90～1.14 m）。

第五节　跨栏跑的素质训练

跨栏跑运动员要具有较好的速度、力量、耐力、柔韧性等身体素质。从跨栏跑多年训练的效果看，速度、速度耐力、速度力量和专项柔韧性对跨栏技术和成绩的影响极为重要。

一、速度训练的内容与方法

1. 发展平跑速度的主要手段

（1）原地加速跑，加速到适当距离（或保持一段速度）后减速。

（2）从走开始做行进间加速跑，加速到适当距离后逐渐减速，或者保持一段距离后再逐渐减速。

上述手段不仅有助于速度的提高，而且还有利于改进技术和节奏。另外，计时跑、短距离冲刺跑、重复跑、变速跑、标志跑、让距跑等，也是发展平跑速度的有效手段。所有这些练习都要求跑时提高身体重心，富有弹性，节奏好，在保证足够步长的前提下加快步频。

2. 提高跨栏跑跑速及过栏速度的主要手段

（1）缩短栏间距离，控制步长。这个练习有助于提高过栏速度，克服靠冲力过栏。美国优秀跨栏运动员内赫米亚经常练习栏间距 8.5 yd（7.769 m）的高频率跑过栏；民主德国运动员蒙克尔特练习 5 步栏，栏间距为 10.8 m。

（2）先加大跨栏难度，随后减轻难度。如先逆风跨栏，接着改为顺风跨栏（风速不大）；先加大栏间距离，然后缩短栏间距离练习跨栏。

（3）进行加长起跑距离的跨栏跑练习，110 m 栏起跑 19～20 m 跑 10 步。

（4）最高速度跨栏跑行进间计时，计取下第三栏到下第四栏之间的时间。世界优秀运动员一个跨栏周期最短为 1 s 或稍多些。这一指标表示运动员跨栏的绝对速度。这个练习要在运动员身体情况、技术情况最好时进行。

（5）下坡跑转为平跑后过栏。从 5°以下的斜坡跑道下端，向坡上跑 12～16 m（8～10 步），然后在平道上依惯性跑两步过栏，栏间距离可适当缩短些。这个练习有助于打破已有动作定型，同时提高速度并建立新的节奏。

（6）采用缩短栏间距、降低栏架高度的方法以提高栏间跑的速度。栏距一般缩短至 8.00～8.80 m，栏高为 0.726～1.067 m，大多采用 1 m 高的栏架。

（7）采用较长栏间距离的方法以提高栏间跑速度。栏距延长至 12 m、15 m 等，栏间跑 5 步或 7 步，栏高 1 m 或 1.067 m。

以上两种方法可以混合使用，长短距离都要练习，不要只练一种，栏架数量可设置 4～10 架。

（8）采用平跑的方法提高栏间跑速度。在放置栏架的地方放置标志物，按标志物进行练习，可提高、改进栏间跑节奏。

（9）用变换节奏跑和模拟节奏跑的方法形成稳定的栏间节奏。

（10）采用原地快速绕栏、原地高抬腿跑和行进间高抬腿跑过栏的练习方法，以提高动作频率。

（11）采用 3 步与 5 步相结合的栏间跑法，以改进栏间跑节奏和栏间跑速度。

起跑 13.72 m 上第一栏，栏间 8.80 m 上第二栏（用 3 步），栏间 12.50 m 上第三栏（用 5 步）。跨几个栏自定。

二、速度耐力训练的主要手段

（1）重复跑 110 m、150 m、200 m、300 m。

（2）变速跑。200 m 以内快慢跑交替。

（3）重复跨栏跑。起跑过 8～12 个栏若干次。每次跨栏后慢跑返回起点，接着又重新跨栏。栏架高度和栏间距离根据运动员的具体情况而定。

三、速度力量训练的主要手段

（1）各种发展加速度、最高速度的跑。

（2）跳跃练习：采用立定跳远、立定三级跳远和多级跳远、15 m 助跑跳远、跨步跳、5～10 级蛙跳、20～30 m 计时单足跳、单足交换腿跳、跳台阶（负重或不负重，要求运动员必须用前脚掌支撑，跳台阶 3～10 个，高度 40～100 cm）、5～10 栏的连续跳栏架练习（栏高 0.90～1.00 m，栏距 1～2 m）。

（3）连续单腿跳栏架：不仅能提高连续快速力量、支撑力量，对发展动作的协调性、节奏感、平衡感也有帮助。

四、柔韧性训练的主要手段

（1）结合过栏技术提高柔韧性的练习：跨栏坐，成跨栏坐向侧、向后转体，垫上肩肘倒立模仿跨栏步的空中剪绞动作。

（2）结合力量训练提高柔韧性的练习：前后抛实心球，握哑铃体前屈身起，负沙袋大幅度摆腿，弓箭步压腿和换腿跳等。

（3）纵向和横向劈叉，支撑压腿等。

第六节　跨栏跑的赛前训练与比赛

要使运动员在重大比赛中表现出最佳的竞技状态，赛前阶段的训练安排是至关重要的一环。

赛前阶段安排负荷时应考虑赛前阶段前一阶段负荷的大小、离比赛开始的时间长短以及本阶段内预定的总负荷 3 个因素。赛前阶段以一个月计算，按周安排。这个时期的主要任务是：获得最好的运动成绩，提高跨栏跑的速度水平。

这个时期非常重要。在本时期中，运动员应逐渐地适应训练和比赛的条件。因此，在训练中，要充分利用赛前准备时期的各种手段，在最快速度和接近最快速度的情况下形成合理的动作结构。

在这个时期，跨栏运动员的运动素质必须在最大用力和最快速度情况下去发展。运动员的专项速度和专项耐力要达到自己的最高指标。

一般来说，赛前以专项练习为主，多采用准备期结束阶段所采用的练习内容，并适当增加突出强度的专项手段。

第七节　跨栏跑的实训计划

合理的训练计划，应当能保证增强运动员的机能能力、提高运动技巧，在比赛期达到所应达到的训练水平。

110 m 栏运动员在比赛期的周期训练计划范例：

星期一，准备活动（慢跑，进行柔韧性练习）。跨栏的专门练习：在运动中从栏侧过栏 6 个栏×2 次（左侧和右侧）。起跑过栏训练（1 个栏×4 次，2 个栏×4 次，3 个栏×4 次），快速跑，50 m×6 次，力量训练。

星期二，准备活动和发展柔韧性的练习。400 m 混合跑×6 次，200 m 快，200 m 慢；跳跃练习发展速度，50 m×6 高抬腿专项跑练习（用最大速度的75%）。

星期三，准备活动和发展柔韧性的练习。过栏跑（栏距 7.8～8.5 m）；以提高栏间速度；站立式起跑 6 个栏×（10～12 次），进行快速力量训练。

星期四，准备活动和发展柔韧性的练习。快速跑 200 m×5（91%～96%的强度），交替进行 200 m 走，50 m×2 跳跃练习（换腿多级跳）。

星期五，准备活动和柔韧性练习。起跑过（3～4 次）×1 栏＋（3～4 次）×3 栏；实心球练习；快速跑 50 m×（6～8 次）；慢跑。

第四章　接力跑

第一节　接力跑的发展概况

接力跑是由跑和传、接棒技术组成的集体项目。接力跑传接棒时娴熟的技艺和每个参赛队员为集体竭尽全力所表现出的高度的默契，以及比赛场面激烈的竞争性和比赛过程中变化无常带来的戏剧性，使它成为田径运动中最令人兴奋的项目之一。

1908 年的第 4 届奥运会上，男子 4×400 m 接力跑被列为正式竞赛项目，1912 年第 5 届奥运会增加了男子 4×100 m 接力跑项目。女子 4×100 m 和 4×400 m 接力跑，分别于 1928 年和 1972 年被列为奥运会竞赛项目。接力跑包括场地接力跑和公路接力跑。目前，在正式的田径运动大型比赛中，一般设有男、女子 4×100 m、4×400 m 接力跑比赛项目。历史上还有过男子 4×200 m、4×800 m、4×1 500 m、4×880 yd、4×1 mile 世界纪录的记载。除此外，还有过异程接力跑比赛。

接力跑规则曾有过修改。早先的规则规定，各参赛队在各自指定的跑道内跑进，并要求接力棒必须在规定的 20 m 接力区中完成起跑和传接棒动作。1962 年以后，国际田联规定在 20 m 接力区的始端，向后延长 10 m 作为预跑区。接棒队员可以在 10 m 预跑区域内任选一处开始预跑，但传接棒仍然必须在 20 m 接力区内完成。

随着短跑成绩的迅速提高和传接棒技术的不断改进，接力跑的成绩不断提高。至 2013 年底，男子 4×100 m 接力跑世界纪录为 37.40 s，4×400 m 接力跑为 2 min 54.20 s；女子 4×100 m 接力跑为 41.37 s，4×400 m 接力跑为 3 min 15.17 s。

我国自 1911 年旧中国的第 1 届全国运动会起，便设立了男子 4×100 yd 接力跑比赛项目。自 1930 年第 4 届全国运动会起，设立了女子 4×50 m 接力跑项目。新中国成立前，我国接力跑的水平很低。

新中国成立后，成绩提高较快，至今我国男子 4×100 m 接力跑成绩为 38.81 s，4×400 m 接力跑为 3 min 4.35 s；女子 4×100 m 接力跑为 42.23 s，4×400 m 接力跑为 3 min 24.28 s。

当前，国内外围绕提高接力跑成绩在以下几个方面进行了一些科学研究：如何改进和完善传接棒技术；如何从起跑技术、跑的能力、身体形态、心理素质、协作精神、传接棒技术等各个因素选择最佳参赛队员，以争取发挥最佳的整体效应；接棒运动员如何确定最适宜的起跑时机，以尽量减少速度损失的情况下完成传接棒动作，争取最快的跑进速度和提高接力跑的成绩。

但是，综观国内外对接力跑研究的历史和从田径运动大赛中接力跑的技术状况看，对接力跑技术的研究还显得很不够，许多接力跑运动员对技术的掌握尚差。在国内外大赛中的 4×100 m 接力跑比赛中常有犯规现象，4×400 m 接力跑也往往因各种因素处理不好传接棒技术，在 3 个接力区内占用过多的时间，较大地影响了接力跑的成绩。如 1991 年第 3 届世界田径锦标赛，美国女子 4×100 m 接力队具有 41.55 s 的实力，但由于技术失误，在预赛中犯规，失去了冲击世界纪录的良机。英国女子 4×400 m 接力队在 1971 年赫尔辛基欧洲田径锦标赛预赛中以 3 min 35 s 获得第二名（3 个接力区占用总时间为 8.8 s），但在决赛中仅以 3 min 34.5 s 获得第四名（3 个接力区占用总时间为 12.30 s），显然，这不是因为跑的能力不强，而是因为接力技术差而遭到失败。在 1991 年第 3 届田径锦标赛上，英国男子 4×400 m 接力队以 2 min 57.53 s 的成绩战胜了实力雄厚的美国接力队（成绩 2 min 57.57 s），当年英国队无一人列入世界 400 m 的前 20 名，而美国参加 4×400 m 接力的 4 名运动员均可排在世界 20 名中的前列。由此可见接力技术的重要性。另外，当前国内外田径大赛中，许多接力队都是临时组队，缺乏专门研究和专门训练，这也是值得思考的问题。

第二节　接力跑的技术分析

一、现代接力跑技术

接力跑技术包括短跑技术和传接棒技术两个部分。接力跑的成绩取决于各棒队员的速度和娴熟的传接棒技术。关于短跑的技术在第二章已经讲述，在此不再多作阐述。目前，在田径比赛中，无论是在奥运会、世锦赛或全运会上，接力跑项目主要是 4×100 m 和 4×400 m。所以，这里我们以 4×100 m 和 4×400 m 接力跑为例进行讲析（图 4-1）。

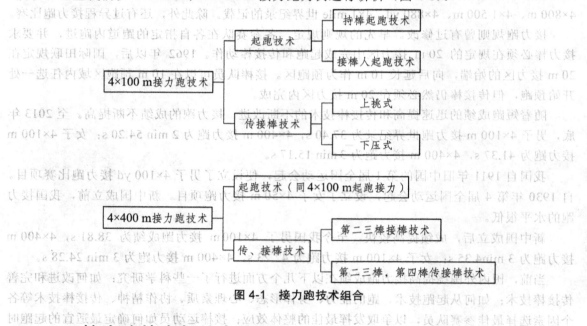

图 4-1　接力跑技术组合

二、接力跑技术与特点分析

（一）4×100 m 接力跑技术分析

1. 起跑技术

（1）持棒人起跑：第一棒传棒队员以右手持棒，采用蹲踞式起跑，接力棒不得触及起跑线和起跑线前的地面。起跑技术和短跑相同。持棒方法有 3 种：①右手的食指握住棒的后部，拇指与其他手指分开撑地；②右手的中指、无名指握住棒的后部，拇指、食指和小指成三角撑地；③右手的中指、无名指和小指握住棒的后部，拇指和食指分开撑地。

（2）接棒人起跑：第二、第三、第四棒的起跑采取半蹲踞式。接棒人站在接力区的后端预跑区内，选定起跑位置。第二、第四棒接棒人应站在跑道的外侧，右腿在前，右手撑地保持平衡，身体重心稍偏右边，头部左转，目视传棒人的跑进和自己的起动标志线。第三棒接棒人站在跑道内侧，左腿在前，左手撑地，身体重心稍偏左，头部右转，目视传棒人的跑进和自己的起动标志线。此外，第二、第四棒接棒人靠近跑道外侧，也可用左腿在前、右臂撑地、头部左转、目视传棒人的方法。

当传棒人跑到自己的起动标志线时，接棒人便迅速起跑。接棒人的起跑姿势是否正确，一是要看是否有利于快速起跑和加速，二是要看是否能清楚地看到逐步跑近的传棒队员并作出起动的准确判断。

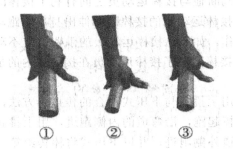

图 4-2　持棒人起跑方法

2. 传接棒技术

传接棒技术主要有"上挑式"和"下压式"两种。

（1）上挑式：接棒人的手臂自然向后伸出，手臂与躯干约成 40°～50°角，掌心向后，拇指与其他 4 指自然张开，虎口朝下，传棒人将棒由下向前上方送到接棒人的手中。上挑式传接棒的优点是接棒人向后伸手的动作比较自然，容易掌握。缺点是接棒后，接棒人的手握着接力棒的中部，为避免第三四棒的传接时接棒人抓的棒的前端部分越来越少，可造成掉棒和影响持棒快跑，而必须在跑进中换手或调整持棒部位（即倒棒）。

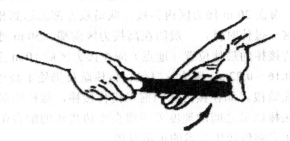

图 4-3　上挑式传接棒技术

（2）下压式：接棒人的手臂向后伸出，手臂与躯干约成 50°～60°角，手腕内旋掌心向上，拇指与其他四指自然张开，虎口朝后，传棒人将棒的前端由上向下传到接棒人的手中。

图 4-4　下压式传接棒技术

长期以来，各国的接力跑队员习惯于采用下压式的方法。最近，国外一些教练员提出，下压式比上挑式的方法有更多的缺点，原因是：①采用下压式时，接棒运动员的手臂后伸，掌心朝上，会引起身体前倾，影响其加速跑。②下压式接棒时，手心向上，五指分开，这种姿势运动员做起来很困难，影响快速、牢固地传接棒。③下压式传接棒，传棒运动员一旦手臂前伸，就会降低跑速。④下压式接棒要求运动员交接棒时的距离要合适，因此，传棒运动员必须分散一定的精力去判断他与接棒运动员之间有利于接棒的速度，这样即使判断正确，也不易完成。⑤下压式传接棒运动员的接棒手臂伸出身后，跑动时势必要上下左右地晃动，这就不利于完成传接棒动作。如果让接棒运动员的手臂固定不动，那么运动员将会因不习惯而影响跑速。⑥下压式传接棒限制了接棒运动员在接力区内的加速度，他必须限制跑速，准备迅速完成接棒动作。

4×100 m 接力跑多采用上挑式与下压式混合的传接棒方法，它综合了上述两种方法的优点：第一棒队员以右手持棒起跑，沿弯道的内侧跑进，用上挑式将棒传给第二棒接棒队员；第二棒队员接棒后沿着跑道外侧跑进，并以下压式将棒传给第三接棒人；第三棒队员接棒后沿着弯道内侧跑进，用上挑式将棒传给第四棒接棒队员。

不管采用哪种传接棒技术都要因人而异，另外它还受身高、臂长、手掌大小和传接棒队员习惯的影响，只要能使传接棒技术达到默契、精确、保险、快速就可以。无论采用哪一种传接棒方法，都应是第一、第三棒队员沿跑道内侧跑进，以右手将棒传给第二、第四棒队员的左手，第二棒队员沿着跑道外侧跑进，以左手将棒传给第三棒队员的右手。为了集中精神保持高速度，4×100 m 接力跑运动员都要采用不看棒的接棒方式。传接棒一般采用上挑式传接棒技术（图 4-3）。

3. 传接棒的技术构成分析

（1）传接棒的时机（地点）：在 4×100 m 接力跑比赛中，要求传接棒队员必须在接力区内以高速完成传接动作。而在 20 m 接力区内传接棒队员双方都能达到相对稳定的高速时便称为传接棒的最佳时机。这一最佳时机，一般约在离接力区前端 4.50 m 处。

研究结果证实了传接棒的最佳位置（地点）应在接力区后 10 m 之内，这样会使整个接力跑的速度提高，节省 0.16～0.22 s。因为这时候，传棒队员仍处于高速之中，而接棒队员也已完成加速任务进入高速阶段。如在接力区的前半段传接棒，接棒队员正处于加速阶段，传棒队员以高速跑进，传接棒队员之间的速度差异将会给传接棒的配合带来难度，造成传接棒运动员之间的距离过近而影响传接棒技术的正常发挥。

（2）接棒队员起动标志线（让距）的确定：让距标志线是第二、第三、第四棒接棒队员起跑点的标志。它是根据传棒队员和接棒队员的跑速和传接棒技术熟练程度以及最佳传接棒时机等因素确定的。让距的计算方法有多种，现着重介绍两种。

第一种计算方法：假如接棒队员在接力区后沿预跑线处（接力区中心线向后 10 m）出发，当跑到距预跑线 27 m 处传接棒，两队员之间的前后距离为 1.50 m 时，则起跑标志线距预跑线的距离为：传棒队员最后 30 m 平均速度×接棒队员跑 27 m 所需的时间减去（27 m-1.50 m）。

假设传棒队员最后 30 m 的平均速度为 9.5 m/s，接棒队员起跑 27 m 所需的时间为 3.5 s，则起跑标志线距预跑线的距离（s）=9.5 m/s×3.5 s-（27 m-1.50 m）=33.25 m-25.50 m=7.75 m。

第二种计算方法：

$$t_1 - t_2 = t_3$$
$$t_3 \times v = s_1$$

注：t_1—接棒队员起动 25 m 所用时间

t_2—传棒队员最后 25 m 所用时间

t_3—传接棒队员之间的时间差

v—传棒队员最后 25 m 平均速度

s_1—接棒队员的让距

假设 t_1 为 3.1 s，t_2 为 2.2 s，则 t_3=3.1 s-2.2 s=0.9 s，而 v=10.2 m/s，

则 s_1=0.9 s×10.2 m/s=9.18 m。

由上述公式计算出来的让距，实际上仍有一定的误差，因为传棒人此时正以 10 m/s 或 10.5 m/s 高速跑进，因此，必须考虑到对人体跑进时的移动反应时，以精确地计算出真实的让距。

人体移动反应时，是指在同一组的比赛中，有数名传棒队员均在各自的跑道中高速跑进，此时，接棒队员要从高速跑进的多名传棒队员中，正确地选择出本队队员。这种反应时可称为选择反应时，也称为移动选择反应时。优秀短跑运动员的移动选择反应时，一般为 0.2 s。可利用以下公式计算：

$$t_4 \times v = s_2$$

注：t_4—移动选择反应时

v—传棒队员最后 25 m 平均速度

s—接棒队员在选择反应时中，传棒队员跑过的距离

假设 v=10.2 m/s，t_4=0.2 s，则 0.2 s×10.2 m/s=2.04 m，s_1=9.18 m。但由于接棒队员对移动人体的选择反应时 t_4 的关系，其实际让距就应是接棒队员计算让距减去接棒人在移动选择反应时中传棒队员跑过的距离 s_2（2.4 m）才是接棒队员的实际让距 s_3，即：

$$s_1 - s_2 = s_3$$
$$9.18 \text{ m} - 2.04 \text{ m} = 7.14 \text{ m}$$

注：s_3—接棒队员实际让距

根据公式计算获得的接棒人起跑标志线的位置，还必须通过多次实践加以调整。

（3）传接棒队员在传棒和接棒瞬间的获益距离：传接棒队员在传接棒瞬间的获益距离，是指传接棒队员都能保持高速的情况已充分伸展手臂，顺畅地完成传接棒动作瞬间身体重心相隔的最大水平距离。这一距离与运动员的身高、臂长、传接棒的时机以及传接棒队员进入接力区后半段的速度吻合程度有关。配合默契的传接棒技术能产生 1.5～2 m 左右的获益距离。在 4×100 m 接力跑中，3 个接力区能产生 4.5～6 m 左右的获益距离，这对提高整体的接力跑成绩有着不可忽视的意义。

在 1991 年的东京世界田径锦标赛上，法国队虽名列第二，但却表现了娴熟的传接棒技术，

有关专家给予了很高的评价。

（二）4×400 m 接力跑技术分析

4×400 m 接力跑的传接棒技术相对比较简单。但是，由于传棒人在跑近接力区时的跑速已经明显地下降，所以接棒人应十分注意接棒技术。当传棒人跑近时，接棒人要在慢加速跑中目视传棒人，顺其跑速主动接棒，随后快速跑出。第一棒采用蹲踞式起跑，起跑技术同 4×100 m 接力跑的起跑；第二棒采用站立式起跑，上体左转，目视传棒人，要估计好传棒人最后一段跑的速度。如果传棒人最后一段仍然保持较好的跑速，接棒人可以早些起跑；如果传棒人的跑速缓慢，接棒人应晚些起跑并主动地接棒。4×400 m 接力跑全部的传接棒过程，一般在 20 m 接力区的前半段或接力区的中间区域内完成。传棒人将棒传出后，应从侧面退出跑道，避免影响其他接力队队员的跑进。4×400 m 接力跑，多采用右手传递接力棒，即第一棒队员以右手将棒传给第二棒队员的左手，第二棒队员跑出后将接力棒换到右手，以后各棒次接力棒的传递均以此法传接。

1. 4×400 m 接力跑以左手接棒换到右手的传递接力棒方法的优点

（1）接棒队员上体左转，在弯道上进行交接棒，有利于接棒队员始终沿着跑道的内侧跑进。

（2）接棒队员上体向左转，面向无人的内道，右肩可以防护其他接力队员的冲撞，使交接棒过程更加安全和准确。

（3）接棒队员左手接棒，换到右手，在弯道上跑进，会感到自然、有力。4×400 m 接力跑交接棒的另一种形式，是以传棒人的左手持棒，传给接棒人的右手。换手的方法是接力队员持棒跑到最后一个直道将棒换到左手上，然后将接力棒再传给以后棒次的接棒人。第四棒队员不换手，一直跑到终点。

2. 4×400 m 接力跑队员棒次安排原则

（1）第一棒需要安排具有良好技术的、有利于第二棒队员抢到领先跑的主动地位的、能在第一个 400 m 跑中成为领先者的、实力较强的队员。

（2）第四棒应是全队实力最强的队员，须具备良好的战术意识和速度控制能力以及较好的心理素质，这对接力队获得胜利，将起到重要的作用。

（3）如果 4×400 m 接力队，全队实力不平衡，一般可以安排实力列第二位的队员跑第一棒，实力次弱的队员跑第二棒，实力最弱的队员跑第三棒，实力最强的队员跑第四棒。

第三节　接力跑的技术教学

一、教材分析

接力跑是在快速跑过程中，依次传递接力棒的集体项目。接力跑技术教学时数少，主要是以 4×100 m 接力跑进行教学。介绍 4×400 m 接力跑技术，必须在掌握短跑技术之后进行。教学中要进行团结协作精神和集体主义的思想教育。

二、教学程序与方法

（一）接力跑教学方法和注意事项

1. 方法

（1）做传接棒技术示范并讲解有关传接棒的规则。

（2）持棒原地摆臂，集体按口令做上挑式和下压式的传棒练习。

（3）徒手原地摆臂，集体按口令做上挑式和下压式的接棒练习。

（4）两人配合，原地按口令做上挑式和下压式的传接棒练习。传棒人与接棒人前后相距1.5 m 左右，传棒人的右侧对着接棒人的左侧。

（5）两人在行进中按口令做上挑式和下压式传接棒练习。

（6）两人在慢跑和中等速度跑中做上述练习，要求同上。

2. 注意事项

（1）原地传接棒练习时，应让学生分成两列横队前后错开站立，前后距离约为 1.50 m，传棒人的右手持棒。开始练习先按教师统一口令进行，然后由传棒人在行进中发口令，进行传接棒练习。

（2）在完成上挑式传接棒练习时，传棒人应在将棒摆到体前时发出"接"的信号，棒经后摆，再向前送棒，接棒人听到"接"的信号后迅速向后伸手接棒。

（3）在完成下压式传接棒练习时，传棒人应在持棒后摆时，发出"接"的信号，再自上向前下送棒，接棒人听到"接"的信号后，迅速向后伸手接棒。

（二）各棒次的起跑技术练习

1. 方法

（1）第一棒，右手握棒做蹲踞式起跑练习。

（2）第二、第三、第四棒，接棒人在直道和弯道以站立式和半蹲踞式起跑姿势，做单手臂撑地的起跑练习。

2. 注意事项

第一棒起跑用右手握棒，要求接力棒不得触及起跑线前地面。在掌握练习（1）和练习（2）技术后，可进行两人配对的练习（距离 50 m）。

（三）在接力区内完成传接棒技术练习

1. 方法

（1）两人传接棒技术练习：当传棒人用较快速度跑至标志线时，接棒人迅速起跑，完成传接棒技术。

（2）两人一组，2×50 m 的接力跑练习：要求在接力区末端 3 m 处完成传接棒技术。

2. 注意事项

两人一组的接力跑练习，要求接棒人的起跑时机和标志线的确定基本准确。

（四）全程接力跑技术练习

1. 方法

（1）4 人组队，连续进行 50～100 m 的接力练习。

（2）4×50 m 接力跑或教学比赛。

（3）4×100 m 接力跑或教学比赛。

2. 注意事项

（1）全程接力跑练习时，应力求各队实力较为平均，以提高各队之间的竞争效果。

（2）全程接力跑练习时，要强调在快速跑进中传接棒，并要求在传接棒队员之间要保持适当距离。

（3）为了增加全程接力跑的次数，练习时可缩短全程跑的距离，如采用 4×30 m、4×50 m 等练习。

（五）4×400 m 接力跑的传接棒技术练习

1. 方法

（1）讲解并示范 4×400 m 接力跑的竞赛规则。

（2）两人一组进行传接棒配合练习。

（3）4 人成队连续进行 100～200 m 接力跑练习。

2. 注意事项

在中速跑进中完成传接棒动作。接棒人起跑时机应根据传棒人最后一段跑速而定。

3. 常见的错误动作及其产生原因和纠正方法

（1）常见的错误动作：①接棒人起跑过早或过晚，不能在预定的传接棒范围内完成传接棒动作；或者在接棒时，接棒人尚未发挥出很大的跑速就已完成传接棒动作。②接棒人没有按应跑的跑道一侧跑进，给传递接力棒造成困难。③接棒人在起跑后的加速跑中，过早地后伸手臂等待接棒，影响快速跑进。④起跑标志线位置确定不准确，造成传接棒的困难和犯规。

（2）产生原因：①对传棒人脚踩起跑标志线的时间判断不准确，或起动犹豫、不果断。②没有形成各棒次在跑道内侧或外侧跑进传接棒的习惯。③怕接不着棒，早早伸臂等待。④没有认真地确定起跑标志线的位置。

（3）纠正方法：①让接棒人用接力跑的起跑动作反复进行起跑练习，或者让同伴用不同速度滚动篮球，以培养接棒人正确判断起跑时机的能力。②消除接棒人在起跑时的紧张心理。③反复讲解和示范各棒次队员正确的跑进路线和传接棒技术。④反复测定传棒人后 30 m 跑的速度和接棒人起跑 27 m 的时间，并反复进行测试和调整。⑤组织教学比赛，反复进行接力跑练习，以巩固、熟练接力跑技术。⑥根据风向，传棒人和接棒人参赛时的体力状况，适当调整各棒次的起跑标志线位置。

第四节　接力跑的技术训练

技术训练的任务是要使运动员建立正确的技术动作概念，做到经济、实效，结合个人特点，形成独特的技术风格。

技术训练与专项素质训练是相互促进的，因此，所选用的技术训练方法应具有双向功能。在技术训练中应严格遵循动作技能形成的规律和有关的训练原则。

技术训练的方法应根据训练任务来选用。一般在主要为建立正确动作概念的训练中，多采用分解法、示范法或声像法；在主要为学习和掌握动作技术的训练中，多采用分解法、完整法或重复训练法、比赛训练法和变换条件训练法。此外，还应根据不同训练对象的不同情况选用不同的训练方法。

接力跑的技术训练主要包括起跑技术训练和传接棒的技术训练。4×100m 和 4×400m 接力跑的第一棒起跑技术与短跑起跑技术基本相同。一般情况下，传接棒的技术训练方法采用重复训练法和比赛训练法。

第五节　接力跑的素质训练

接力跑的素质训练主要包括速度素质训练和心理素质训练。

速度素质训练是接力跑训练的核心，也是接力跑训练的重点。运动员所需要的速度素质可分为反应速度、加速度、动作速度和速度耐力。由于速度素质训练的生物学基础类似力量素质训练的生物学基础，所以，某些力量素质的训练方法也适用于发展速度素质。不同的是，应使负荷安排更能体现出发展速度的性质与要求。对提高速度素质具有独特效能作用的训练方法可归纳为外力训练法和比赛训练法。

一、外力训练法

外力训练法是指借助牵引力、风力和重力等外力的作用进行练习的方法。如牵引跑、顺风跑、下坡跑、在活动跑道上跑等。该方法能有效地提高动作的幅度和频率，并能在心理上形成快速动作的意识和速度感。

二、比赛训练法

比赛训练法是指通过与同等水平接力队进行比赛的方法，调动心理能量，提高速度水平。

心理训练的重要任务是培养运动员充分发挥意志品质的作用，提高自控能力和抵御外界因素干扰的能力。对于接力跑项目，运动员的心理训练多采用信心鼓励法、形势分析法、呼吸调节法、暗示调节法、模拟训练法、声像调节法、活动调节法、放松调节法等，目的是消除运动员思想上和心理上的紧张情绪，增强运动员的自信心。

第六节　接力跑的赛前训练与比赛

赛前训练是指重大比赛前专门安排的训练，旨在使运动员的身体、技术、专项能力和心理等方面在比赛期间处于最佳状态，使之能在大赛中取得优秀的运动成绩。

比赛成绩是多年系统训练的结果。训练本身就是为比赛作准备。赛前训练是多年训练的一个组成部分。大赛前训练的任务，不在于继续提高运动员的潜在能力，而是要把获得的能力通过赛前训练逐渐地表现出来并趋向平衡，在比赛期间达到最高水平。

赛前训练时间一般为4~6周，可分为前（2~3周）后（2~3周）两个阶段。

在前一阶段中负荷量约为平常训练最高负荷量的50%~60%，最高负荷强度控制在90%左右，基本上是边训练边休息，不使疲劳过多积累。训练内容包括速度、速度耐力、专项身体素质，同时也进行一些一般身体训练，强调技术正确、放松、轻快。

后一阶段基本上是前一阶段的重复。对前一阶段暴露出来的问题作一定的修正，负荷量继续下降，约为最高负荷量的40%~50%，强度控制在90%以下，短距离的30 m、60 m跑强度可稍大，一定要严格控制100 m以上距离的强度。因为大强度的专项训练会引起神经系统的高度兴奋，容易引起疲劳，在比赛前不易恢复，同时也容易造成肌肉损伤。在赛前阶段，中枢神经系统应保持适当的工作水平，使其在比赛时达到最高工作水平。

赛前阶段应该进行轻松的训练，要十分重视训练后的恢复，科学安排作息制度，保证营养，保证充足的睡眠。

适应性和检查性比赛是赛前训练的一个重要组成部分，它的主要目的是为了完善比赛技术和提高战术能力，可根据具体任务和运动员的训练水平来安排。最后一次检查性比赛最好在大赛前7~10天进行。此时应防止受伤，预防由于频繁比赛而导致灵敏性下降和专项兴奋性下降的状况。

第五章　中长跑

第一节　中长跑的发展概况

中长跑起源于英国。早在 18 世纪，英国就举行了各种距离跑的竞赛，其中就包括相当于现代中长跑的比赛项目。中长跑的发展大体可分以下几个时期。

一、自然发展时期

20 世纪 30 年代中期以前，由于运动技术水平不高，比赛中主要靠运动员的身体条件和素质水平来取得优势。这一时期技术主要是由大步幅、慢频率、用前脚掌或脚跟着地发展到先用脚掌外侧着地，再过渡到全脚掌着地的技术。由于跑时摆动腿下压动作消极，小腿前伸远，着地距身体重心投影点也较远，产生的阻力较大，影响跑速的发挥。训练手段主要是通过长时间的自然跑、匀速跑、节奏跑、越野跑来发展运动员的耐力。

二、改进和完善时期

20 世纪 30 年代中期至 70 年代初，随着科技水平的发展，训练方法的不断改进以及实践经验的积累，中长跑的技术日趋成熟。中长跑运动员开始采用摆动腿积极前摆下压，前脚掌"扒地式"着地的技术，拉近了着地点距身体重心投影点的距离。由于膝、踝关节积极缓冲，支撑腿后蹬时髋、膝、踝快速蹬伸用力，减少了跑时的阻力，缩短了支撑时间，从而提高了步频。由于重视跑时身体重心的平稳前移，能在较高步频的同时保持一定的步长，因而成绩提高很快。在此阶段出现了许多训练体系和方法，使中长跑的运动水平得到了大幅度的提高。主要的训练体系有以法特莱克训练法和间歇训练法为主的既能提高速度又能发展耐力的训练体系和以重复训练法、高原训练法、马拉松训练法、大运动量训练法为主的大量增加运动负荷的训练体系。

三、综合训练时期

20 世纪 70 年代以后，出现了"高频跑"的技术，其主要特点是：支撑腿后蹬时充分送髋和伸踝，不强调膝关节过分蹬伸用力；后蹬结束时小腿后摆幅度很小，迅速转入前摆，大腿抬得较低；脚掌着地点距离身体重心投影点较近，跑时身体重心移动平稳。由于缩短了两脚交换时间，步长相对较小而步频较快，节省了能量的消耗，从而取得了很好的训练效果。此阶段没有出现新的训练方法，各个国家在不断深入研究上述几种训练方法的基础上，吸取其他国家的经验，结合本国运动员的特点，发展适合自己的训练方法，使之更加科学化。

四、科学训练时期

进入 20 世纪 90 年代后，由于现代科学技术的飞速发展，人们对自身结构和机能的认识越来越深刻，中长跑的训练观念、训练结构、训练负荷、训练方法和手段不断更新，对中长跑训练本质的认识也在不断加深。德国的研究表明：近几年来中长跑运动成绩大幅度提高并不是心血管系统机能显著改善的结果，而是骨骼肌能力增强所致。我国著名中长跑教练员马俊仁提出：中长跑项目是高速度的耐力项目，中长跑运动员既要有良好的耐力水平又要有很高的速度水平。他把速度与耐力两个反差很大的素质紧紧结合在一起，突破了对中长跑项目原有特征的界定。正因为以上认识水平的提高，训练中强调在有氧代谢训练后进行有氧—无氧代谢混合训练，提高了中长跑运动员的速度素质。

从现代中长跑技术的发展趋势来看，由于科技的发展与作用，运动实践经验的积累以及场地设备条件的改善，使中长跑的技术更加符合人体的运动规律，符合生物力学、解剖学和生理学的原理。表现为：步频快，步长合理，身体重心平稳前移，直线性好；跑的整体动作协调、轻快、省力，实效性强；同时，依据个人特点而形成的个人技术风格更加突出。

从现代中长跑训练的发展趋势来看，已逐渐形成了以高原与平原交叉训练法为主导，以专项速度耐力训练为核心，不断加大运动量，重视恢复手段的训练模式，从而不断提高了中长跑的运动成绩。

第二节　中长跑的技术分析

一、现代中长跑的技术

中长跑是耐力性运动项目，要求运动员在跑时既能保持一定速度，又能跑得持久。因此，对中长跑技术总的要求是：动作轻松自然，身体重心移动平稳，节奏性强，肌肉用力和放松交替能力好，既有实效性，又能节省能量的消耗。

（一）起跑和起跑后的加速跑

起跑和起跑后的加速跑是中长跑比赛或测验时，运动员使身体迅速摆脱静止状态，并根据战术需要尽快发挥正常的跑速和占据有利跑进位置的过程。中长跑比赛或测验时，采用站立式起跑。起跑前，先做 1～2 次深呼吸，然后站在起跑线后 3 m 集合线处听候起跑口令。当"各就位"口令下达后，慢跑或走向起跑线，两脚前后开立，将有力腿的脚放在起跑线的后沿，另一脚放在距离前脚跟约一脚长的地方，两脚左右间隔约半脚长。两腿弯曲，上体前倾，体重落在前脚上，后脚用前脚掌着地。两臂在体前自然下垂或前腿异侧臂在前同侧臂在后。身体保持稳定，集中注意力听候枪声。

听到枪声后，后腿立即蹬地以膝领先并迅速前摆，前腿也迅速用力充分蹬直。两臂配合两腿动作做快速而有力的前后摆动，使身体迅速向前冲出，进入加速跑阶段。

加速跑时，上体前倾较大，两腿交换较快，摆臂、摆腿和后蹬都应迅速而积极。应尽量按跑道内突沿的切线方向和朝着自己的有利位置跑去。加速跑的距离，根据项目的距离长短、个人特点与比赛临时情况而定。

（二）途中跑

途中跑是中长跑的主要阶段，它是运动员比赛时发挥训练水平的过程。因此，掌握途中跑技术是极其重要的。

后蹬是途中跑技术的主要环节。后蹬动作应该迅速而积极，依次伸展髋、膝、踝 3 关节，后蹬角度一般为 55°左右。

当支撑腿后蹬的同时，摆动腿前摆。前摆时，小腿应自然放松，依靠大腿的前摆动作，膝关节领先并带动髋部向前上方摆出。

支撑腿离地后，人体即进入腾空阶段。此时，蹬离地面的支撑腿应该放松，依靠后蹬反作用力的惯性和大腿的向前动作，使小腿折向大腿，形成膝关节弯曲，大、小腿折叠动作。但是，这种折叠动作长跑比中跑要小一些。

当摆动腿前摆结束时，大腿开始向下运动，膝关节随之自然伸展，用前脚掌在离身体重心投影点的前方约一脚到一脚半处着地。前脚掌着地后，膝关节稍稍弯曲，进入垂直支撑时，再过渡到全脚掌着地。着地时，脚尖应向前，两脚足迹内缘要在一条线上。中跑比长跑的下落着地动作应积极一些。

中长跑时，上体接近垂直或稍有前倾，头部正直，胸部正对前方并微向前挺，整个躯干自然而不僵硬。摆臂时，肩部要放松，两臂弯曲，肘关节约成 90°角，两手半握拳，前后自然摆动。前摆时稍向内，后摆时稍向外。

中长跑时，有一半以上的距离是在弯道上跑进。根据弯道跑时需要有一定向心力的特点，在跑的技术上也应与短跑一样有相应的变化。但由于跑速较短跑慢，因此变化的程度也较短跑小。

中长跑时，由于机体能量消耗大，因此对氧气的需要量增加。为了保证机体对氧气的需求，呼吸必须有一定的频率和深度，还必须与跑的步伐相配合，一般是跑 2~3 步一呼气，跑 2~3 步一吸气。随着跑速的加快和疲劳的出现，呼吸的频率也会增加，可采用跑一步一呼气、跑一步一吸气的方法。要着重呼气，因为只有充分呼出二氧化碳，才能充分吸进氧气。呼吸一般用鼻子与半张开的嘴同时进行。冬季练长跑或顶风跑时，为了避免冷空气和强气流直接刺激咽喉，应将舌尖上翘，微微舔住上腭。

中长跑时，由于内脏器官工作条件的改变，氧气供应落后于肌肉活动的需要，所以跑一段时间后，会出现胸闷、四肢无力、呼吸困难、跑速降低，产生难于继续跑下去的感觉。这种现象称为"极点"。这是一种正常的运动生理现象。当"极点"出现时，一定要以顽强的毅力坚持跑下去，要加强呼吸的深度，适当调整跑速。

这样，"极点"现象就会缓解，身体机能就会得到明显好转，这就是生理上所谓的"第二次呼吸"。"极点"的克服，不仅是提高训练水平和训练效果的过程，也是培养顽强意志和克服困难的精神的过程。

（三）终点跑

终点跑是指临近终点时的冲刺跑。运动员此时要以顽强的意志，加快摆臂，加强腿部的蹬摆，奋力跑到终点。终点冲刺跑的距离应根据项目、训练水平、战术要求、个人特点和临场情况而定。通常，800 m 跑可在最后约 300 m，1 500 m 跑在最后约 400 m，3 000 m 以上在最后 400 m 或更长一些距离进行冲刺跑。

二、中长距离跑的特点与技术分析

（一）中长距离跑的特点

1. 现代中长跑的供能特点

中长跑对速度耐力要求较高，运动员必须具备用较高速度跑完全程的能力，才能取得优异成绩。长跑是以耐力为主的项目，随着运动水平的提高，比赛日趋激烈，对速度的要求越来越高，运动员平均速度快和冲刺能力强，才有可能在比赛中获胜。中跑的无氧代谢和有氧代谢所占比例：800 m 约为 70% 和 30%，1 500 m 各约为 50%。中长跑属于极限下强度的项目，比赛后程的氧债和血液中的血乳酸大量增加，所以，中跑运动员必须具备承受后半程高能度血乳酸的能力，必须具有很强的心肺系统机能；而长跑以有氧代谢为主，有氧代谢和无氧代谢的比例：5 000 m 约为 80% 和 20%，10 000 m 约为 90% 和 10%。因此，长跑运动员应具备很大的肺通气量和高水平的最大吸氧量，需有很强的心血管系统和呼吸系统的机能。

2. 现代中长跑的技术特点

在跑的过程中，掌握正确的技术，尽量提高肌肉用力和放松的能力，跑得轻松协调，身体重心平稳，直线性好，有良好的节奏，合理地分配体力，并完全达到动作自动化。

技术结构：上体正直或稍前倾，后蹬结束时后蹬腿 3 关节几乎伸直，摆动腿前摆小腿要适度折叠，大腿摆到前面要有一定高度，用全脚掌着地。

（二）中长跑的技术分析

1. 后蹬与前摆相结合的技术

后蹬是人体重心向前运动的主要动力来源。后蹬的力量及蹬速的大小和方向，决定了人体重心向前运动的速度；而快速有力的前摆可增加后蹬的力量，直接影响后蹬的效果。因此跑时两腿蹬、摆结合的技术是中长跑的关键。

当身体重心移过支撑点垂直面时，支撑腿应积极送髋，快速蹬伸髋、膝、踝三关节，特别是伸髋与伸踝。因为伸髋可使髋关节前的大腿屈肌群的肌肉拉长，为快速收缩用力和大腿前摆创造有利条件。后蹬结束时，后蹬腿的膝关节角度约为 160°～170°，后蹬角度约为 50°。若后蹬角度过大其支撑反作用力的向前水平分力就小，使跑速减慢。所以在保证合理技术的前提下，适当减小后蹬角度是改进技术、提高跑速的有效方法。

后蹬的开始也是摆动腿积极前摆的开始。摆动腿屈膝积极前摆，并带动同侧髋前送，有利于身体重心前移。同时由于拉长了大腿伸肌群为摆动腿的积极下压创造了有利条件。大腿前摆时小腿放松，大小腿自然折叠，后蹬结束的瞬间也是前摆达到最高点之时，此时摆动腿大腿与地面的角度约为 25°～36°。

后蹬时产生的支撑反作用力的方向应与跑的方向一致。与此相对应，摆动腿的前摆也应以膝关节领先，保证摆的方向正直向前，否则会影响后蹬的方向。

因此，必须保证两脚和两膝的动作与跑的方向一致。"八字脚"或两腿前摆时外翻，必然破坏跑的直线性，削弱蹬摆的效果。

2. 腾空阶段的主要技术

支撑腿后蹬结束离地后，人体进入腾空阶段，此时应充分放松小腿肌肉，使膝关节前摆，小腿快速而自然折叠，形成以大腿长度为半径的摆动过程。这是腾空阶段的技术关键，它有利于缩短摆动半径，加快摆动角速度，并可加强另一侧支撑腿的后蹬效果。人体腾空后，由于惯性向前作用，这时参与工作的肌群应适度放松（尤其是两腿的肌肉），使紧张用力的肌肉得到短暂的休息。这一放松有利于减小毛细血管的压力，使更多的血液流入肌肉，为人体供应充足的氧和能量物质；同时使静脉血管充分舒张，增加回心血液，带走代谢物，避免因废物堆积而造成肌肉过早疲劳。中跑运动员必须具有肌肉用力和放松交替的能力，这样才能节省能量消耗，以较快的速度跑完全程。

3. 着地缓冲技术

着地缓冲阶段的主要任务是减少地面对人体的冲击力，减少水平速度的损失，为尽快转入后蹬创造有利条件。当摆动腿摆动到一定高度后，大腿应积极下压，小腿顺势前摆，此时要防止小腿远伸而形成消极制动式落地动作。当小腿下伸时，由于膝关节结构功能的阻抗，膝关节是弯曲的，着地腿的膝关节和足跟连线几乎垂直于地面，随着大腿下压，小腿形成积极的"扒地"动作，这对完成缓冲动作有积极作用，也是现代中跑技术的特点之一。

脚着地时应用脚前掌外侧先着地，然后随着缓冲动作转为全脚掌着地。因为阻碍人体前进的力主要是支撑反作用力的向后水平分力，所以，着地点距身体重心投影点近些（20～30 cm）能减小这个分力，有利于减少水平速度的损失。脚着地时，脚尖应正对跑进方向，两脚内缘落地点应在一条直线上，这样能较好地保持跑的直线性。

脚着地后，大腿前侧肌群和小腿后侧肌群做积极而协调的退让工作，在外观上表现为屈髋、屈膝和屈踝完成缓冲动作。这些伸肌群及时的退让工作，一方面能减缓着地的制动力，另一方面使得这些肌群得到预先的拉长，为后蹬创造有利条件。缓冲时间的长短是衡量跑的技术又一重要标志，应尽量缩短缓冲时间。

在整个支撑阶段，缓冲时间和后蹬时间的比例约为 1：1.5～1：2。由于踝关节与脚掌的支撑作用，使积极的落地动作顺序延续，髋部较小下沉，身体重心能在较高位置，较快地通过垂直支撑部位，较早地进入后支撑阶段。为此，在跑的训练中，除了发展蹬、摆的力量外，还要注意发展脚掌肌的力量和踝关节的柔韧性。这可使着地缓冲迅速过渡到后蹬阶段，缩短缓冲时间，提高步频；同时亦利于取得后蹬腿伸踝及脚趾屈伸的"末节"用力，从而更充分地发挥蹬、摆产生的前进动力。

（三）长跑主要技术分析

长跑的技术要求基本上和中跑相似，但在用力程度、动作速度和幅度等方面小于中跑，途中跑时脚在着地前大腿积极下压，膝关节弯曲程度比中跑稍大，以脚前掌和脚外侧有弹性地着地。有效的蹬、摆技术特点是后蹬腿 3 个关节快速伸展，同时摆动腿向前摆出，并带动髋部前送，此时后蹬角为 55°左右。蹬摆的速度和幅度均比中跑小。后蹬结束后，人体进入腾空阶段，腿部肌肉放松，大小腿折叠，屈腿前摆。在支撑时期，当摆动腿大腿稍超过支撑点上方时，摆动腿弯曲程度最大。摆动腿的这种弯曲是在对抗肌放松情况下的自然弯曲。

长跑运动员的呼吸节奏是长跑运动的特点之一，合理的呼吸节奏取决于个人特点和跑的速度。在正常跑速时，3步一呼、3步一吸；随着跑速的增加可改为两步一呼、两步一吸；在终点冲刺时有的运动员采用一步一呼、一步一吸。呼吸节奏应与跑的节奏相配合。

总之，长跑技术动作必须自然、协调、放松，必须具有较稳定的跑的节奏，必须具备在全程始终保持正确技术的能力，即使是在最后冲刺阶段十分疲劳的情况下，也要保持动作不变形。

第三节　中长跑的技术教学

一、中长距离跑教材分析

中长跑是中跑与长跑的简称。中长跑是以有氧代谢为主的耐力性、周期性运动项目。中长跑既是竞技项目，又是健身的一种手段。

通过中长跑项目的教学与实践，使学生掌握中长跑的基本知识、基本技术和运用中长跑项目进行健身运动的科学方法；改善学生呼吸系统和心血管系统的功能，促进机体代谢，发展耐力素质，增强下肢肌肉力量，提高持续跑的能力和对大自然的适应能力；培养学生对中长跑项目的兴趣、爱好、自我健身的意识和习惯，以及顽强的意志和吃苦耐劳勇于拼搏的精神。

中长跑教学的重点应抓住途中跑复步技术中的单步技术。因为单步技术是途中跑复步技术的基础。难点是单步技术中前摆下压时柔和的缓冲着地技术。

合理的着地技术能减少前蹬的阻力，加快重心向前移动的速度。关键是后蹬与前摆技术要协调配合，蹬伸要充分有力，前摆方向正而且迅速，这样不仅能加大步长，而且能提高步频，还能使人重心平稳，直线性好。

二、中长距离跑教学的程序与方法

中长跑教学，必须把掌握技术和提高学生心肺功能与发展学生耐力素质结合起来，在一系列跑的练习中掌握中长跑技术和提高耐久跑的能力。因此，中长跑教学要以途中跑教学为主。

（一）使学生了解中长跑的一般知识

通过教师讲解，使学生了解中长跑的一般知识，提出学习中长跑的要求和注意事项，调动学生学习中长跑的积极性和主动性。

（二）途中跑技术教学手段

1.结合示范（或通过图片等直观教学）讲解途中跑技术，使学生建立正确的途中跑技术概念，了解途中跑技术的要求、方法和要领。

2.中等以下速度匀速跑 80～100 m。

3.中等以下速度到中等以上速度的加速跑 80～100 m。

通过反复做上述练习，体会和初步掌握中长跑途中跑时的腿部动作、躯干姿势和摆臂动作。

4.定时（或定距）跑：男生跑 6～8 min（1 000～1 500 m）；女生跑 3～5 min（500～1 000 m）。用中等或中等以下速度在田径场或野外公路上跑。跑时除了继续注意掌握正确的腿部动作、躯干姿势和摆臂动作外，还应注意呼吸和步伐的配合，掌握中长跑的呼吸方法。

5.变速跑（或走跑交替）：100 m 中速跑＋100 m 慢跑（或走）；200 m 中速跑＋100～200 m 慢跑（或走）；300 m 中速跑＋100～200 m 慢跑（或走）。

变速跑总量男生为 1 500～2 000 m，女生为 800～1 000 m。跑时要控制好跑速，注意跑的动作和呼吸方法的正确性。

（三）站立式起跑、起跑后的加速跑技术和巩固途中跑技术教学手段

1.结合示范（或通过图片等直观教具）讲解站立式起跑和起跑后加速跑技术，使学生建立正确的站立式起跑和起跑后加速跑技术的概念，了解站立式起跑和起跑后加速跑技术的要求、方法和要领。

2.以组为单位，在起跑线后做"各就位"口令后的起跑预备姿势和站立式起跑若干次，使学生掌握站立式起跑时两脚位置和身体各部姿势。

3.以组为单位，在起跑线后的集合线站好，然后在"各就位"和"跑"的口令下，按站立式起跑和起跑后加速跑的方法、要领做站立式起跑 30～80 m。

4.以中等速度重复跑 200 m、300 m 或 400 m。

由站立式起跑出发进行中等速度的重复跑，要求起跑动作正确，跑时动作轻松、自然，跑速均匀，呼吸和步伐配合，并注意培养学生的速度感觉。跑的总量男生为 1 200～1 500 m，女生为 600～800 m。

（四）终点跑和全程跑技术教学手段

1.讲解终点跑和全程跑的要求和方法。

2.按水平分组，由站立式起跑出发，进行 200 m、400 m 或 600 m 的中等速度重复跑，在最后 50～150 m 处开始适当加速，冲刺跑通过终点。跑的总量男生为 1 200～1 500 m，女生为 600～800 m。

3.按水平分组，由站立式起跑出发，进行男生 1 200 m 和女生 600 m 的中等速度匀速跑，在最后 100～200 m 处开始适当加速，冲刺跑通过终点。

4.按个人计划的体力分配方案跑：男生为 1 200～1 500 m，女生为 600～800 m。

5.全程跑：组织教学测验或比赛并进行技评。测验、比赛距离：男生 1 500 m，女生 800 m。

第四节　中长跑的技术训练

一、中长跑技术训练的特点

中长跑运动员要想在跑的途中尽量节省体力，适宜地发挥身体素质的作用，合理的技术

是关键。

由于中长跑的技术训练主要是和大量跑的练习结合在一起的，因此必须在全年各阶段跑的训练中始终强调跑的技术要求，充分运用教学原则和手段，帮助青少年运动员早日掌握正确的中长跑技术。

在技术训练中要重视掌握基本技术，要善于学习别人的先进技术，要根据技术原理和个人特点，创造性地学习和掌握新技术。每个人的身体形态、身体素质和习惯不同，在技术训练中要充分发挥个人特点，按适合自己的先进技术模式进行训练。步幅与步频，腾空与支撑，呼吸与跑的节奏，上、下肢配合等，都是中长跑技术练习不应忽视的方面。只有处理好其内在关系，才能节省体力消耗，使中长跑技术合理化。

在全年训练中，准备期着重基本技术和改进技术的训练，竞赛期着重完整技术的训练。

二、中长跑技术训练的主要方法

技术训练要贯穿于训练工作的始终。掌握技术或改进技术细节，应在大量跑的练习中进行。还可根据运动员的技术情况，利用小步跑、高抬腿跑、后蹬跑等跑的专门性练习改进技术，发展腿部力量和灵敏协调性。此外，加速跑、支撑高抬腿跑、二人并列同步跑、跨步跳、多级跳、原地摆臂等练习，也是改进技术的有效方法。

第五节 中长跑的专项素质训练

一、耐力素质训练

耐力是中长跑运动员应具备的重要素质。耐力一般理解为在一定时间内，运动员能发挥最好的持续跑的能力。耐力可分为一般耐力与专项耐力。

1. 一般耐力

一般耐力是指有氧训练能力，即时间长、速度慢、强度小的跑的能力。有氧训练是通过走、跑以及伴随着其他条件来进行。时间与速度有一定比例关系，如跑 2 h，要求每 5 min 跑 1 km，而跑 1 h 则要求每 4 min 跑 1 km。

2. 专项耐力

专项耐力是指运动员在整个跑程中保持始终如一高速度的能力。专项耐力对于中长跑运动员是至关重要的。专项耐力训练可称为无氧训练。专项耐力训练中，强度要求一般采用以下几种方法：

（1）百分比强度要求法：计算某段跑程强度要求的公式为：

$$强度要求=个人最好成绩/强度要求\%$$

例如，运动员 600 m 跑最好成绩为 1 min30 s 时，其 85%强度要求为 1 min30 s/85%=1 min 45.9 s。不仅全程跑要有强度要求，不同段落也要有强度要求的范围。

（2）比赛速度要求法：先按某项预计的比赛成绩求出该项中的每 100 m 平均成绩，在运用时，只要将该成绩乘以所跑段落的百米数，所得出的时间即为该段的比赛速度强度。如预计 1 500 m 比赛成绩为 4 min,训练时以比赛速度跑 800 m 得强度为:(4 min÷15)×8=2 min 8 s。

(3)自然强度要求法:自然强度是指教练员只提出技术上或体力上的要求而没有提出具体数值的强度要求。采用这种方法必须是当运动员具有较高的训练自觉性和训练水平时才能得到较好的效果。这种方法一般是在训练阶段转换(如冬季转入春季)时,为了适应环境、气候变化或其他特殊情况时采用。

专项耐力训练在全年的准备期中,只保留一定的比重,而在竞赛前期和竞赛期中的比重较大。

3.发展耐力训练的主要方法

一般耐力与专项耐力训练采用的手段和训练形式是一样的。不同之处在于跑的时间、间歇时间、重复次数以及运动员的情况和强度等。一般耐力训练的强度通常为≤79%,而专项耐力训练的强度为≤80%～94%。如发展一般耐力,用 20×400 m,强度为 79%以下,休息慢跑200 m。发展专项耐力,用 3×(2×400 m),强度 80%～94%,慢跑 200 m,每组之间休息 7 min。

(1)持续跑:持续跑通常在公路上进行,基本特点是距离长,匀速跑。初学者一次课至少要跑 15～20 min 左右。优秀运动员一周至少要跑 140～160 km(现已达到每周 200 km 以上),一次课的跑量要达到 12～20 km,强度相对也要高一些。如要求 3 min 20 s～4 min 20 s 跑 1 km,心率在 170 次/min 左右。也可在最后 1～2 km 采取无氧与有氧混合训练和无氧训练。

(2)法特莱克跑:又称速度游戏。主要特点是在野外自然地域里进行较长时间的既不规定加速跑速度和距离,也不限制慢跑时间的任意变速跑。法特莱克跑可作为不同水平心率(130～180 次/min)的有氧能力训练手段,在跑中的加速跑还可发展无氧代谢能力。法特莱克跑时间为 30 min～2 h,可根据跑的速度和加速跑的长短而定。这种方法要贯彻全年,冬春宜多采用。此方法对 1 500 m 至 5 000 m 跑的项目较为有效,而 10 000 m 以上跑运动员,不常采用此手段。800m 跑运动员也不宜采用这种大运动量的训练方法。

(3)重复跑:重复跑是发展速度和专项耐力的重要手段,可以培养跑的速度感和节奏感,比赛期采用较多。在训练中可使用变化距离或相同距离的重复跑训练。例如:5×200 m,休息5 min;或者 2×150 m/21 s,休息 3 min;3×200 m/27s,休息 5min;2×150 m/20s,休息 3min。距离可以改变,但总的强度要接近,同时距离的变化不宜过大。

采用重复跑练习,选择的段落应以短于专项距离为主。例如,800 m 跑运动员,以 400～600 m 为主;1 500 m 跑运动员,以 700～1 200 m 为主;3 000 m 跑运动员,以 1 000～2 000 m 为主;5 000 m 跑运动员,以 1 000～4 000 m 为主;10 000 m 跑运动员,以 1 000～6 000 m 为主。

(4)间歇跑:间歇跑训练法很重要,特别是对 400 m 跑运动员、800 m 跑运动员的作用较好。间歇训练法的实施是较为困难的,教练员只有真正地掌握了这种方法,并对运动员有了清楚的了解之后才能得以实施。该方法的特点是:第一,有节奏的交替,有相对的间歇。此方法虽可使运动员身体得到一定的恢复,但不能完全恢复。第二,训练强度不同。有与比赛速度相同的,也有大于或小于比赛速度的。第三,运动量大。间歇跑与持续跑、重复跑的区别在于训练的休息时间。间歇训练的休息时间短,体力不能充分恢复,而且间歇时间相同,也不允许完全恢复。例如,6×200 m/27 s,每个间歇慢跑 200 m,当脉搏恢复到 120～130 次/min 就开始下一次的练习。

间歇跑的主要手段是:有氧/无氧混合训练、无氧训练。

间歇训练的内容包括:

① 距离。要短于比赛距离。如 800 m 运动员可进行 200 m、300 m、400 m 跑的间歇训练，当然也有长距离的间歇跑，可达 3 000 m。

② 强度。可根据任务（如发展一般耐力或专项耐力）而定。如 800 m 跑成绩为 2 min 的运动员，可选择下列安排：4×200 m/30 s＋200 m 慢跑；4×200 m/25 s＋200 m 慢跑；4×200 m/35 s＋200 m 慢跑。在传统的间歇训练中，强度要逐步提高。

③ 重复的次数。通常一次课中，间歇跑训练的总量不宜过多地超过专项距离的长度。

④ 间歇的时间与内容。间歇时间取决于运动员的水平，高水平运动员的间歇时间要准确。间歇时间可以用时间或脉搏来控制。各个不同专项的不同段落间歇跑的间歇时间，可以参考表 5-1。

表 5-1　不同项目段落跑间歇时间表

段落跑	间歇时间				
距离/m	400 m	800 m	1 500 m	3 000 m	5 000 m
100 m	35~40 s	30~35 s	30~35 s	20~25 s	15~20 s
200 m	2 mim~2 min30 s	1 mim~1 min30 s	45 s~1 min	45~50 s	30~45 s
300 m	2 min30 s~3 min30 s	2~3 min	1 min30 s~2 min30 s	1~2 min	1 min~1 min30 s
400 m		3~4 min	2~3 min	1 min30 s~2 min30 s	1 min30 s~2 min
500 m			2 min30 s~3 min30 s	2~3 min	1 min30 s~2 min30 s
600 m			4~5 min	3~4 min	3 min
1 000 m				5~7 min	4~6 min
1 200 m					7~9 min

间歇休息的重点不是时间而在于休息的方式，不能停、坐、卧，而应慢跑或走。

二、速度素质训练

速度素质训练是提高中长跑运动成绩的核心。如 800 m 跑男子世界纪录为 1 min 41.11 s，全程平均速度为 6.70 m/s。由此可知，800 m 跑运动员的训练应建立在速度（无氧）训练的基础上。

速度有 3 种表现形式：一是绝对速度，指 30~60 m 行进跑的速度；二是基础速度，指 100 m 跑的速度；三是相对速度，即短于专项距离的段落速度，如 800 m，计取段落 400~600 m；1 500 m，计取段落 800~1 200 m；5 000 m，计取段落 3 000m；10 000 m，计取段落 5 000 m。了解运动员的相对速度水平是确定训练指标的主要参考依据。

发展速度的主要方法：

（1）跑的专门练习：30~100 m 的加速跑、快速跑、变速跑、阶梯跑练习。

（2）借助外力短距离跑（如顺风跑，牵引跑，下坡跑，在活动跑道上跑等）。

（3）其他各种速度练习和素质性游戏，力量及弹跳力的练习，比赛训练法等。

上述所谈速度训练的方法和手段在运动员青年和成年期都应采用。我们应在运动员的青少年时期就抓紧速度训练，这种速度训练应在整个训练过程中进行。

速度训练课的安排，冬天应每周一次，冬天到夏天的过渡期每周安排两次，在比赛季节每个周期（两个星期）安排 3 次。

三、专项力量训练

1. 专项力量训练的特点

根据中长跑的特点，力量训练应以发展力量耐力为主，因此，练习要求次数多，距离长。应以发展力量耐力为主，躯干和两臂的力量为辅。

2. 专项力量训练的主要方法与手段

（1）发展腿部和踝关节力量的练习：①徒手全蹲（50～100 次）×（3～4 组）。②徒手半蹲（50～100 次）×（3～4 组）。③弓箭步交换腿跳（100～150 次）×（3～4 组）。④行进间单足交换跳 100 m×（3～4 组）。⑤单足跳、跨步跳组合练习（100～200 m）×（3～4 组）。⑥多级跨步跳 10 级～7 级～5 级～3 级。⑦后蹬跑（100～300 m）×（3～4 组）。

（2）发展抬腿肌群和躯干力量的练习：①仰卧直膝向上抬腿（20～30 次）×（34 组）。②立卧撑（30～60 次）×（3～4 组）。③仰卧抱头交换腿收腹练习（20～30 次）×（3～4 组）。④俯卧撑交换屈膝收腿练习（20～30 次）×（3～4 组）。⑤俯卧撑 3～4 组。⑥各种抛、掷实心球的练习。

第六节 中长跑的赛前训练与比赛

运动员要想在比赛中取得优异成绩，必须要有较高的训练水平。但这还不够，还要有一个科学的赛前安排，才能把竞技状态调整至最好，以期在大赛中达到最佳水平。

赛前训练安排主要有两种：减量调整型和量大质高型。减量调整型又分减量降质类和减量增质类。无论哪一类，目的都是消除较长时间训练所积累的疲劳，迅速改善机能状况，充分利用超量恢复，发展竞技状态。

减量调整型的赛前训练安排是，进行较长时间（以 10 周以上的时间为宜）的系统训练，训练中可分为加大运动量、保持运动量、减量调整 3 个阶段。前两个阶段是整个训练周期最重要的部分，决定着调整阶段时间的长短。这样的训练安排为大多数教练员所采用。它的好处是训练节奏明显，比较容易掌握。我国优秀的马拉松运动员许亮曾于 1986 年 3 月以 2 h 13 min 32 s 创造了全国最好成绩。他的赛前训练安排是典型的减量调整型。

量大质高型的赛前训练安排，是指赛前两三周安排较大的运动量，并保持高质量高强度的训练，使人体处于较高负荷的刺激之下。大多数运动员在赛前几天稍有调整，有的运动员则不做调整。这样安排有一定的运动量和强度的刺激，运动员心里比较踏实，机能状态比较稳定，适合于不能长时间系统训练的运动员。缺点是运动量和强度的大小程度不易掌握。如果前一阶段训练有疲劳积累时，这种安排容易造成过度训练而导致比赛失败。但是不少的教练员和运动员用此种方法获得了成功。单长明在第五届全运会的比赛前安排突出地表现了量大质高的特点。

赛前高原训练是让运动员在外环境缺氧的情况下进行训练。这对刺激运动员的造血功能，增强其血液运输功能和氧气向组织的弥散功能有重要意义。高原（海拔 1600～2300 m）训练的头 3 天为适应阶段，进行以较慢速度的越野跑为主和少量的力量、柔韧性训练。从第四天开始转入系统正规的训练，训练量可增加到平原训练的水平。高原训练一般为 3～4 周，"下山"后第 3～7 天参加比赛，能显示出高原训练的优势和发挥出最佳能力。

马俊仁教练创造的三氧综合训练法是在赛前的一个阶段里，一次课先跑 20 000 m 以上的越野跑，前半程是有氧训练，后半程加快跑速进入混合代谢训练，跑回田径场进行反复跑：800 m 专项的运动员用比赛速度跑 800 m×（2～3 次），1500 m 运动员跑 1500 m×（1～2 次）。临赛前，在 20 多千米的越野跑后，800 m 跑运动员用全力跑 200 m×（4～5 次），1500 m 运动员跑 300 m×（3～4 次）。这种训练法收到了明显的效果。

第七节　中长跑的战术训练

中长跑的战术运用非常重要，在水平相当的条件下，正确实施战术是取胜的关键。运动员在比赛中要根据本人的实际和习惯确定战术方案：应对对手情况、场地、气候、风向环境等条件进行分析研究，要知己知彼，掌握比赛的主动权。

合理分配体力和速度，是取得理想成绩的主要战术。一般耐力好的运动员常用领先跑；速度好的多采用跟随跑，为摆脱对手还可以采用变速跑。当今中长跑的比赛成绩主要体现在最后冲刺的时机和能力上。因此，运动员要掌握最后冲刺战术运用的时机，以及加强最后冲刺能力的训练。不管采用什么战术方法，一定要保持清醒的头脑，随时掌握主动，还要善于控制自己，在比赛中要根据具体情况和个人能力，灵活运用战术。

战术训练还需要安排在困难条件下（如在风、雨、炎热、寒冷等气候和场地较差的条件下）进行，以培养运动员的意志品质。平时训练要注重培养运动员的速度感和跑的节奏，以便在比赛中掌握速度、节奏，灵活运用战术。战术训练最好的方法是多参加测验或比赛，利用测验或比赛来丰富战术实践经验。对初级水平的运动员，则应以技术的稳定性和心理稳定性训练作为战术训练。

第八节　中长跑的实训计划

进入了准备期基础阶段的训练既要增加训练量，也要提高强度。训练总量要接近极限水平；有氧/无氧混合代谢跑量，中跑运动员占 50%～60%，长跑运动员占 60%～70%，以无氧训练为主的跑量占 1%～3%，一周训练 10～14 次。

周跑量：男中跑运动员为 140～180 km，女子为 100～150 km，长跑运动员为 160～220 km。早操训练的内容全年很少变化。每次课中进行 6～15 km 的匀速跑（有氧性质）。

一、中跑运动员加量小周期示范

星期一，准备活动跑 3～5 km，一般发展练习。加速跑 5～10 次×100 m 或 3～6 次×150 m。

长段落后复跑 1～3 km，总量为 4～8 km，男子跑的速度为每公里 3 min 10 s～3 min 20 s；女子为每公里 3 min 35 s～3 min 50 s；可用相同长度段落和不同长度的段落，间歇 4～6 min。

星期二，匀速越野跑，男子 15～20 km，女子 12～14 km。一般发展练习。

星期三，匀速越野跑，男子 12～15 km，女子 8～10 km。男子的速度约为每公里 3 min50 s，女子约为每公里 4 min 20 s。一般发展练习。

星期四，慢速越野跑 30～60 min。一般发展练习。

星期五，与星期一相同，但用另外长度的段落组合。

星期六，与星期二相同，但量大些。

星期日，休息。

可在第二天或第五天进行两次长段落训练，在星期一、三、六 3 天进行长时间越野跑，女子的跑量比男子少 20%。

一周有 2～3 个早晨进行跑和跳的练习以及为了提高节奏进行比赛速度跑。

二、长跑运动员加量小周期示范

星期一，变速越野跑 18～20 km，加速段落 1～3 km，速度为每公里 3 min，加速跑总量 5～9 km。一般发展练习。

星期二，匀速越野跑 15～20 km。一般发展练习。

星期三，快节奏越野跑 15～16 km，速度为每公里 3 min40 s～3 min20 s。一般发展练习。

星期四，匀速越野跑 1 h（有氧），速度约为每公里 4 min30 s。一般发展练习。

星期五，与星期一相同。可在室内训练，也可用同样速度参数的段落反复跑代替变速越野跑。

星期六，长时间匀速越野跑 25～30 km，速度为每公里 3 min50 s～4 min5 s。
一般发展练习。

星期日休息。

在进行长段落训练时，可补充进行 1～2 次短跑段落（200 m 内）的加速跑。

第六章　马拉松跑

第一节　马拉松跑的发展概况

马拉松跑是一个超长距离的田径项目，是田径运动的一个普及项目。无论是耐力还是心理准备方面，都对运动员提出了很高的要求。缺乏这些素质，就不可能取得优异的运动成绩。虽然马拉松跑的相对强度不大，但由于距离长，全程将消耗 2 500 kcal 能量。因此，在马拉松的沿途应设有专门的饮料站。

公元 490 年，希腊人和波斯人在希腊的马拉松镇进行了一场激烈的战争，结果希腊人取得了胜利。为了把胜利的消息送到首都雅典，就派了一名叫菲力比斯的战士，从马拉松镇一直跑到雅典。当他到达雅典时已经筋疲力尽，传达了胜利的消息后便死去。后来为了纪念这名战士，1896 年在雅典举行的第一届奥运会上，沿着菲力比斯跑过的路线进行了马拉松比赛。希腊人路易斯以 2 h58 min50 s 的成绩跑完全程，获得奥运会第一个马拉松冠军。1920 年又精确地测量了这段距离为 42.195 km，以后就把这个距离作为马拉松跑的距离，并列为奥运会的正式比赛项目。现在这个项目的最好成绩是 2 h 06 min 50 s。

由于马拉松跑的距离为 42.195 km，所以它突出的技术特点之一是要求全程跑过程中，跑的技术动作要经济而具有实效。因此，运动员必须不断改进、完善跑的技术，以提高跑的经济性和实效性。

为促进跑速的提高，大部分马拉松跑运动员采取较高姿势的积极的摆臂动作。两臂积极摆动，有利于加快动作频率，跑起来动作轻松而省力，以达到提高成绩之目的。

随着体育科技的飞速发展，马拉松跑的技术正在不断得到改进，成绩迅速提高。在现代马拉松竞赛中，竞争更为激烈，要创造优异成绩，已不是单纯的体力和技术的较量，而是心理能力、智力、知识水平、科学技术的角逐；不仅要靠个人的独立奋斗，还有赖于群体（教练和其他队员）乃至社会的整体协调，以达到取长补短，集思广益，提高竞技水平，获得比赛胜利的目的。所以，我们要加强与世界各国的交往，及时了解马拉松跑研究的新成果，加速我国马拉松跑技术的现代化进程，赶超世界先进水平。

第二节　马拉松跑的技术分析

一、现代马拉松跑的技术

马拉松是保持较高平均速度并在公路上跑很长时间的运动项目。对马拉松技术的要求有三点：一是跑的技术的经济性要高；二是跑的技术要适合长时间在公路上跑；三是要掌握各种地形（上坡、下坡、转弯、折反）上跑的技术和保持稳定呼吸节奏的方法。

马拉松跑的技术动作应当轻松、自然，适当缩短步长，加快步频，减少能量消耗。马拉松跑的着地缓冲阶段的动作有重要意义。正确的着地缓冲技术，可以减小地面对人体的冲击，使水平速度的损失减小到最低限度，并为有效的后蹬和前摆创造有利条件。在脚着地瞬间，小腿几乎处于垂直的状态，用前脚掌或脚外侧由上向下着地，然后过渡到全脚掌。着地的动作要柔和、放松，没有"扒地"动作。着地点距身体重心投影点应尽可能近些。

当身体重心离开投影点时，开始进行后蹬和前摆。后蹬时注意髋关节要充分伸展，膝关节不必伸直，积极伸展踝关节结束后蹬，进入前摆，前摆的大腿抬得不高，向前摆的动作大于向上的动作。后蹬腿蹬离地面后，屈膝向前摆动，膝关节弯曲程度小，小腿与地面几乎是平行的。后蹬时要注意减小后蹬角，以减小身体重心的上下起伏。

上体正直或微微前倾（1°～2°），头在躯干的延长线上。两臂小幅度以前后方向与步频同节奏地摆动，两肘弯曲角度为80°～100°。

上坡跑时，应稍加大上体前倾幅度，缩短步长，为了保持跑速可用加快步频的方法来补偿步长缩短的损失。下坡跑时，步长适当加大，上体正直，可用全脚掌或足跟外侧先着地，步频可适当放慢些，以保持正常的跑速。马拉松运动员还应掌握逆时针跑、拐弯跑和折返跑的技术。要注意培养运动员在跑进中服用饮料的能力。避免在比赛中因拐弯、折返和服用饮料而影响和破坏跑的节奏和呼节奏。

二、马拉松跑的特点与技术分析

（一）马拉松跑的特点

马拉松跑要在公路上跑很长距离（42.195 krn），能量消耗大，是一项很艰苦的运动项目。据测试，如果运动员用2 h 20 min跑完马拉松跑全程，消耗能量为2614.3 kcal；如果进行大强度大运动量训练，一天通常要消耗 4 000～5 000 kcal 能量。所以，马拉松运动员要注意补充营养和节省能量消耗。

马拉松跑属于中等强度的运动项目。有氧代谢和无氧代谢的比例为95%：5%，有氧代谢占绝对优势，氧的摄入量很高，如优秀运动员每分钟从每千克空气中摄入 70 ml 以上的氧。氧的摄入量固然重要，但提高氧的利用率就更重要。

环境对马拉松跑运动成绩的影响是比较大的。研究结果表明，气温在10°左右，对创造马拉松跑的好成绩最有利。但由于所在地区、运动水平和训练程度不同，运动员承受气温变化的能力也不一样。气温超过运动员创造优秀成绩的最佳气温1°，运动成绩下降1 min 左右。风力和风向对马拉松成绩也有影响。

因此，马拉松运动员在平时就应在不同气温、风向和地形上进行训练，以适应比赛的需要。

（二）马拉松跑的技术分析

马拉松跑技术与长跑技术相似。由于它的距离超长，并且是在公路上进行，要保持在相当高的水平速度下跑很长时间，所以马拉松跑的完善技术应是运动员的动作协调、合理，节省体力和具有实效性。每个运动员跑的技术又按其外在特征、力量的发展水平、动作的协调能力和训练水平的不同而有所区别。步长和步频应根据运动员的身高、体重和训练水平而定，并结合途中跑的不同地形进行调整，以保持较高的均匀速度跑完全程。呼吸的节奏要和跑的节奏协调；呼吸的深度和频率因人而异，最好采用膈式（腹式）呼吸，以改善下肢的血液循环，并能防止提高跑速时肝区疼痛（特别是在夏天）。

在马拉松跑的过程中，上坡跑和下坡跑的技术有明显的区别。上坡跑时，躯干前倾幅度加大，两臂积极摆动，步长缩短而步频提高，用前脚掌着地，呼吸加快，跑速降低，能量消耗增大。下坡跑时躯干伸直或上体后仰，用全脚掌或脚跟着地，步长加大。下坡跑时要注意控制跑速，以防止跑速过快而导致下肢负担过重。

第三节　马拉松跑的技能训练

马拉松跑运动员需要有健康的身体，良好的、全面发展的身体素质，合理的技术，完善分配体力、采取灵活多变战术的能力和坚强的意志。为了取得马拉松跑的优异成绩，必须具有高度发展的一般和专项耐力，专心致志，勤学苦练的态度和科学的训练方法。

马拉松跑运动员的训练水平取决于专项身体素质，战术、技术和心理训练的程度。而专项身体素质又取决于速度、耐力、力量、柔韧性和灵敏性的发展水平。

现今马拉松运动员的训练特点是节奏跑的百分比大，在全年过程中平均跑速都很高。全年最适宜的跑程是 7 500～8 000 km。

从世界优秀马拉松运动员的训练经历和训练情况看，优异成绩的取得都是经过多年系统、科学训练的结果。而进一步提高马拉松运动员运动成绩的途径有：更有效地选择跑的训练手段，并巧妙地配合这些手段，找到跑的适宜量和强度；更好地组织训练过程，建立合理的生活制度，采取有效的恢复手段（桑拿浴、药剂、按摩等）消除疲劳，加速体力的恢复。

一、马拉松跑全年训练的主要任务及手段

马拉松跑全年训练可为一个训练周期或两个训练周期，每个周期都应包括准备期、竞赛期和过渡期。

（一）准备期

准备期的主要任务是为取得优异成绩打好基础。一般可分为 4 个阶段。

1. 适应恢复阶段

主要任务是恢复体力，使机体能适应大强度、大运动量的训练，改进跑的技术。主要手段有长时间中、低强度的持续跑、一般身体素质练习和跳跃练习、球类活动和游泳等。

2. 第一基础训练阶段

主要任务是继续提高有氧代谢能力，提高身体素质。主要手段有长的匀速跑和变速跑、混合代谢的段落跑、全面身体训练（球类活动、小幅度的跳跃练习等）。

3. 第二基础训练阶段

主要任务是继续提高有氧代谢和混合代谢跑的能力，逐渐向紧张的训练阶段过渡。主要手段有长时间匀速和变速的快节奏跑、有氧—无氧混合代谢的段落跑、全面身体训练（球类活动、小幅度的跳跃练习）。

4. 第三基础训练阶段

主要任务是在提高速度力量训练水平的基础上，提高专项能力。主要手段有长时间的匀速和变速的快节奏跑、有氧—无氧混合代谢的段落跑、上下坡跑、100～600 m 段落的跳跃练习或进行（10～12 次）×100 m 的跨栏跑（栏高 0.914 m），穿过复杂地形的越野跑。

准备期在很大程度上是以发展耐力为目的的长时间持续慢跑和变速跑（变速跑的量最大）为主。可定期以接近比赛的强度进行 35～40 km 的公路跑。长距离跑成绩优秀的马拉松跑运动员，在冬季时可参加各种越野比赛。在这种情况下，训练过程应稍向提高速度素质方面转变。

在马拉松跑训练中要加强医务监督与自我监督。经常进行医疗检查，注意体重、脉搏、睡眠、食欲等情况。根据健康状况，科学地安排运动负荷，防止过度疲劳。更要特别注意选择安全的路线、训练同伴、跑鞋和其他用品。在进行公路跑训练时，最好有专车随行。马拉松跑运动员通常全年都在室外利用跑的手段进行训练。只有在天气不好或者在主要跑的负荷外再进行补充训练时，才在室内进行训练。如球类练习、障碍跑、力量和一般身体训练等。马拉松跑运动员通常每日训练两次，每次早操训练应跑 10 km。

（二）竞赛期

竞赛期的主要任务是在比赛前进入最佳竞技状态，在比赛中取得最佳成绩。

竞赛期一般分为两个阶段：

1. 赛前训练阶段

主要任务是逐渐向大强度跑的训练手段过渡，在提高力量素质的基础上改进跑的技术。主要手段有长时间的匀速和变速的快节奏跑，混合代谢的段落跑，全面身体训练（球类活动、小幅度的跳跃练习等），检查和比赛（20 km、5 000 m 和 10 000 m）。

2. 比赛阶段

主要任务是在赛前进入最佳竞技状态，在比赛中取得最佳成绩。主要手段有长时间的匀速和变速的快节奏跑、混合代谢的段落跑、全面身体训练、检查跑和参加 5 000 m 和 10 000 m 的比赛。

在竞赛期的训练中，要把运动员引入较高水平竞技状态，将身体素质保持在一定水平。采用长时间的匀速和变速的快节奏跑、混合代谢的段落跑、全面身体训练、检查跑和参加（5 000 m～10 000 m）的比赛。通过训练使运动员在赛前精神振奋，有跃跃欲试的比赛愿望。

3. 过渡期

主要任务是进行积极性休息，疗养和医治在全面医学检查过程中发现的伤病。主要手段要因人而异，每周训练 3～4 次，主要以慢跑、球类活动、游泳和散步为主。

马拉松跑运动员训练的时期划分，由于竞赛日程的安排和其他原因，可能有所出入。

第四节　马拉松跑的赛前训练与比赛

一、赛前训练的任务

逐渐提高训练强度，进一步完善跑的技术，检查运动员对马拉松比赛的准备情况，把运动员引入较高的竞技状态。

二、基本手段

20～40 km 匀速越野跑（有氧）；匀速越野跑 15～20 kin（混合代谢），开始阶段的跑速，男子为每公里 3 min 30 s～3 min 40 s，女子为每公里 3 min 45 s～3 min 55 s，逐渐提高到男子为每公里 3 min 15 s～3 min 25 s，女子为每公里 3 min 35 s～3 min 45 s；以 400～1 000 m 为快跑段的变速跑（混合代谢和无氧代谢），总跑量为 15～18 km；进行 20～30 km 的检查跑，参加 5 000～20 000 m 或马拉松比赛。

比赛前到高原地带进行一个阶段的高原训练更为有利，可根据运动员的特点确定"下山"的时间，保证在高原训练后以最高竞技状态参加比赛。

三、参加比赛

马拉松跑的成绩取决于多种因素，其中最主要的因素是身体训练水平和全程跑中合理分配速度的能力。前者是在长期训练过程中得到提高，并在比赛中表现出来的；后者是在比赛过程中起决定性作用的因素。

第五节　马拉松跑运动员的战术训练

马拉松跑运动员应当把体内储存的能量，平均消耗于 42.195 km 赛程的跑动中。以平均速度跑完全程是节省能量的最好跑法。但在实际比赛中，受各种因素的影响，每个运动员的跑速都是有变化的，不可能完全一样。

从历届马拉松大赛优秀运动员的速度分配情况看，大体可分为 3 种类型：先快后慢型、先慢后快型和平均型。

先快后慢型大多是速度较好的运动员，如果他们在比赛中成功，就会创造出很好的成绩。但他们当中因开始速度过快而导致后程跑速大幅度下降的情况较多，跑不完全程的危险也较大。

先慢后快的运动员半途弃权的很少，一般多是跑完全程还有余力，但他们创造好成绩的可能性很小。

平均型运动员的速度也不是一样的，但其变化的幅度小。第一个 5 km 的速度与以后每 5 km 的速度相比，上下波动不超过 3%。这种类型的运动员如果能以较高的平均速度跑完全程，就能创造出优异的成绩。

在马拉松跑的速度分配计划中，首先确定第一个 5 km 的速度是很重要的。

通过多次统计，第一个 5 km 所用的时间与该运动员 5 000 m 最好成绩的比值为 1∶1.1。例如，一个运动员的 5 000 m 最好成绩为 13 min 50 s，那么他的第一个 5 km 的理想速度为 13∶50.0×1.1=15∶13.0。在训练中培养马拉松跑运动员的速度感觉是很重要的。

马拉松跑运动员在比赛前要制定战术方案，其中包括全程的速度分配、根据对手的情况采用的战术、途中补充营养的时间和内容等。运动员通常制定一个基本方案和一两个备用方案。

马拉松跑运动员在一年中参加 2～3 次马拉松比赛，4～5 次 5 000 m 和 10 000 m 的比赛，2～3 次 20 km 左右的越野跑比赛。最好还参加几次更短距离的比赛。

第六节　马拉松跑运动员的营养

由于马拉松跑运动员的训练和比赛消耗能量过多，所以赛前和赛后必须加强营养，应有专门的营养供给，以补充所消耗的能量。有助于消除疲劳，恢复体力。

比赛前的饮食有重要作用，必须供给专门的营养，以帮助葡萄糖在肌肉中的积累。苏联曾把重大比赛前 24 天作为一个临赛阶段，即进行两周临赛前的训练和 10 天的高蛋白高糖饮食的诱导周期。在这 10 天中，前 4 天进行中等强度的训练，饮食主要是蛋白质，使每百克肌肉的含糖量由正常的 1.5 g 降低到 0.3～0.6 g；然后进行 4～5 天的高糖饮食，采用小强度的训练负荷，使肌体在舒适的条件下训练，每百克肌肉中的含糖量上升到 4～5 g。第 10 天参加马拉松比赛。采用高蛋白高糖的诱导训练后，在马拉松比赛途中就不必再服用饮料，只须喝 1～2 次水或茶。

许多优秀运动员赛前不进行像苏联那样的高蛋白高糖诱导训练，但都十分重视赛前的饮食，以增加肌肉中葡萄糖的含量。如果上午进行比赛，那么早餐应当是量少但含有丰富维生素的食品和专门的饮料。若比赛在下午进行，则早餐应当是含有丰富蛋白质的食品和天然果汁等。赛前进餐的时间以 3～4 h 为宜。

有些高水平运动员在比赛途中不补充饮料，只饮用普通的水或矿泉水。有些运动员只在 1～2 个饮水站饮用主要由果汁和少量碳水化合物制成的维生素液体。还有些运动员只事先准备好 5 杯饮料，按顺序放在相应的饮水站，杯内装有各种营养的混合剂，运动员可根据能量消耗的程度饮用，以中和新陈代谢产物。

第七节　马拉松跑的实训计划

一、适应恢复阶段小周期训练计划示范

第一天：匀速越野跑 8～10 km（有氧），球类活动 1 h，慢跑 2 km；补充训练课，慢跑 4～6 km。

第二天：匀速越野跑 10 km（有氧），全面身体训练 1 h；补充训练课，慢跑 4～6 km。

第三天：匀速越野跑 15 km（有氧），游泳；补充训练课，慢跑 4～6 km。

第四天：休息。

第五天：匀速越野跑 8～10 km（有氧），球类活动 1 h，慢跑 2 km；补充训练课，慢跑 4～6 km。

第六天：匀速越野跑 14～16 km（有氧），全面身体训练 1 h；补充训练课，慢跑 4～6 km。

第七天：休息。

周跑量为 80～90 km。

注：全面身体训练手段包括垒木旁的双人练习、负重练习（30 kg 以下）、实心球练习。

二、第一基础训练阶段周训练计划示范

第一天：匀速越野跑 20 km（有氧）；补充训练课，慢跑 12～15 km。

第二天：变速越野跑 18～20 km，其中有 100～1 500 m 的加速跑（混合代谢）或进行长距离的段落跑练习，加速跑的总量为 15 km；补充训练课，慢跑 12～15 km。

第三天：匀速越野跑 25 公里（混合代谢），开始阶段的跑速为每公里 4 min～4 min5 s，最后阶段跑速为每公里 3 min45 s～3 min55 s；补充训练课，慢跑 12～15 km。

第四天：休息或慢跑 15 km；补充训练课，慢跑 12～15 km。

第五天：匀速越野跑 15～18 km（混合代谢），开始阶段的跑速为每公里 3 min 55 s～3 min59 s，最后阶段跑速为 3 min40 s～3 min50 s；补充训练课，慢跑 12～15 km。

第六天：匀速越野跑 35～40 km（有氧）。

第七天：休息；补充训练课，慢跑 12～15 km。

周跑量 200～240 km。

注：在第一、第三、第七天的训练课中，可做些小幅度的跳跃练习，其中一次课后进行全面身体训练。

三、第二基础训练阶段周训练计划示范

第一天：匀速越野跑 20 km（有氧）；补充训练课，慢跑 12～15 km。

第二天：1 000～5 000 m 段落加速跑（混合代谢），跑的量为 12～50 km；补充训练课，慢跑 12～15 km。

第三天：匀速越野跑 18～20 km（混合代谢），速度为每公里 3 rain35 s～3 min 40 s；补充训练课，慢跑 12～15 km。

第四天：休息或慢跑 15 km；补充训练课，慢跑 12～15 km。

第五天：匀速越野跑 12～15 km（混合代谢），速度为每公里 3 min35 s～3 min40 s/km；补充训练课，慢跑 12～15 km。

第六天：匀速越野跑 35～40 km（有氧和混合代谢），速度为每公里 3 min55 s～4 min；从第五周开始进行 50 km 公路跑，时间为 3 h 20 min。

第七天：休息；补充训练课，慢跑 12～15 km。

周跑量 200～240 km。

注：在第一、第三、第七天的训练课中，可做些小幅度的跳跃练习或上坡加速跑，其中一次课后进行身体训练。

四、第三基础训练阶段周训练计划示范

第一天：匀速越野跑 20 km（有氧）；补充训练课，慢跑 12～15 km。

第二天：400～600 m 上、下坡段落跑，总量为 7～8 km（混合和无氧代谢）；补充训练课，慢跑 12～15 km。

第三天：匀速越野跑 12～15 km（混合代谢），速度为每公里 3min30 s～3 min35 s；补充训练课，慢跑 12～15 km。

第四天：休息或慢跑 15 km；补充训练课，慢跑 12～15 km。

第五天：100～400 m 的上、下坡段落跑，总跑量为 5～6 km（混合或无氧代谢）；补充训练课，慢跑 12～15 km。

第六天：匀速越野跑 30～35 km（混合代谢），速度为每公里 3min55 s～3 min59 s。

第七天：休息；补充训练课，慢跑 12～15 km。

周跑量 180～220 km。

注：在第一、第四、第七天的训练课中要进行（10～12）×100 m 的跨栏跑（栏高 0.914 m），然后进行全面身体训练；第三、六天要在复杂地形中进行训练。

五、赛前阶段周训练计划示范

第一天：匀速越野跑 15 km（有氧）；补充训练课，休息。

第二天：匀速越野跑 15～20 km（混合代谢），速度为每公里 3 min20 s～3 min25 s；补充训练课，慢跑 10km。

第三天：匀速越野跑 15～18 km（有氧）；补充训练课，慢跑 10～12 km。

第四天：400～1 000 m 的变速段落跑（混合和无氧代谢），跑的总量为 12 km；补充训练课，慢跑 10 km。

第五天：休息；补充训练课，慢跑 10～12 km。

第六天：匀速越野跑 15 km（有氧和混合代谢），速度为每公里 3min50 s～4min；补充训练课，慢跑 10 km。

第七天：检查跑和比赛；补充训练课，慢跑 4～5 km。

周跑量 160～180 km。

注：在第三、第五天进行轻松的训练，或进行（10～12）×100 m 的跨栏跑（栏高 0.914 m），可做些全面身体训练。

六、比赛阶段小周期训练计划示范

第一天：匀速越野跑 15 km（有氧）；补充训练课，慢跑 10 km。

第二天：匀速越野跑 15～18 km（混合代谢），速度为每公里 3 min10 s～3 min20 s；补充

训练课；慢跑 10 km。

注：在第一、第三、第七天的训练课中，可做些小幅度的跳跃练习或上坡加速跑，其中一次课后进行身体训练。

七、第三基础训练阶段周训练计划示范

第一天：匀速越野跑 20 km（有氧）；补充训练课，慢跑 12～15 km。

第二天：400～600 m 上、下坡段落跑，总量为 7～8 km（混合和无氧代谢）；补充训练课，慢跑 12～15 km。

第三天：匀速越野跑 12～15 km（混合代谢），速度为每公里 3 min30 s～3 min35 s；补充训练课，慢跑 12～15 km。

第四天：休息或慢跑 15 km；补充训练课，慢跑 12～15 km。

第五天：100～400 m 的上、下坡段落跑，总跑量为 5～6 km（混合或无氧代谢）；补充训练课，慢跑 12～15 km。

第六天：匀速越野跑 30～35 km（混合代谢），速度为每公里 3 min55 s～3 min59 s。

第七天：休息；补充训练课，慢跑 12～15 km。

周跑量 180～220 km。

注：在第一、第四、第七天的训练课中要进行（10～12 次）×100 m 的跨栏跑（栏高 0.914 m），然后进行全面身体训练；第三、第六天要在复杂地形中进行训练。

八、赛前阶段周训练计划示范

第一天：匀速越野跑 15 km（有氧）；补充训练课，休息。

第二天：匀速越野跑 15～20 km（混合代谢），速度为每公里 3 min20 s～3 min25 s；补充训练课，慢跑 10km。

第三天：匀速越野跑 15～18 km（有氧）；补充训练课，慢跑 10～12 km。

第四天：400～1 000 m 的变速段落跑（混合和无氧代谢），跑的总量为 12 km；补充训练课，慢跑 10 km。

第五天：休息；补充训练课，慢跑 10～12 km。

第六天：匀速越野跑 15 km（有氧和混合代谢），速度为每公里 3min50 s～4min；补充训练课，慢跑 10 km。

第七天：检查跑和比赛；补充训练课，慢跑 4～5 km。

周跑量 160～180 km。

注：在第三、第五天进行轻松的训练，或进行（10～12）×100 m 的跨栏跑（栏高 0.914 m），可做些全面身体训练。

九、比赛阶段小周期训练计划示范

第一天：匀速越野跑 15 km（有氧）；补充训练课，慢跑 10 km。

第二天：匀速越野跑 15～18 km（混合代谢），速度为每公里 3 min10 s～3 min20 s；补充训练课，慢跑 10 km。

第三天：匀速越野跑 15～17 km（有氧）；补充训练课，休息。

第四天：400～1 000 m 的变速段落跑（无氧），跑量为 10～12 km；补充训练课，慢跑 10 km。

第五天：匀速越野跑 15～20 km（混合代谢），速度为每公里 3 min40 s～3 min45 s；补充训练课，慢跑 10。km。

第六天：休息；补充训练课，慢跑 10～15 km。

第七天：匀速跑 20 km（1 km/4 min）。

周跑量为 140～170 km。

注：第一、第三天做小幅度的跳跃练习和全面身体训练。

第七章　障　碍　跑

第一节　障碍跑的发展概况

　　田径竞技中的障碍跑是中距离跑与跨越障碍技术相结合的径赛项目。国际田联制定的田径竞赛规则规定，障碍跑的标准距离有 2 000 m 和 3 000 m 两种，并设立和承认成人和青年男、女 3 000 m 障碍跑项目的世界纪录（我国还设立和承认少年男、女 2 000 m 障碍跑项目的全国纪录）。但是，目前在国内外大型田径赛会上，只有成人男子 3 000 m 障碍跑项目得到了开展。因此，本章也主要叙述 3 000 m 障碍跑的有关问题。

　　障碍跑是从越野跑时需要跨越壕沟和灌木林的技能演变和逐渐发展起来的。19 世纪中叶，在英国学校运动会中开始有了障碍跑项目比赛。稍后，这个项目逐渐在其他国家开展起来。但是，长期以来，障碍跑项目比赛的场地、距离、障碍物种类和设置都很不规范，也没有固定、统一的竞赛规则。

　　在 1900 年第二届奥运会上，障碍跑被列为比赛项目。当时比赛项目有两项，2 500 m 障碍跑和 4 000 m 障碍跑。第三届奥运会上只设了 2 500 m 障碍跑一个项目。第四届奥运会上障碍跑项目的距离又增加到 3 200 m。第五届奥运会上未设障碍跑项目比赛。直到第一次世界大战后，在 1920 年举行的第七届奥运会上，才把障碍跑的距离固定为 3 000 m。从此以后，3 000 m 障碍跑才成为成人男子田径运动的一个正式比赛项目。

　　障碍跑虽然很早就被列为奥运会的比赛项目，但由于长期以来比赛的场地、距离、障碍物的种类和设置等条件经常改变，因此，一直未确立和承认这个项目的世界纪录。直到 1954 年，国际田联决定障碍跑由公路或越野跑改在田径场进行以后，才正式设立了这个项目的世界纪录。1954 年 8 月 23 日，匈牙利运动员山·罗日纽伊创造的 8 min 49.6 s 的成绩，被国际田联批准承认为第一个 3 000 m 障碍跑的世界纪录。目前，国际田联制定的田径竞赛规则对 3 000 m 障碍跑比赛场地与器材设施作如下规定：3 000 m 障碍跑必须越过 28 次栏架和 7 次水池（2 000 m 障碍跑必须越过 18 次栏架和 5 次水池）；跑道每个整圈设 5 个障碍，水池栏架为第四个障碍，障碍应均匀分布，各障碍之间距离约为一圈标准距离的 1/5；从起点至第一圈开始处之间不放障碍栏架，待运动员进入第一圈后再在这段距离内放置栏架；障碍栏架高度，男子为 0.914 m，女子为 0.762 m；水池长度，男子为 3.66 m，女子为 3.06 m。

　　20 世纪 50～60 年代，3 000 mm 障碍跑的世界纪录一直为欧洲运动员所垄断，奥运会的奖牌也多为欧洲运动员获得。芬兰、苏联、波兰、比利时的运动员曾多次打破该项目世界纪录。但是，在 1968 年奥运会上，肯尼亚运动员在这个项目上异军突起。从此以后，以肯尼亚为代表的非洲运动员一直与欧洲运动员在这个项目上抗衡。他们曾出现了一批 3 000 m 障碍跑的优秀运动员，如奥运会冠军阿比沃特、吉·凯诺、朱·科里尔、卡里乌基以及世界纪录创造者本·吉普乔、亨·罗诺、凯普坦依、保尔·巴马塞等。截至 2001 年底，3 000 m 障碍跑的世界纪录仍为肯尼亚运动员保尔·巴马塞于 1997 年 8 月 24 日创造的 7 min55.72 s 的成绩所保持。

新中国成立前没有开展过 3 000 m 障碍跑项目的比赛。新中国成立后，直到 1956 年才首次将这一项目列为全国比赛的项目。第一个全国纪录是由北京体育大学田秀东在 1956 年创造的，成绩为 9 min 53.6 s。由于我国在这个项目上起步较晚，再加上我国男子中长跑水平与国际水平有一定差距，因此这个项目的成绩还很不理想。截至 2013 年底，我国 3 000 m 障碍跑的全国纪录仍为孙日鹏于 1993 年在第七届全运会上创造的 8 min 24.87 s 的成绩所保持。

3 000 m 障碍跑很长时期以来，基本上是由中长跑运动员兼跑。但是，当人们认识到 3 000 m 障碍跑不应是中长跑的附属项目以后，这种局面已经在改变。

当今国际上，3 000 m 障碍跑项目从选材到训练，已经更加向专项化和科学化方向发展。

第二节　3 000 m 障碍跑的技术分析

一、现代 3 000 m 障碍跑技术

3 000 m 障碍跑的起跑、起跑后加速跑、障碍间跑、终点跑技术与中长距离跑技术基本相同。因此，本节主要叙述越过障碍栏架和水池的技术。

（一）跨越障碍栏架的技术

障碍栏架高 0.914 m，宽 3.96 m，栏架横木截面为 0.127 m 见方，全重 80～100 kg。越过障碍栏架的方法有"跨栏法"和"踏上跳下法"两种。

1. 跨栏法

跨栏法是一种理想的快速越过障碍栏架的方法，优秀运动员都采用这种方法。其技术与 400 m 栏技术基本相同，但由于 3 000 m 障碍跑距离长，速度比 400 m 栏慢，再加障碍栏架横木比普通栏板厚，因此起跨点较近，一般为 1.50～1.70 m。另外，起跨蹬地角度比跨 400 m 栏略大，身体重心腾起略高，起跨腿向前提拉动作也稍慢。整个跨越障碍栏架动作，应比 400 m 栏过栏动作省力和自然（图 7-1）。

2. 踏上跳下法

踏上跳下法是一种比较简单、省力的越过障碍栏架的方法。但速度比跨栏法慢一些，适于初学者或运动员疲劳时采用。这种方法起跨点很近，一般为 1.00～1.30 m。起跨后用摆动腿前脚掌或掌心踏上栏顶横木，上体前倾并迅速屈膝防止身体重心升高。当身体重心移过支撑点时，支撑腿再迅速做蹬离障碍栏架动作，另一腿向前迈出用前脚掌首先着地，然后继续向前跑进。应注意蹬离栏架动作不要用全力进行，也不应过分追求下栏架的远度。整个踏上跳下动作应做得轻快、柔和（图 7-2）。

图 7-1　跨栏法越过障碍栏架

图 7-2　踏上跳下法越过障碍栏架

（二）跨越水池的技术

跨越水池是 3 000 m 障碍跑最困难的动作，其技术也最复杂。因为运动员要先踏上障碍栏架，再由栏架上跳起，越过长 3.66 m 的水池。因此，掌握正确的跨越水池的技术在 3 000 m 障碍跑中非常重要。

当跑至距离水池 15 m 左右处时，运动员应加快跑速，并通过目测判断调整步伐，以便准确地踏上起跨点，起跨点距离障碍栏架约 1.20～1.40 m。一般用力量较弱的腿起跨，用有力的腿踏上栏顶横木，以利于集中力量跨越 3.66 m 长的水池。

起跨时，蹬地腿迅速蹬直，摆动腿屈膝向前上方摆起，用前脚掌或掌心缓和地踏上栏顶横木。上栏架后上体要加大前倾，并迅速屈膝，以缓冲对障碍栏架的冲力和为跨越水池做好准备。与此同时，起跨腿迅速屈膝向支撑腿靠拢。当重心移过障碍栏架时，支撑腿开始做蹬离障碍栏架动作。这时，摆动腿屈膝迅速向前上方摆出，两臂也提肩前摆（或摆动腿异侧臂前摆）；上体保持适度前倾，支撑腿迅速有力地蹬离障碍栏架。蹬离障碍栏架后，稍向前上方腾起并在空中成"腾空步"姿势，然后后腿向前腿靠近，接着前腿稍下压，膝关节自然伸直。着地时，上体仍要适当前倾，后腿屈膝迅速前摆，使身体重心尽快移过支撑点，迅速迈出跨越水池后的第一步继续向前跑进。应尽量省力地跨越过水池或在浅水处落地，这样既可减少体力的消耗，又能减少水平速度的损失（图7-3）。

图7-3 跨越水池的技术

近些年来，少数优秀运动员在跑前几圈时，用直接跨越的方法越过水池。采用这种方法时，要求运动员在距离水池10～15 m时跑速要加快，然后像跨越障碍栏架一样越过水池。采用这种方法，虽然能提高跨越水池的速度，但体力消耗增大，对运动员的身体训练水平要求也更高。

（三）3 000 m障碍跑技术特点分析

3 000 m障碍跑的起跑、起跑后加速跑、障碍间跑和终点跑技术，虽然与中长距离跑技术基本相同，但由于跑进中需要有规律地越过障碍，因此它与一般的平跑技术有所差异。在跑进中，要始终有越过障碍的思想准备，尤其在接近障碍栏架和水池时，要注意根据自己的判断，及时调整好步伐，以便能准确地踏上适宜的起跨点并顺利地越过各个障碍。

3 000 m障碍跑的障碍栏架高度（0.914 m）虽然与400 m栏栏架高度相同，采用"跨栏法"越过障碍栏架时的技术与跨400 m栏技术也基本相似，但由于3 000 m障碍跑不分道跑，再加起跑到第一个障碍和各障碍之间的距离都较远，这就决定了3 000 m障碍跑的起跑到第一个障碍栏架和其后的障碍栏架之间不可能像跨栏跑那样用固定的步数去跑。因此，一方面要求培养运动员具有目测判断能力，以便做好越过障碍栏架前最后几步步伐的调整，准确踏上起跨点；另一方面要求运动员掌握两腿都能起跨越过障碍栏架的技术，以保持跑的正确节奏和避免降低越过障碍栏架的速度。

3 000 m障碍跑中跨越水池的技术不仅是最复杂的技术，而且消耗体力也较大。因此，如何做到既能顺利越过水池、保持跑速，又能尽量减少体力的消耗，就成为3 000 m障碍跑跨越水池技术的关键和难点。运动员要根据自身情况掌握好跨越水池时适宜的身体重心腾起角。身体重心腾起角过大，可能会跨不出3.66 m的水池和影响继续跑进的速度；身体重心腾起角太小，同样可能会跨不出水池和影响继续跑进的速度。因此，运动员应通过反复实践，确立符合自身条件的跨越水池的身体重心腾起角。

3 000 m障碍跑，从距离来看属于中距离跑项目，但其体力和能量消耗比长跑项目还要大。因此，在全程跑时，一是要掌握好适宜个人特点的跑的节奏，另外还要合理分配好体力。优秀运动员后半程与前半程的速度相差不是很大。

第三节　3 000 m 障碍跑的技术教学

一、3 000 m 障碍跑教材分析

1. 3 000 m 障碍跑项目，不仅技术复杂，而且对运动员身心素质要求也很高。因此，当学生具备了一定的身体训练水平并掌握了中长跑技术与跨栏跑技术以后，才能进行 3 000 m 障碍跑项目的教学。

2. 3 000 m 障碍跑项目教学的重点应放在跨越障碍栏架和水池的技术上。

根据起跑到第一障碍和各障碍间跑的步数无法固定的特点，在教学中应注意使学生掌握两条腿都会起跨越过障碍的技能。

3. 3 000 m 障碍跑项目对学生的综合素质和能力要求都很高。因此，在教学中，除了着重跨越障碍栏架和水池的技术教学以外，还应注意在原有的基础上，进一步发展与培养学生的综合素质和能力，如进一步发展灵敏性、耐力、弹跳力等身体素质，培养勇敢、顽强的心理品质和克服困难的精神以及培养目测判断能力等。

4. 进行 3 000 m 障碍跑项目的完整技术教学，学生体力消耗很大。因此，应以跑 1~3 圈的分段跑练习为主。另外，要注意使学生掌握控制跑速和合理分配体力的能力。

5. 在 3 000 m 障碍跑教学中，由于不同学生在身体素质、跨越障碍技术和心理素质方面存在着一定的差异，因此教师一定要从不同学生的实际情况出发，贯彻和运用好区别对待的教学原则。

6. 3 000 m 障碍跑在跨越障碍栏架和水池时，都存在着一定的外伤隐患。

因此，在教学中应加强安全教育和加强安全保护措施，以防止外伤事故发生。

二、3 000 m 障碍跑教学的程序与方法

1. 向学生介绍 3 000 m 障碍跑的一般知识（包括场地器材设置、比赛规则等），提出学习 3 000 m 障碍跑的要求和注意事项，启发和调动学生学习 3 000 m 障碍跑的自信心和积极性。

2. 学习"踏上跳下法"越过障碍栏架的技术

（1）通过示范和讲解，使学生初步了解"踏上跳下法"越过障碍栏架的技术。

（2）中速跑 15~20 m，踏上一个跳箱（跳箱高度开始时为 0.7~0.8 m，逐渐升高到约 0.914 m），然后迅速向前下并继续前跑 10~15 m。要求两条腿轮流做踏上跳下动作。

（3）中速跑 15~20 m，用踏上跳下法越过一个障碍栏架，并继续前跑 10~15 m。同样要求两条腿轮流做踏上跳下动作。

（4）中速跑 15~20 m，用踏上跳下法越过相距 30~40 m 的 2~4 个障碍栏架。

3. 学习"跨栏法"越过障碍栏架的技术

（1）通过示范和讲解，使学生初步了解"跨栏法"越过障碍栏架的技术。

（2）中速跑 15~20 m，跨过一个 0.914 m 高的栏架，并继续前跑 10~15 m。

要求两条腿轮流起跨做跨栏动作。

（3）中速跑 15～20 m，用跨栏法越过一个障碍栏架，并继续前跑 10～15 m。

要求两条腿轮流起跨做越过障碍栏架的动作。

（4）中速跑 15～20 m，用跨栏法越过相距 30～40 m 的 2～4 个障碍栏架。

4．学习跨越水池的技术

（1）通过示范和讲解，使学生初步了解跨越水池的技术。

（2）中速跑 15～20 m，用习惯的摆动腿起跨后，用有力腿踏上障碍栏架（障碍栏架可放在沙坑边上），跨越画在地面（或沙坑）上 3.66 m 长的假定水池，着地后继续前跑 10～15 m。要求有条件的学生两条腿轮流做起跨和跨越水池的动作。

（3）中速跑 15～20 m，用习惯的摆动腿起跨后，用有力腿踏上障碍栏架，跨越正式的水池，着地后继续前跑 10～15 m。要求有条件的学生两条腿轮流做起跨和跨越水池的动作。

5．学习 3 000 m 障碍跑的完整技术

（1）讲解 3 000 m 障碍跑完整技术练习的注意事项和要求。

（2）用中长跑途中跑速度跑进，越过一个障碍栏架和一个水池（障碍间的距离约为跑道周长距准距离的 1/5）。

（3）用中长跑途中跑速度，沿 3 000 m 障碍跑跑道跑一圈，越过 4 个障碍栏架和一个水池。

（4）用中长跑途中跑速度，沿 3 000 m 障碍跑跑道跑 3～4 圈，越过 12～16 个障碍栏架和 3～4 个水池。

（5）3 000 m 障碍跑全程练习或测验。

第四节　3 000 m 障碍跑的技术训练

3 000 m 障碍跑完整的技术训练包括平跑技术训练和跨越障碍栏架和水池的技术训练两部分。在平跑技术训练中，不仅应使运动员掌握合理和省力的中长跑技术，还应培养运动员具有速度感和节奏感。这方面在中长跑的技术训练中已做详细论述，此处不再赘言。下面着重阐述跨越障碍栏架和水池的技术训练。

跨越障碍栏架和水池技术训练的任务是：使运动员掌握和不断完善跨越障碍栏架和水池的技术，并使之逐渐达到熟练和自动化。运动员在跨越障碍栏架和水池时，应不仅能做到尽可能地减少跨越障碍栏架和水池的速度损失，使跑速不下降，而且能做到尽量减少体力的消耗。另外，还应注意培养运动员的目测判断能力和应变能力，使运动员不论在任何复杂条件下，均能用任何一条腿任意起跨越过障碍栏架和水池。

跨越障碍栏架和水池的技术训练通常可采用以下手段：

1. 通过跨栏跑和跳远腾空步的一些专业性练习，掌握、改进和提高跨越障碍栏架和水池的关键环节技术。

2. 通过跨越 0.914 m 高的栏架或障碍栏架的练习，掌握、改进和提高跨越障碍栏架的技术。

3. 将一个约 0.914 m 高的跳箱放在沙坑旁，沙坑代替水池，并画上 3.66 m 的标志线。通过运动员先跑 10～15 m 踏上跳箱，再由跳箱跨向沙坑 3.66 m 标志线的练习，来掌握、改进和提高跨越水池的技术。

4. 通过用中速跑在 200 m 内跨越距离不等的 3~4 个 0.914 m 高的栏架的练习, 培养运动员的目测判断和及时调整步伐跨越障碍的能力。

5. 通过在 3 000 m 障碍跑场地上跑一圈跨过 5 个障碍 (包括一个水池) 的分段跑练习, 进一步把握、改进和提高跨越障碍栏架和水池技术, 培养平跑与跨越障碍结合能力和专项的速度感与节奏感。

3 000 m 障碍跑的技术训练, 在准备期和比赛期均应安排。在准备期以掌握、改进和提高单个跨越障碍栏架和水池技术为主, 后期可与平跑相结合, 在 3 000 m 障碍跑的场地上掌握连续跨越多个障碍的技术。在比赛期, 则以掌握、改进和提高在 3 000 m 障碍跑场地上连续跨越多个障碍的技术为主, 并培养运动员具有良好的专项速度感和节奏感。

第五节　3 000 m 障碍跑的素质训练

3 000 m 障碍跑的素质训练与中长跑和跨栏跑项目有很多相似之处, 主要应突出耐力、速度、力量等专项素质的训练。

一、耐力素质训练

3 000 m 障碍跑的耐力训练包括一般耐力训练和专项耐力训练两种。

1. 一般耐力训练

一般耐力训练主要是为了增强内脏器官功能, 提高跑的能力和人体有氧代谢的能力, 为专项耐力打下坚实的基础。发展一般耐力主要通过时间长、强度不大的持续跑练习, 跑时心率控制在 150 次/min 左右, 速度约 1 km/4 min, 跑的距离由每次跑 5 000 m 左右逐渐增加到每次跑 15 000 m 左右。

2. 专项耐力训练

专项耐力是 3 000 m 障碍跑运动员最重要最关键的身体素质, 它对提高 3 000 m 障碍跑的运动成绩至关重要。发展专项耐力, 除了采用中长跑运动员训练经常采用的强度较大 (约最大强度的 80%~90%) 的重复跑、间歇跑以及 "法特莱克" 跑等以外, 还可以在 3 000 m 障碍场地上做 1~3 圈的重复跑和间歇跑来发展 3 000 m 障碍跑运动员的专项耐力。

3 000 m 障碍跑的耐力训练, 在全年训练的准备期, 应以发展一般耐力为主, 进入春季训练阶段, 应逐渐增加专项耐力训练的比重。在比赛期, 则主要应抓好发展专项耐力的训练。

二、速度素质训练

速度素质同样应成为 3 000 m 障碍跑运动员的专项身体素质。因为, 假如一个 3 000 m 障碍跑运动员的 100 m 平跑成绩仅为 13 s 左右, 那么他的 3 000 m 障碍跑专项就很难达到理想的好成绩。因此, 要十分重视 3 000 m 障碍跑运动员的速度素质训练。

3 000 m 障碍跑运动员所需要的速度, 主要是平跑的位移速度。可以采用发展短跑运动员位移速度所采用的重复跑进行练习, 其特点是跑的距离短 (一般为 30~100 m), 跑的速度要快（用最大速度），每次跑之间的间歇时间按短跑练习时的基本要求（一般以心率恢复到110～120次/min为依据）。发展速度素质的训练，要安排在精力较充沛的情况下进行。一次训练课中的速度训练，通常都安排在准备活动之后就进行。

3 000 m障碍跑的速度训练，主要应安排在全年训练的准备期进行。在比赛期，虽然由于专项训练内容的增加而速度训练有所减少，但仍然应注意保持一定的发展速度的训练量。

三、力量素质训练

3 000 m障碍跑运动员所需的力量有两种，一种是跨越障碍栏架和水池所需的快速力量；另一种是保持3 000 m距离持续跑所需要的力量耐力。发展快速力量主要采用短跑、跨栏运动员发展快速力量所采用的各种练习，如大强度的单足跳、跨步跳、蛙跳、跳深以及大重量的挺举、抓举、负重蹲跳起等练习。发展力量耐力主要采用强度较小、持续时间较长的小跳、跨步跳以及负轻重量的跳、举杠铃和持哑铃摆臂等。3 000 m障碍跑的力量训练，主要应安排在全年训练的准备期进行。在力量训练中所采用的运动负荷，应根据不同运动员的力量基础、承受负荷的能力而定。

第六节 3 000 m障碍跑的赛前训练与比赛

3 000 m障碍跑的赛前训练与比赛，与中长距离跑项目有很多相似之处，可以参阅本书第五章第六节"中长跑的赛前训练与比赛"的内容。下面再简要阐述其主要的特点。

3 000 m障碍跑赛前训练的任务是使运动员达到最高的训练水平并进入比赛状态。为此，要加强专项耐力的训练，完善跨越障碍栏架和水池的技术，进一步培养速度感和形成适合个人特点的跑的节奏，精通3 000 m障碍跑的比赛战术，以及加强参加比赛所需的心理品质的培养等。

安排和调整好运动负荷，在3 000 m障碍跑赛前训练中至关重要。此期间运动负荷安排的特点是负荷量不断下降而负荷强度不断增加。负荷量下降主要是发展一般耐力的跑的量下降，强度不大的中速跑在此期间只作为保持一般耐力水平和休息调整的手段采用。强度增加则主要体现在提高专项耐力的训练上，强度很大的间歇跑和重复跑（包括在3 000 m障碍跑场地上进行的间歇跑和重复跑），是3 000 m障碍跑赛前训练的主要内容。

在赛前两周左右，应进入赛前调整。此期间应进一步减少负荷量，并根据参赛运动员的情况制定自己的战术方案。在赛前5～6天进行一次大强度的训练后，应进入积极性的休息并熟悉比赛场地，以便使运动员以充沛的体力和跃跃欲试的心理状态投入到比赛中去。

第七节 3 000 m障碍跑实训计划

3 000 m障碍跑训练计划的制订应符合运动训练中训练规划和评价等的基本理论要求，这里不再叙述。根据3 000 m障碍跑的特点介绍一个准备期的周计划（包括每堂训练课的计划），见表 7-1。

表 7-1　3 000 障碍跑准备期周计划示例

星期	时间/min	任务	手段与方法	距离或量	符合或强度
一	50~70	一般耐力	匀速持续跑	10~20 km	中小
	20~30	活动能力	体操、健美操		
二	40~50	跨栏技术	跨栏跑专门练习	15~20 m	中
	30~50	一般耐力	田径场重复跑	4~6 次×1 200 m	
	30~50	速度	站立式快速跑	3~4 次×30 m	
				3~4 次×50 m	大
				3~4 次×80 m	
				3~4 次×100 m	
三	40~50	力量耐力	跨步跳、单腿跳	4~8 次×30~80 m	中
四	30~50	一般耐力	匀速持续跑	10~15 km	
	40~50	跨栏技术	专门性练习；跨越栏架和	20~50 m	大
			踏上跳下等		大
五	50~70	速度耐力	重复跑	3~4 次×400 m	大
				3~4 次×600 m	
				2~3 次×800 m	
				2~3 次×1 000 m	
六	40~50	一般耐力	匀速持续跑（越野）	10~15 km	中
	30~50	活动能力	体操		
	30~40	速度	站立式最快速度跑	3~4 次×30 m	大
				3~4 次×50 m	
				2~3 次×80 m	
				1~2 次×100 m	
日	30~40	力量耐力	跳深、换腿跳上下台阶	30~80 次×2~3 组	中

一、3 000 m 障碍跑准备期周计划示例

1. 本周的主要目标（适宜初练障碍跑的青少年运动员）：在保持体力的基础上发展一般性耐力，并进行速度与力量练习的适应性训练。

2. 执行计划说明：本周计划示例的每次课，不包括准备活动和整理活动，其中对强度与量的安排，应根据每个运动员运动基础和训练水平的实际情况来定，不能千篇一律。计划在执行过程中应根据实际训练情况不断进行总结，并加以调整，使训练计划更具有针对性。本计划示例只作参考。

第八章 跳 高

第一节 跳高的发展概况

一、跳高运动的起源与形成

跳高运动同任何一项体育运动项目一样，是随着人类生存与战争的需要而产生、发展起来的。它现在也是健身与娱乐的手段，与社会经济、文化的发展有着紧密的关系。

早在春秋战国时期，我国就出现了用"逾高超距"作为挑选和训练士兵的手段，在民间也流传着跳高的游戏。公元 560 年左右南北朝名将周文育 11 岁时就"跳 6 尺与群众戏，众莫能及"。

相传在中世纪的时候，欧洲有一位日耳曼王公吞吐波德曾经一跃跳过 6 匹骏马。在骑士时代，跳跃已成为骑士们必备的基本技能。他们经常做跳剑练习。所以，可以说"剑"是跳高运动员的第一支横杆。应该说跳"马"和跳"剑"练习是最古老的跳高运动。

最早的跳高比赛大约在公元 1700 年左右，当时跳高是体操跳跃项目。比赛时，没有沙坑，也没有跳高架，只是在两根木桩间栓紧一条绳子，绳子前面放一块木板，运动员从正面助跑，单脚踏蹬木板起跳，然后两腿屈膝成蹲立姿势越过绳子。比赛只判定胜负，不丈量高度。这种姿势延续了 100 多年。

跳高史上第一个用量尺丈量高度的运动员是美国的 A·威尔逊，他在 1827 年跳过了 1.57 m。1839 年，加拿大的沃弗兰跳过 1.69 m，这是公认的第一个正式跳高纪录。

1860 年，美国把跳高列为正式的田径比赛项目。这一年，在牛津大学与剑桥大学的田径对抗赛中，英国的罗伯特·柯奇运用了与众不同的"跨越式"成功地越过了 1.70 m 的高度，创造了新纪录。跨越式跳高技术的出现，标志着古老的跳高运动迎来新的篇章。

二、跳高技术的发展

跨越式跳高技术的出现推动了跳高成绩的提高。1876 年 3 月，英国的布鲁克斯先后跳过了 1.80 m 和 1.83 m。1877 年他在伦敦又跳过了 1.89 m。一直到 1887 年，美国的身高只有 1.69 m 的培基把跳高纪录提高到 1.93 m。他用的技术是上体稍有后仰的跨越式技术。1896 年奥运会冠军美国的埃·克拉克就用跨越式跳过 1.81 m。19 世纪末，人们开始认真探索合理的跳法。1895 年美国的斯威尼在跨越后仰的基础上，演变为在杆上急速转体，面对横杆落地。最初人们称它为"波浪式"，他以这种姿势跳过了 1.97 m，这一纪录一直保持了 17 年。因为这种跳高姿势首先是美国东部采用的，故后来人们称它为"东方剪式"。

1900 年第 2 届奥运会上，伊·巴克斯捷尔用剪式跳过 1.90 m 的横杆，创造了奥运会的新纪录。但是姆·许耐是第一个用剪式跳过 1.97 m 的运动员。1912 年金质奖章获得者埃·理查德采用德·霍林发明的西方滚式技术越过了 1.97 m 的横杆。1923 年前苏联的贝·伏佐洛夫是第一个采用俯卧式跳高的运动员。1936 年德·奥尔布顿俯卧式跳过了 2.07 m 的横杆。直到 1972 年苏联的亚辛科用俯卧式跳出了 2.35 m 的世界纪录，俯卧式一直统治跳高舞台近半个世纪。

1968 年在墨西哥第 19 届奥运会上美国的迪克·福斯贝里运用背越式技术跳过 2.24 m 的高度获冠军，并打破奥运会跳高纪录。这种跳高姿势一出现就对运动员产生了很大的影响，很多运动员运用这种跳高姿势创造了优异成绩，并逐渐淘汰了俯卧式跳高技术。男子跳高世界纪录从 1971 年的 2.29 m 到 1993 年古巴的索托马约尔用背越式跳过 2.45 m 的横杆，把男子跳高世界纪录大幅度地提高了 16 cm。

目前女子跳高世界纪录 2.09 m 也是由 1987 年保加利亚的科斯塔迪诺娃用背越式创造的。我国运动员目前取得的最好成绩是朱建华创造的 2.39 m，他曾连续 3 次打破世界纪录。背越式跳高能够充分发挥助跑的速度提高起跳的效果，它被公认为是现代最先进的跳高技术。

第二节　背越式跳高的技术分析

一、现代跳高技术

背越式跳高是由人体经过一段直线与弧线助跑后，以远离横杆的脚起跳，摆侧手臂、头、肩、腰、髋、两大腿、小腿与脚依次仰卧旋转过杆，用肩、背的上部着海绵堆的一种跳高技术。

背越式跳高技术是由助跑（预先助跑、直线助跑、弧线助跑）、过渡阶段、起跳、过杆和落地 4 个部分组成的有机整体。

（一）有效过杆高度公式

$$H=H_1+H_2-H_3 \qquad (公式1)$$
$$H=H_1+H_2+H_3-\triangle H \qquad (公式2)$$

（注：公式 1 中的 H_1 =公式 2 中的 H_1+H_2）

公式 1 中的几个定义：①H_1 是起跳脚离地瞬间身体重心的高度；②H_2 是身体重心从 H_1 腾起的高度；③H_3 是过杆瞬间身体重心腾起的高度与横杆的高度差。

公式 2 中的几个定义：①H_1 是起跳脚着地瞬间身体重心的高度；②H_2 是起跳脚离地瞬间身体重心的高度与起跳脚着地瞬间身体重心的高度差；③H_3 是身体重心从 H_2 腾起的高度；④$\triangle H$ 是过杆瞬间身体重心腾起的高度与横杆的高度差。

在很多的教学资料中描述的人体腾越横杆过程中身体重心移动的 3 个阶段（公式 1），忽略了运动员在起跳脚着地瞬间到起跳脚离地瞬间身体重心加速移动的作用以及运动员利用合理技术动作降低身体重心的作用（公式 2 中的 $\triangle H$），因此，本书中使用公式 2 来论述决定跳高有效过杆高度的基本因素。

图 8-1　决定跳高有效过杆高度的基本因素

（二）背越式跳高技术的基本因素

运动员越过横杆时的高度（H）是由起跳脚着地瞬间身体重心的高度（H_1）、身体重心从H_1腾起的高度（H_2）、身体重心从H_2腾起的高度（H_3）、过杆瞬间身体重心腾起的高度与横杆的高度差（$\triangle H$）决定的（图 8-1）。而 H_1、H_2、H_3 及$\triangle H$又与运动员的各项身体素质和运动技术有关，具体的因果关系如图 8-2 所示。

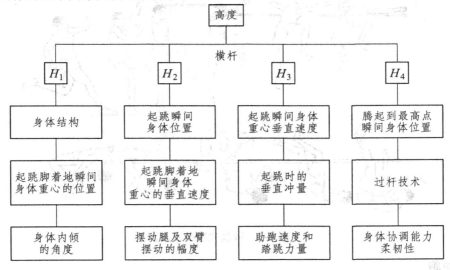

图 8-2　高度与运动员各项身体素质和运动技术因果关系图

二、背越式跳高技术特点与分析

（一）背越式跳高技术的组成

跳高过程中由于各技术阶段任务的不同，为了便于进行技术分析，我们把跳高技术这个有机的整体分为如下 4 个部分：

1. 助跑

（1）预先助跑：从起动至正式助跑（第一标志线）。

（2）助跑：从第一标志线到倒数第二步脚着地。

（3）过渡阶段：从倒数第二步摆动腿的脚着地至倒数第一步起跳脚着地。

2．起跳

从抬起跳脚至起跳脚离地。

3．过杆

从起跳脚离地至起跳腿过杆。

4．落地

从起跳腿过杆至身体着地。

（二）背越式跳高技术分析（图8-3）

图8-3　背越式跳高技术图

1．助跑

（1）预先助跑：预先助跑的任务是使运动员摆脱静止状态，在助跑前获得一定的适宜速度，为运动员全程助跑建立起合理的节奏。合理的预先助跑对运动员踏准起跳点有重要的作用。预先助跑的形式概括起来有3种：①走几步踏上第一标志线开始正式助跑；②走几步后，加一小跳步踏上第一标志线开始正式助跑；③慢跑几步踏上第一标志线开始正式助跑。

（2）助跑：①助跑的任务是为了使运动员获得适合自己力量与技术的理想速度，获得良好的助跑节奏，使运动员进入适宜的起跳位置，为起跳做好准备。②背越式跳高运动员采用曲线助跑，大多数运动员跑8～12步，少数运动员跑6～17步。助跑的长度为16～30 m。起动时助跑方向在70°～90°之间，在开始进入弧线时的助跑方向在25°～35°之间，放脚方向在15°～35°之间或与横杆平行。③助跑的分类。由于技术、目的的不同又分为"助跑第一阶段"

和"助跑第二阶段"。运动员踏上第一标志线开始，助跑到倒数第四步为助跑第一阶段。这一阶段为直线助跑，任务是使运动员获得适合于自己力量与技术并符合助跑第二阶段要求的理想速度，获得良好的助跑节奏，为进入助跑第二阶段取得适宜的位置，并为第二阶段助跑做好准备。各种姿势的跳高对助跑第一阶段的动作形态和技术要求区别不大，可以说是一般加速跑的技术。步伐要有弹性，动作幅度逐渐加大，上体保持前倾，身体重心波动较小。运动员助跑的倒数第四步到倒数第二步摆动腿的脚着地为助跑第二阶段。这一阶段的任务是使运动员在过渡阶段前获得适合于自己力量与技术的理想的起跳前的速度并获得良好的助跑节奏，使运动员获得适宜的起跳位置，为起跳做好准备。背越式跳高助跑第二阶段采用的是弧线助跑，以外侧脚的前脚掌内侧、内侧脚的前脚掌外侧着地，脚着地点离身体重心投影点较近，后蹬角度较大，摆侧髋高于并领先于跳侧髋，摆侧肩高于并领先于跳侧肩，身体重心较高，整个身体内倾。助跑最后一步的步频一般为 4.5～5.14 步/s，起跳前的助跑最高速度为 7.5～8.2 m/s。背越式弧线助跑主要利用弧线跑中身体内倾自然降低身体重心，来达到降低 H_1、增加起跳时身体重心垂直工作距离的目的的。在弧线跑中支撑腿支撑时膝关节弯曲比较小，最后一步支撑时膝关节角度在 120。左右。弧线跑时运动员必须向弧线中心倾斜，运动员跑的速度越快，或助跑弧线半径越小，运动员内倾就越大。不管哪个运动员，倒数第二步结束时，身体内倾最大，测量值如下：儿童 20°～25°，少年和女子是 25°～30°，男子约为 30°。当运动员身体内倾 30°时，身体重心下降约 12 cm。④背越式跳高弧线助跑的作用。由于背越式跳高助跑时身体重心较高，肢体处于相对游离状态，对两腿的摆动有利，因而有利于加快助跑的速度；采用弧线助跑可使运动员由助跑开始时的面对横杆转到起跳时的侧对横杆；同时可以利用弧线助跑时身体的内倾动作达到自然降低身体重心高度的目的；利用弧线助跑使运动员在起跳离地瞬间获得沿切线方向运动的切线速度，解决运动员水平过杆运动速度问题，便于运动员集中精力和肌肉力量垂直起跳，有利于取得身体腾起高度；弧线助跑也是运动员由起跳时的侧对横杆转到过杆时背对横杆的旋转力的来源。

2. 过渡阶段

（1）过渡阶段的位置：从倒数第二步摆动腿脚着地至最后一步起跳脚着地。

（2）过渡阶段的任务：过渡阶段的主要任务是使运动员获得理想的起跳垂直速度，使运动员从水平位移转变为垂直位移并获得良好和适宜的起跳位置，为运动员起跳做好准备。

（3）过渡阶段的动作结构：背越式跳高倒数第二步摆动腿采用"硬撑式"的快速摆动，膝关节弯曲度小，以摆动脚前脚掌内侧着地，后蹬角度较大，有利于起跳腿的快速踏跳动作。

过渡阶段中起跳脚着地的方法是以起跳脚距地面较近地向前插出，脚跟外侧着地，迅速沿外侧滚动到前脚掌，膝关节角度大约为 155°～169°，小腿与地面夹角为 59°～69°，脚着地点离身体重心投影点较近，起跳脚方向是助跑弧线的切线方向，摆髋领先并高于跳髋，上体与起跳腿夹角为 140°～150°，躯干后倾角度为 78°～88°，摆肩领先并高于跳肩，眼看斜上前方，整个身体内倾。

3. 起跳

（1）起跳的任务：起跳的任务是使运动员获得适宜的身体重心腾起角，在起跳离地瞬间使运动员获得最高的身体重心高度，并获得最快的起跳垂直速度，以便获得最高的身体重心腾起高度。

（2）起跳动作结构：①起跳脚着地瞬间动作结构（见过渡阶段中起跳腿脚着地瞬间的动

作结构）。②起跳腿垂直支撑瞬间动作结构。背越式起跳在垂直支撑瞬间起跳腿的膝关节角度为 140°～148°，摆动腿弯曲大，未超过起跳腿大腿，上体稍在起跳腿的内侧，髋关节夹角为 130°～140°，摆髋仍领先并高于跳髋，摆肩仍领先并高于跳肩，身体重心基本在支撑点上面稍偏内，整个身体内倾。③起跳腿离地瞬间动作结构。背越式跳高起跳腿离地瞬间起跳腿的 3 个关节充分蹬直，蹬地角为 87.44°±4.16°，摆动腿向上稍内屈摆动，膝在踝的里面，摆侧髋高于跳侧髋，髋侧背对横杆（髋轴角 70°±10°），摆侧肩高于跳侧肩，肩侧背对横杆（肩轴角 73°±5.8°），眼看弧内斜上前方，腾空角为 47°～62°（54°±3°为宜）。

（3）起跳时间：背越式跳高的起跳时间为 0.14～0.2 s。

（4）起跳垂直速度：背越式跳高起跳的垂直速度大于 4.30 m/s，最大可达 4.90 m/s。

（5）摆动：①摆动腿的摆动。背越式跳高采用的是屈腿或折叠式的摆动方法。摆动的最大垂直速度是 2.6 m/s。直腿摆动的惯性力可占体重的 137%～148.5%。屈腿摆动的惯性力可占体重的 70.6%。在起跳缓冲阶段运动员应尽力加速摆动，在最大缓冲瞬间加速度值达到最大。在起跳蹬伸阶段要采用减速制动动作。摆动动作在蹬伸阶段减速到接近最高点时的制动动作，可造成身体重心加速向上运动，这样就减少了起跳腿的负荷，达到提高起跳蹬伸动作速度的目的。另外，摆动腿的摆动动作还可以提高 HJ 的高度和为过杆提供旋转力。②两臂的摆动。摆臂的方法有交叉双臂摆动和交叉单臂摆动两种。前者有利于加大摆动力量，后者由于积极快速，则有利于迅速完成起跳动作。交叉双臂摆动的方法是，在起跳放腿阶段，随着起跳腿的前伸，起跳腿同侧臂交叉后引，而异侧臂像自然跑进一样向前摆出，但保持在相对较低的位置。当起跳腿同侧臂屈肘前摆时，双臂同时向前上方摆起，带动躯干伸展。为了加速身体围绕纵轴旋转和防止上体过早倒向横杆，摆动腿同侧臂最后一摆应略高于另一臂，并带动肩部超越横杆。交叉单臂摆动的方法是，当起跳腿踏向起跳点时，两臂仍然自然地做前后摆动，随着摆动腿的摆动，起跳腿的同侧臂顺势迅速上举。无论是哪种摆臂方法都应与摆动腿摆动一样，在起跳蹬伸结束阶段与摆动腿相配合，采用制动动作，以增加起跳的蹬地力量。

4. 过杆

（1）过杆位置：从起跳脚离地至两小腿过杆。

（2）过杆技术的阶段划分：①攻杆阶段。攻杆是起跳结束后身体向横杆上方腾起的过程。起跳结束后身体在摆侧臂的引导下，保持起跳结束时的身体姿势（此时身体的倾角为 94°±1.49°），以头顶部和脊椎为冲击轴向横杆上方腾起并完成背对横杆的旋转动作。②过杆阶段。过杆是指运动员身体越过横杆的过程。当运动员的头部超越横杆后，两肩开始放松，头部积极后仰，两臂也由肩上方开始向身体两侧下放，当运动员的胸部越过横杆后积极向上顶髋，头和两肩继续后仰，两大腿下放，两小腿放松下垂完成杆上"桥"的动作。

（3）过杆旋转力：①直接旋转。是运动员与地面接触时的旋转，称之为直接旋转也称地面旋转，有支点无固定轴的旋转。直接旋转的旋转力来自：a.偏心推力；b.线制动原理；c.摆动动作。②间接旋转。角动量矩守衡，即肢体变化。为使运动员在空中完成正确的肩轴、髋轴与横杆平行背对横杆姿势，有效地越过横杆，取得更好的运动成绩。运动员除在空中可以通过控制身体的环节变化外，还必须在弧线助跑阶段、过渡阶段和起跳阶段中为使身体在过杆时肩轴、髋轴平行横杆做良好的前提准备，运动员还应以摆侧肩、摆侧髋适度领先并高于跳侧肩、跳侧髋，这种技术结构不仅有利于弧线助跑至起跳离地前的身体内倾，而且在弧线助跑阶段、过渡阶段和起跳阶段中为使身体在过杆时肩轴、髋轴平行横杆做了良好的准备，又有利于摆动肢体的前摆发力，从而带动身体绕纵轴旋转，为空中过杆旋转提供了旋转力。

5. 落地

落地是指运动员过杆后身体重心下落到身体着地的过程。当运动员的臀部和大腿越过横杆后，身体重心已经下落，此时应在挺髋的基础上，以大腿带动小腿加速向后上方甩腿，使整个身体脱离横杆，然后低头含胸，屈髋伸膝，以肩背部及双臂着垫并借过杆旋转力顺势后翻，做好缓冲。

第三节 背越式跳高的技术教学

一、背越式跳高教材分析

背越式跳高的特点就是能够充分利用运动员的速度，并通过快速起跳技术将所获得的水平速度尽可能转化为垂直速度。因此，助跑与起跳技术是学习背越式跳高的基础，良好的助跑和起跳技术也就成为学习其他部分技术的起点。

二、背越式跳高的程序与方法

（一）学习掌握背越式跳高弧线助跑技术

（1）连续 8 步弧线上走。
（2）连续 8 步弧线上慢跑。
（3）连续 8 步弧线上节奏跑。
（4）连续 8 步弧线上节奏跑加轻跳起。

（二）学习掌握起跳技术

小弧线有支撑起跳蹬摆配合练习（以左脚起跳为例）：

1. 准备姿势

身体侧对肋木，双脚踏小弧线上；左脚脚尖斜对肋木即指向小弧线的切线方向。右脚前脚掌大脚趾侧着地，右膝半屈并保持一定紧张度。上体稍后内倾，右臂伸直，手抓住肋木。左臂微屈于体后。眼看切线前上方。整个身体内倾。

2. 蹬摆动作

在身体重心前移的过程中，摆动腿屈膝加速向前稍向内作弧形摆动。随着上体前移，起跳腿被迫压弯，重心移到支撑腿上，整个身体仍有一定内倾。此时摆动腿继续屈膝延弧线上摆，同时起跳腿有力地蹬伸，完成起跳动作。此瞬间，起跳腿的踝、膝、左髋、上体与左肩几乎形成一条垂直地面的垂线。摆动腿与地面平或稍高，膝在踝的内侧，即小腿与膝关节垂线有一小夹角。

（三）学习掌握短程助跑起跳技术

1. 学习小弧线两步助跑起跳技术

（1）准备姿势：左脚在前，右脚在后，面对肋木、整个身体内倾站在小弧线上。

（2）动作方法：助跑开始右腿快速前摆，右脚（摆侧脚）以大脚趾侧着地于弧线上，被迫压弯的右膝、右踝保持一定紧张度，也称其为"硬"支撑，随即蹬伸右腿，起跳腿的脚低而快地前迈，以脚跟外侧着地，迅速沿脚外侧过渡到全脚掌，脚尖指向弧线的切线方向快速起跳。节奏为"嗒嗒"。

2. 学习小弧线 4 步助跑起跳技术

（1）准备姿势：面向肋木，左脚在前，右脚在后，站在小弧线上。

（2）动作方法：右脚前脚掌内侧着地，左脚以前脚掌外侧着地，以整个身体内倾的弯道跑技术助跑两步，紧接小弧线两步助跑起跳技术。节奏是"嗒-嗒-嗒-嗒"或为"1—2—3、4"。

（四）助跑弧线的丈量与确定

1. 起跳点的确定

以起跳脚侧的立柱为准，沿横杆向内走 2.5～3.5 脚长（60～90 cm），然后沿横杆方向向内场走 2.5～4.5 脚长（60～115 cm），此点为起跳点 A。

2. 助跑弧线的丈量与确定

以起跳点为准，与横杆平行向外走 16～18 脚长，画一点 B。然后与横杆延长线垂直方向走 17.5～19.5 脚长，画一点为直段入弧段点 C。再从直角点向内走 9.5～10.5 脚长找出倒数第二步着地点 D。随后从入弧线点 D 沿切线方向走 20～24.5 脚长为助跑起动点 E。连接 A、D、C、E 4 点画出自己的助跑弧线。此弧线跑 8～10 步（图 8-4）。

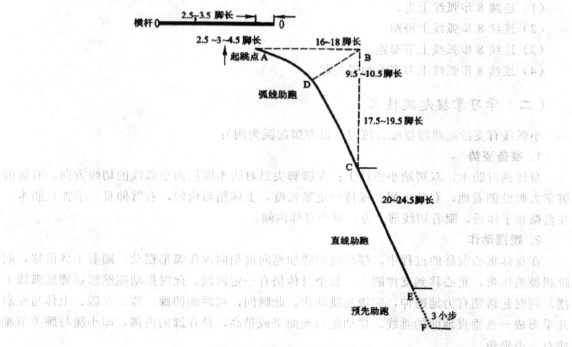

图 8-4　弧线助跑丈量示意图

画出弧线后还要经过反复实践练习，最后确定下来适合自己的助跑弧线，并把它记录下来。此弧线并非固定不变，可根据自己体力、天气、场地与助跑情况作适当调整。

（五）学习掌握全程助跑技术

动作方法：直线段采用有弹性的直线加速跑动作。在助跑转入弧线处，直线助跑变弧线助跑动作过渡要自然。弧线助跑为摆肩领先跳肩的整个身体内倾的弯道跑技术。节奏是"1—2—3—4—5—6—7、8"。加速、快节奏跑过起跳点。

（六）学习掌握全程助跑与起跳相结合技术

1. 全程助跑节奏跑加轻起跳

动作方法：在完成良好的全程助跑的情况下，在倒数第二步要"硬"支撑，右腿蹬伸要快并有力，要做无起跳准备的轻起跳。轻跳起时一定要拔腰、竖肩。用"他声"或"自声"控制8步节奏，拔腰、竖肩，强化节奏时空感。

2. 全程助跑起跳与垂直升起

动作方法：在全程助跑节奏与轻跳起练习的基础上，左腿爆发快速蹬伸，起跳结束时，身体由内倾变垂直。起跳腿的踝、膝、髋、左肩成一垂线，拔腰、竖肩。右肩高于左肩，并领先于左肩。右臂上伸，小臂内旋。左小臂旋内，左肘与肩平，头上顶，两眼看左前上方。整个身体向上飞进。

（七）全程助跑起跳与过杆结合和杆上技术练习

动作方法：全助8~10步助跑起跳，身体在向上腾起过程中，提髋，向上竖右肩，右臂小臂内旋上伸，头左转并上顶，摆动腿保持膝角。当右臂、头达高台上方时，仰头、挺胸、提髋，两臂下放并靠近体侧，摆腿大腿下放。接着继续仰头、挺胸、拔腰、挺髋，两膝保持角度稍外翻，两脚向背后伸，正交仰卧背着高台，形成良好的背弓动作。

（八）过杆落地专门练习与过杆落地练习

1.4步弧线助跑跳上矮高台下滑过杆落地练习

动作方法：小弧线四步助跑起跳，落在矮高台上。然后仰头、下肩，挺胸、拔腰、挺髋，两臂下放于体侧下滑，两膝保持角度，两脚向背后伸。当头接近垫子时，低头、沉肩、含胸，继续挺髋，大腿上升，上伸小腿，以肩着垫子。

2.4步弧线助跑背越跳过矮高台练习

动作形态同练习1。区别在起跳后不要坐上，直接做过杆与落地动作。除不要直落矮台上外，其他要求同练习1。

（九）无横杆全程助跑起跳过杆练习

动作方法：8~10步全程助跑，起跳后拔腰竖肩向上腾起，仰头、挺胸、提腰、挺髋、放腿臂，两脚后伸。仰头、沉肩、挺胸、拔腰、挺髋、升大腿，小腿仍后屈。低头、沉肩、含胸、拔腰、挺髋，脚上伸，肩与上背着垫上。

（十）学习掌握全程助跑背越式过低杆技术

动作形态与要求的节奏时空感训练同练习（七）的内容。练习前后加念动训练。

（十一）学习掌握全程助跑背越式技术

动作方法：节奏时空感训练同练习（八）之1。突出要求起跳拔腰、竖肩向上腾起，晚做过杆动作。

第四节　背越式跳高的技术训练

背越式跳高的技术训练是在跳高技术教学的基础上进行的。背越式跳高技术的特点是"快速"，即在快速助跑的前提下完成快速起跳和快速过杆。基本技术训练采用的练习可参照本章第三节背越式跳高技术教学法中的各种练习，根据运动员的实际情况加以选用。

一、助跑技术的训练

1. 4～6步弧线节奏跑练习，重点培养运动员弧线助跑的身体形态和助跑节奏。
2. 8～10步全程助跑练习，在保证助跑速度的情况下强调助跑的节奏与身体形态。
3. 30 m 弯道跑练习，提高弧线助跑的速度素质。
4. 30 m 直道＋30 m 弯道跑练习，助跑速度及由直道进入弯道自然过渡能力的练习。

二、起跳技术的训练

1. 小弧线两步起跳技术的练习，主要练习放脚踏跳、摆动腿和两臂的摆动以及身体形态的控制。
2. 小弧线 4 步助跑起跳练习，主要练习在保持良好的身体形态和助跑节奏的前提下快速起跳的能力。
3. 全程助跑加轻起跳练习，主要练习快速助跑和快速起跳相结合的能力。
4. 全程助跑起跳摸高练习，主要练习在全程快速助跑前提下全力起跳的能力。

三、过杆技术的训练

1. 仰卧矮高台杆上肌肉感觉练习，主要体会运动员在杆上时身体各部位的肌肉感觉。
2. 两步助跑跳上矮高台成仰卧练习，在运动中完成练习1的内容。
3. 4 步助跑起跳跳过矮高台杆上技术练习。
4. 4 步助跑过低杆练习。
5. 全程助跑过低杆练习。
6. 全程助跑跳上高台练习。
7. 全程助跑过杆（不同高度）技术练习。

四、落地技术的训练

落地技术可在过杆技术训练的初始阶段进行。

第五节　跳高的素质训练

一、速度素质的训练

跳高运动员的速度素质包括跑的速度、动作速度和反应速度。在训练中应结合跳高的技术特点，重点发展跳高专项速度素质。

1. 跑的速度的训练

（1）30 m 弯道计时跑。

（2）30 m 直道计时跑。

（3）30 m 直道＋30 m 弯道计时跑。

（4）上坡跑或下坡跑。

（5）150 m 跑。

（6）200 m 跑。

2. 动作速度的训练

（1）各种快速重复动作的练习，如原地快速摆臂和摆腿练习，快速高抬腿练习，起跳腿踏上跳箱盖快速蹬伸练习等。

（2）持轻器械或轻负重的快速摆动和起跳练习。

（3）20～30 m 起跑计时练习。

3. 反应速度的训练

（1）各种活动性游戏、球类、体操等练习。

（2）各种组合性、综合性练习。

（3）听信号或看信号完成各种练习。

（4）各种变换速度和节奏的练习。

二、力量素质的训练

力量素质指的是运动员的肌肉力量，主要包括肌肉的最大抗负荷能力（绝对力量）、肌肉弹性成分吸收储存和释放弹性能的能力（弹性力量）、肌肉力量的最大输出速率（快速力量）等。跳高运动员所需要的力量素质主要是腿部及腰腹部的肌肉力量。

1. 绝对力量的训练

（1）负重深蹲。

（2）负重半蹲。

（3）负重提踵。

（4）各种负重或徒手的腰腹肌练习。

（5）负重卧推。

2. 弹性力量的训练

（1）弹性负重深蹲：练习负荷为最大负荷的 40%～60%，要求运动员在深蹲的最低部位时依靠重力在下肢肌肉不主动发力的情况下，做振幅为 10 cm 左右的 2～3 次连续的起伏振动动作（上体的形态保持不变），然后借肌肉弹性发力蹬伸。

（2）台阶弹性跳下法：采用从台阶上连续向下跳的方法，利用运动员身体重量在向下跳的过程中的重力作用，刺激肌肉中的弹性成分。在跳下着地过程中应以前脚掌着地，膝关节角度为 140°～150°，膝关节角度尽量保持不变，以便保证肌腱等弹性成分所受的刺激强度。

（3）弹性负重深蹲跳：负重方式与练习（1）类似，采用轻负荷（杠铃重 20～40 kg），深蹲提踵，利用杠铃的重量做振幅为 10 cm 左右的连续向前蹲姿跳跃运动。

（4）各种跳跃练习。

3. 快速力量的训练

（1）快速负重深蹲计时，每组练习 4～6 次，负荷为最大负荷的 30%～60%。

（2）快速负重半蹲计时，每组练习 4～6 次，负荷为最大负荷的 60%～80%。

（3）抓举练习。

（4）负重快速踏上跳箱盖蹬伸练习。

（5）前抛或后抛铅球。

4. 灵敏性、协调性和柔韧性素质的训练

灵敏性、协调性素质是完成及控制运动员自身动作能力的保证，训练方法很多，像各种球类运动、简单的练习体操、准备活动中的游戏等。发展柔韧性素质一般在准备活动中或训练结束后进行，像各种拉长练习、摆振练习、背桥练习等。

5. 耐力素质的训练

跳高比赛时间长，需要运动员具备长时间保持高强度运动的能力。因此，跳高运动员应有良好的耐力素质。常用的练习方法有：

（1）长时间、小强度各种形式跑的练习。

（2）各种组合式循环练习。

（3）长时间的球类活动。

（4）长时间、小强度的各种跳跃练习。

6. 心理素质的训练

跳高运动是运动员征服自己本身极限的一项运动，而跳高比赛又非常紧张激烈，运动员不仅要和自己比，还要同其他运动员竞争，因此，要有良好的心理素质。心理训练应贯穿在平时训练中。教练员要善于运用启发和诱导的方法，培养运动员刻苦、自觉训练的精神，在训练中以身作则，严格要求，培养运动员专心致志、集中精力、勇于克服困难的能力，也可以运用模拟训练、增加训练难度、改变练习环境等方法，提高运动员的自我控制能力和抗干扰能力。

第六节　跳高的赛前训练与比赛

赛前训练对完善运动员技术，稳定赛前心理，完成预定目标有着十分重要的意义。赛前

训练的时间一般为 6～8 周，训练内容主要有完善技术训练、体能储备训练、赛前心理训练等。赛前训练分为两个周期，分别为 3～4 周。

一、赛前训练第一周期安排

1. 大负荷训练周：技术训练和身体素质训练均采用大运动量、中等运动强度的方法和手段进行，为赛前超量恢复打好基础。

2. 中等负荷训练周：身体素质训练采用中等运动量和中等强度进行，技术训练可采用大强度进行训练。

3. 模拟比赛训练周：根据比赛的作息时间、比赛环境，进行中等负荷的训练。另外可根据比赛时间、程序、场地条件、起跳高度、升杆计划、对手情况等内容进行一次模拟比赛训练。

二、赛前训练第二周期训练安排

1. 中等负荷训练周：素质训练以中等强度的力量训练为主，进一步提高各项技术。
2. 小负荷训练周：适当降低训练负荷和训练强度，加强心理素质训练。
3. 赛前调整周：根据每个运动员的情况安排，一般需要 3～5 天的调整。具体时间与内容如表 8-1。

表 8-1 赛前调整时间与内容表

星　期	内容安排	强度
星期一	基本技术练习	中
星期二	全程节奏跑 3～4 次；短程技术 3～4 次	大
星期三	熟悉场地；全程节奏跑 3～4 次；全程技术 3～4 次	大
星期四	测试力量指标	中
星期五	测试跳跃指标	中
星期六	测试速度指标	大

第七节　跳高的实训计划

一、业余运动训练中小周期的划分

1.每周安排 3 次训练课，两周 6 次为一个小周期。
2.每周安排 4 次训练课，两周 8 次为一个小周期。
3.每周安排 6 次训练课，一周 6 次为一个小周期。

二、训练课计划示例

1. 不同训练频数的训练课计划示例

（1）每周 3 次训练课，两周为一个小周期的训练课的安排（表 8-2）：

表 8-2　小周期训练课的安排①

周　次	训练内容		
	星期一	星期二	星期三
第一周	基本技术	速度	快速力量
第二周	全程技术	速度耐力（副项）	大力量

（2）每周 4 次训练课，两周为一个小周期的训练课的安排（表 8-3）

表 8-3　小周期训练课的安排②

周　次	训练内容			
	星期一	星期三	星期五	星期日
第一周	基本技术	速度	快速力量	全程技术
第二周	副项	跳跃	大力量	专项能力

（3）每周次训练课，一周为一个小周期的训练课的安排（表 8-4）

表 8-4　小周期训练课的安排③

周次	训练内容					
	星期一	星期二	星期三	星期四	星期五	星期六
一周	基本技术或专项能力	速度	快速力量或弹性力量	副项或速度耐力	全程技术	大力量

按规律，技术训练应在每周的开始进行，耐力训练在周末进行，速度、力量训练可放在技术、耐力训练之间进行。业余训练，每周 3 次训练有恢复时间。也可把星期三的内容换到星期一。

（4）柔韧性和灵活性训练含有技术因素，可放在基本技术、力量课中或在准备活动中进行。

2．训练课内容安排示例

（1）基本技术训练课：①有支撑小弧线蹬摆配合练习；②小弧线两步放脚；③小弧线两步起跳；④弧线 4 步助跑起跳；⑤全程助跑节奏跑；⑥全程助跑节奏跑＋轻跳；⑦短程助跑起跳过杆专门练习。

（2）跳高专项能力和全程技术训练课：①全程助跑起跳头顶高；②全程助跑起跳手触高；③全程助跑起跳跳上高台；④全程助跑起跳过杆练习。

（3）速度训练课：①小上坡的全程助跑节奏跑（冬季）；②小下坡的全程助跑节奏跑（春季）；③平地的全程助跑节奏跑（赛前1～2月）；④上坡 60 m（冬季）；⑤下坡 60 m（春季）；⑥下坡 50 m＋平地 10 m 跑（春季）；⑦起动 30 m 弯道跑；⑧起动 30 m 直道跑；⑨起动 30 m 直道＋30 m 弯道跑；⑩起动 30 m 直道＋30 m 弯道跑。

（4）速度耐力训练课：①起动 100 m 直道＋50 m 弯道跑；②起动 50 m 弯道跑＋100 m 直道＋50 m 弯道跑；③起动 50 m 直道＋114 m 弯道跑＋100 m 直道＋50 m 弯道跑。

（5）快速力量训练课：

第一组：①快速深蹲（或弹性力量），计时，（50%～60%最大重量）×5 次×5 组。②上一步跳高起跳，上推杠铃，（60%～70%体重）×10。③全程助跑起跳手触高×6 次。④上坡跑，

60 m×3 次（冬季）；下坡跑，60 m×3 次（春季）。

第二组：①快速半蹲，二倍体重或稍重×（10～12 次）。②跳栏架或跳深，5 栏×5 次×4 组。③上一步起跳摆动腿拉力练习，（5～7.5 kg×15 次）×（2～3 组）；快速高翻，（50%～100% 体重）×（8～10 次）。④腹背肌练习×20 次。⑤多级跨跳（单足跳 1＋跨步跳 2）×30 m×3 组。

（6）大力量训练课：

第一组：①深蹲，（70%～80%）体重×5；（75%～85%）体重×4；（80%～95%）体重×3；（85%～100%）体重×2；（90%～110%）体重×1。②全程助跑起跳手触高×6 次。③上坡跑 60 m×3 次（冬季），下坡跑 60 m×3 次（春季）。

第二组：①半蹲，85%体重×（6～8 次），90%体重×（4～6 次），95%体重×（2～4 次）（学期初）；100%体重×（6～8 次），105%体重×（4～6 次），110%体重×（2～4 次）（学期末），以上练习做一组。②跳栏架或跳深，5 栏×5 次×4 组。③抓举或高翻，重量不变或（50%～100% 体重）×10 次或每次增加 5kg 增加到最大。以上练习做两组。④肩负杠铃提蹬踏上 25～30 cm 的高台，（90%～100%体重）×（6～8 次），左右腿交换做。⑤后抛铅球，4～7.26 kg×10。⑥多级跨跳（单足跳 1＋跨步跳 2）×30 m×3。以上练习做 3 组。

（7）柔韧性练习：①有支撑的背弓练习；②跪背弓练习；③桥练习；④后滚翻成直腿的肩肘倒立；⑤后滚翻成屈小腿的肩肘倒立；⑥鲤鱼打挺；⑦前手翻；⑧后手翻；⑨前空翻；⑩后空翻。

第九章　撑竿跳高

第一节　撑竿跳高的发展概况

　　撑竿跳高是一项运动员经过持竿助跑，借助撑竿的支撑腾空，在完成一系列复杂的动作后越过横杆的运动。从事撑竿跳高练习，可以提高速度、力量、灵敏性和协调性等身体素质，培养不怕困难、勇敢顽强、沉着坚定等优良品质。

一、世界撑竿跳高的发展

　　现代撑竿跳高技术是从原始的撑竿跳跃中产生和发展而来的。在古代，由于生活和生产的需要，人们有时需要借助木棍将身体撑过河沟和不高的障碍。

　　后来军队把借助撑竿跳过战壕、矮墙等作为训练士兵战斗技能的重要手段。随着社会进步和科学技术的发展，人们逐渐把撑竿跳高作为娱乐和健身的手段。18 世纪中叶，德国一些学校已经把撑竿跳高作为体育教学的内容。19 世纪初，欧洲一些国家开始举行男子撑竿跳高比赛。

（一）撑竿的演变

　　撑竿跳高时运动员用的撑竿最初是木制的，1817 年产生了第一个男子撑竿跳高比赛成绩，为 2.92 m。在 1896 年第一届现代奥运会上，美国运动员以 3.30 m 的成绩，创造了第一个奥运会男子撑竿跳高纪录。木撑竿历经 89 年，最高成绩为 3.78 m，平均每年提高 0.96 cm。由于木制撑竿重且弹性差，1906 年竹制撑竿出现了。竹撑竿历经 45 年，成绩提高到 4.77 m，平均每年提高 2.2 cm。因竹制撑竿易爆裂，会对人体造成伤害，且使用寿命短，1952 年铝合金撑竿问世。铝制撑竿历经 10 年，成绩提高到 4.82 m，平均每年提高 0.5 cm。铝撑竿虽然轻便、安全，但弹性较差。因此，物理性能优越的尼龙撑竿应运而生。1962 年国际田联正式承认尼龙竿成绩后，撑竿跳高成绩大幅度提高。1993 年，男子室外世界纪录提高到 6.14 m，31 年间成绩提高 1.32 m，平均每年提高 4.26 cm。

（二）技术的发展

　　最早的撑竿跳高技术曾被称为"爬竿跳高"，运动员助跑后将竿头插在地上起跳，沿着撑竿向上爬，采用坐姿越过横杆。1889 年，比赛规则明确规定"运动员在起跳离地后，双手不得交替上爬"。1906 年，有人采用摆体技术越过 3.78 m。

竹制撑竿取代木制撑竿后，由于竿轻且便于握持，助跑速度不断提高，准备起跳时出现了持竿下手向上手的滑竿动作，起跳后积极摆体，使腾越高度逐渐超过了握竿点（上手握竿位置）。

在1924年第8届奥运会上，首次采用木制插斗，并以沙坑为落地区，为悬垂、摆体、展体等技术的发展创造了条件，促使运动员开始系统训练。1942年，美国运动员沃梅达姆创造了4.77 m的竹竿最好成绩。在铝竿时期，技术上的主要发展是起跳向前上方用力，强调身体大幅度前摆，腾越高度可超过握竿点80 cm以上。

1948年就开始有人试用尼龙撑竿，但只是在1960年海绵坑代替沙坑和1962年承认尼龙竿成绩后，运动员才开始广泛使用尼龙竿。充分发挥尼龙竿良好的物理性能始终是技术发展的方向，握竿点不断提高，插穴起跳、悬垂摆体等技术发生变化，强调利用竿子的反弹提高腾起高度（身体重心腾起最高点至握竿点的高度）。截至2013年，男子撑竿跳高世界纪录是乌克兰运动员布勃卡创造的6.15 m。法国运动员李纳德·拉维莱涅2014年2月15日在乌克兰顿涅斯克举行的国际室内田径大奖赛中，越过6.16米的高度，创造了新的世界纪录。

（三）女子撑竿跳高的发展

1919年，德国女运动员曾越过2.10 m。1921年又有人跳过2.35 m。此后女子撑竿跳高运动几乎消失。20世纪80年代，女子撑竿跳高运动开始恢复和发展，运动成绩迅速提高。1988年达到3.75 m，1991年达到4.05 m。1995年，国际田联开始承认女子撑竿跳高世界纪录。1997年，女子撑竿跳高首次被列为世界室内田径锦标赛的正式比赛项目。2000年悉尼奥运会首次将女子撑竿跳高列为正式比赛项目。截至2013年，世界女子撑竿跳高纪录是伊辛巴耶娃在2009年国际田联黄金联赛苏黎世站的比赛中以5.06米的成绩打破由自己在2008年北京奥运会上创造5.05米的女子撑竿跳原世界纪录，这是她职业生涯中第27次打破世界纪录，也是她第15次打破室外赛世界纪录。

二、我国撑竿跳高的发展

我国第一个男子撑竿跳高纪录，是在1910年旧中国第1届全国运动会上创造的，成绩为2.94 m。1936年，纪录提高到4.015 m。此后成绩不仅没有提高，反而明显下降。1948年旧中国第7届全运会第一名的成绩仅为3.52 m。

新中国成立后，撑竿跳高运动迅速发展。1956年，蔡艺墅用金属竿跳过了4.035 m，打破了保持20年之久的全国纪录。1964年，胡祖荣用金属竿创造了4.58 m的男子全国纪录，这也是金属竿的亚洲最高纪录。1966年，我国运动员开始在正式比赛中使用尼龙竿，当年就创造了4.60 m的全国纪录。1974年，蔡长希创造了5.01 m的新纪录，成为我国第一个越过5 m大关的运动员。截至2013年，男子撑竿跳高的全国纪录是张宏伟创造的5.63 m。

我国女子撑竿跳高运动兴起于20世纪80年代，几乎与世界各国的发展同步。1987年，李琳和胡艳双双越过3.60 m。1988年，邵静雯跳过了3.75 m的世界最好成绩。1991年，张纯真越过4.05 m，成为世界上第一个越过4 m的女子撑竿跳高运动员。1995年国际田联正式承认女子撑竿跳高世界纪录后，我国运动员曾多次打破室内外世界纪录。截至2013年，女子撑竿跳高的全国纪录为4.65 m，是李玲在第十二届全运会创造的。

第二节　撑竿跳高的技术分析

一、现代撑竿跳高技术

　　完整的尼龙竿撑竿跳高技术是由 5 个紧密相连的技术阶段组成的，即持竿助跑，插穴起跳，悬垂、摆体和展体，拉引、转体和推竿，腾越过杆和落地。下面以左脚起跳、右手上握为例进行说明（图 9-1）。

（一）持竿助跑

　　握持竿时，首先要确定适合自己的握竿高度。握竿高度是指从上手食指握竿处至竿头的距离。

　　握持竿方法：握竿时，先将竿头放在地上，使竿子自然弯曲凸面向下。右手在上握在握竿点上，左手握在右手下方，两手握距约同肩宽。持竿时，右手虎口向下，掌心向前，置于右侧髋骨上。左手掌心向下，屈肘持竿于胸前 20～25 cm 处。两臂和肩关节放松，竿头高举，使竿子的重量落在右手上。

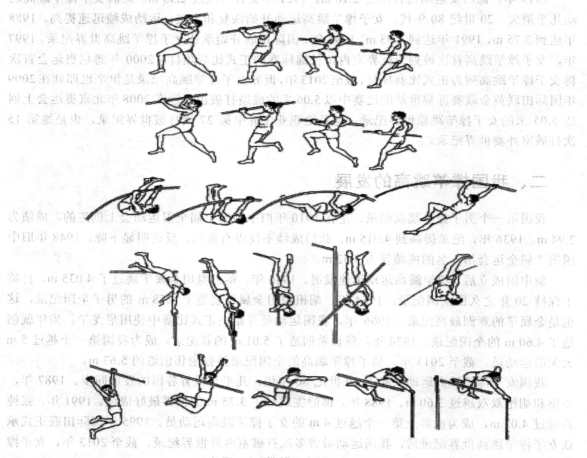

图 9-1　撑竿跳高技术示意图

目前多数男选手采用 18～22 步助跑，女选手多采用 16～20 步助跑，助跑距离的长短主要视运动员的加速能力而定。助跑起动的方式一般有两种，一种是原地起动，另一种是行进间起动。

持竿助跑开始时身体前倾，积极后蹬，平稳加速，肩和手随着跑的节奏轻轻抖动。随着跑速的增加，上体逐渐抬起，竿头适当降低，肩和手的运动幅度减小。由于助跑的最后几步准备起跳，竿头逐渐降低，运动员尽量高抬大腿跑，在保持步长的情况下加快步频，助跑节奏明显加快，并保持身体平衡。

（二）插穴起跳

插穴起跳是撑竿跳高技术的关键环节。插穴动作是从起跳前两步开始的。在助跑倒数第二步时，竿子已逐渐下放到水平位置，左肘关节开始向下，手腕向上转为托竿，两手同时将撑竿上端向前上方举起，使撑竿处于头的正前方。最后一步时，继续向前上方举竿，使竿头平稳地插入穴斗，完成插穴动作。当起跳脚踏上起跳点时，竿头正好触到穴斗的前壁，进入支撑状态。

助跑最后一步起跳腿折叠前抬，大腿积极下压，自上而下地用全脚掌踏上起跳点，步长略小于倒数第二步。同时摆动腿积极向前屈膝摆动，身体保持肩、胸、髋平行向前，躯干挺直，头部稍抬起。

起跳点应在握竿点的垂直投影点上。当身体重心移过起跳点时，右臂必须上举伸直，左臂保持弯曲，两臂同时用力顶竿，向前上方起跳。

（三）悬垂、摆体和展体

起跳蹬离地面后转入竿上悬垂，此时身体充分伸展，拉长体前肌群，使肩、胸、髋向前形成大幅度背弓姿势，起跳腿在体后保持蹬伸动作，摆动腿则保持屈膝前摆，躯干超过右手。在悬垂中身体重心最低，距竿子支点最近。

运动员从悬垂姿势开始向前上方做快速摆体动作。摆体的前一段叫长摆，从加快起跳腿的摆动开始，到身体重心摆至靠近竿弦（撑竿弯曲过程中竿头至握竿点的连线）时结束。在长摆过程中，摆动腿下放，身体保持伸展，右臂保持伸直，左臂顶竿。身体重心通过竿弦后的摆动叫短摆。进入短摆后，起跑腿自然前摆靠近摆动腿，髋微屈，以肩为轴积极向后压肩，同时腿积极前摆，使肩轴远离撑竿。当摆至背部与地面平行时，两腿并拢上摆，身体贴紧撑竿。

展体动作从两腿向上伸展膝关节开始。两腿伸膝上摆，接着伸展髋关节，并尽量举高臀部，使人体沿竿子伸展开，身体重心从握竿点下方向上方升起。展体结束时，形成直体倒悬垂动作，右臂保持伸直。

（四）拉引、转体和推竿

拉引转体动作是从竿子接近垂直时开始的。展体动作结束后，借助撑竿的反弹，双臂快速有力地沿纵轴方向做拉引动作。由于握距较宽，左臂先引体，右臂保持伸直，随后右臂开始引体，左臂则转入支撑和推竿。在两臂拉引的同时开始向左转体。转体时两腿并拢伸直，髋部靠近竿子。通过引体和转体动作，使人体保持平稳上升，形成竿上屈右臂的倒立姿势，然后开始向下推竿。推竿时右臂沿竿子纵轴向下快速用力，直到手臂完全伸直，两腿保持上伸姿势。

（五）腾越过杆和落地

完成推竿动作后，保持右臂和两腿伸直的向上腾起姿势。当大腿越过横杆后，两腿及时下压，收腹含胸低头，身体形成前弓姿势。胸部过杆后，头和肩后仰，两臂向上向后举起，顺势离开横杆。下落时低头收腹举腿，两臂靠近大腿，以背部先着垫安全落在海绵包上。

二、撑竿跳高技术特点分析

现代撑竿跳高技术的主要特点是握竿点高，体前持竿，助跑速度快，摆体幅度大，增大和充分利用竿子的反弹力，前弓姿势过杆。例如，布勃卡在创造 6.14 m 的世界纪录时，握竿点为 5.22 m，最后 5 m 的助跑最高速度达到 10 m/s；体重与撑竿磅级差额达到 20 kg。

撑竿跳高过程是一个能量转化过程，运动员持竿助跑获得动能，通过插穴起跳使动能转变为撑竿的弹性势能，撑竿的反弹把人体送上高空，弹性势能又转变为重力势能。

撑竿跳高运动员能够越过的横杆高度是由 4 个高度决定的，可用公式 $H=H_1+H_2+H_3+H_4$ 表示。H_1 是推离撑竿瞬间上手握点距地面的高度；H_2 是推离撑竿瞬间身体重心至上手握点的高度；H_3 是推离撑竿后身体重心上升的高度；H_4 是身体重心升起的最大高度与横杆高度之差，当身体重心高于横杆时，差值为负，反之则为正。撑竿跳高运动员的努力方向是尽可能增大 H_1、H_2 和 H_3，并使 H_4 成为正值。

决定撑竿跳高成绩的最主要因素是握竿高度和腾起高度。目前在世界优秀运动员中，男子的握竿高度约占成绩的 84%，女子则占 90% 左右。握竿高度是由助跑和起跳的速度、技术水平以及身高等因素决定的。适宜的握竿高度通常是运动员手举高度的两倍，世界水平的运动员再加 20 cm。运动员可根据试跳高度调整握竿高度。撑竿的反弹力是人体身上腾起的重要动力来源，反弹力的大小取决于竿子的硬度和弯曲度。竿子的磅级越大，其硬度就越大，弹力也就越大。目前世界优秀男运动员选用撑竿的磅级一般超过自身体重 15 kg 以上。同一磅级的撑竿，弯曲度越大，弹力也就越大。

持竿助跑速度在很大程度上决定着握竿高度，是获得动能的主要手段。目前能跳过 5.80 m 及以上高度的运动员，最后 5 m 的助跑速度均在 9.6 m/s 以上。持竿助跑时应利用竿子的前翻拉力，充分发挥个人速度，同时要尽量保持竿子的稳定。可用持竿助跑速度减去绝对速度的方法，来评价持竿助跑技术的优劣，两者之差在 1 m/s 以内为优，大于 1 m/s 为劣。

插穴起跳是能量转化的关键环节，是"人—竿"系统由平动形式转为绕固定支撑点转动形式的转折点。起跳时作用于竿子的力，取决于运动员身体的质量和助跑速度。为提高起跳效果，插穴后两手应尽量把竿子向上举，伸展身体，积极向前上方起跳，保持合理的腾起角度，减少水平速度的损失，为弯竿和竖竿创造有利条件。优秀运动员的腾起角一般为 16°～18°，起跳时间为 0.12～0.15 s。

长摆阶段人体主要是绕握竿点转动，短摆阶段人体既绕握竿点转动，又绕肩轴转动。摆体时应注意保持较长的摆动半径，尤其是进入短摆时，不要急于收腹屈膝团身，应以肩为轴积极向后压肩，同时腿积极向前做快速直腿摆动，使肩轴远离撑竿，髋的位置较低。这种摆体技术的半径长，幅度大，有利于增大竿子的弯曲度。在加大摆体幅度的同时，应尽可能加快摆体的速度，这就要求运动员要具有较高的技术和专项素质。

随着竿子的弯曲就产生了弹性力，当竿子弯曲度达到最大时，弯竿力和弹性力达到平衡。人体借助竿子的反弹开始展体，使人体上升的速度加快，到展体结束时，人体的上升速度最快。人体上升的主要动力是竿子的反弹力和自身肌肉用力，其中竿子的反弹力是主要的。通过拉引和推竿动作，人体继续上升。身体应保持伸直向上的姿势，不要过早向下放腿，以获得最大的腾起高度。

当手推离撑竿后，人体仍能保持一定的垂直向上的速度进入无支撑腾空状态，人体重心移动轨迹的高度取决于推离瞬间人体重心所具有的垂直速度。合理的过杆技术可以充分利用已获得的腾空高度，在人体重心最高点最接近横杆，甚至低于横杆的情况下越过横杆。

第三节　撑竿跳高的技术教学

一、撑竿跳高教材分析

撑竿跳高技术比较复杂，对学生的身体素质和勇敢精神要求较高，应以分解教学法为主组织教学。教学应以持竿助跑和插穴起跳技术为重点，这既是掌握撑竿跳高技术的关键，又是提高运动成绩的基础。只有先撑起来，才有可能学好后一部分技术和完整技术。教学难点是起跳后在撑竿上完成的一系列动作，这些动作均要在空中完成，因此学生或多或少会有一定的惧怕心理。

撑竿跳高技术教学应与专项身体素质训练相结合，加强体操的技巧动作练习，促进技术的掌握和提高。

在教学中，要注意分解教学法和完整教学法的有机结合，保持技术的连贯性，使学生尽快掌握完整的撑竿跳高技术。

撑竿跳高的技术教学，可以从持竿助跑开始，也可以从插竿悬垂开始，但无论哪一种教学程序，都必须在掌握持竿助跑和插穴起跳进入悬垂摆体的技术基础上，逐渐过渡到完整技术的教学。在教学过程中，应根据每一个练习的目的、要求和学生实际，选择撑竿的型号和握竿高度，逐步提高练习要求。

在掌握撑竿跳高的完整技术后，应进一步提高动作质量，努力提高撑竿跳高的三要素，即握竿高度、腾起高度和撑竿的磅级，促进运动成绩的不断提高。

撑竿跳高技术教学要有安全可靠的场地器材。撑竿质量要好，硬度适宜，助跑道平坦，落地区的面积足够大，海绵包的厚度适宜，辅助器材安全可靠。在教学中应加强安全教育和保护措施，爱护场地器材，并经常对场地器材进行检查和维护，保证教学安全，消除学生的惧怕心理，提高其学习积极性和自信心。

二、撑竿跳高教学的程序与方法

（一）使学生了解撑竿跳高的完整技术和有关知识

1.讲解撑竿跳高技术阶段的划分和技术特点。

2.利用电影、录像、图片和示范等直观方法，介绍撑竿跳高技术的全过程，使学生初步建立正确的撑竿跳高技术概念。

3.介绍撑竿跳高的场地器材、比赛规则等方面的知识。

（二）学习握竿、持竿和持竿跑技术

1.原地握竿和持竿练习。持竿时两臂、肩部和手要放松。

2.持竿走与持竿慢跑。

3.持竿高抬腿跑。身体保持高重心，躯干正直，肩臂放松自然，竿子较平稳。

4.持竿加速跑结合降竿练习。加速段上体适当前倾，随着跑速的提高，上体逐渐抬直，后程平稳降低竿头。

（三）学习插穴起跳和竿上悬垂技术

1.走或慢跑做插穴起跳的模仿练习。

2.不起跳的上步插穴弯竿练习。

3.4 步助跑插穴向前弯竿练习。

4.在吊绳上做直臂悬垂练习。

5.持竿上一步做起跳悬垂练习。

6.4～6 步助跑插穴起跳悬垂练习。插穴及时、果断，举竿积极，踏跳充分，逐渐提高握竿点。

7.6～12 步助跑插穴起跳悬垂。

（四）学习摆体、展体和拉引、转体技术

1.在吊绳上做悬垂、摆体、展体、拉引及转体模仿练习。助跑起跳后，双手抓住吊绳向前上方完成练习，分别体会动作要领。

2.斜支撑做展体、拉引、转体练习。

3.助跑 4～6 步做起跳悬垂后翻练习。

4.助跑 4～6 步做起跳悬垂后翻转体练习。

5.短程助跑撑竿跳远。

（五）学习推竿和腾越过杆、落地技术

1.在体操垫上做后滚翻成倒立推起过杆模仿练习。

2.助跑后在低跳箱上做倒立转体、推手过杆练习。

3.助跑起跳后抓住吊绳做空中动作的完整练习。

（六）学习撑竿跳高的完整技术

1.撑竿跳高远练习。

2.低握竿点做短、中程助跑撑竿跳高练习。

3.用橡皮筋代替横杆的完整技术练习。

4.全程助跑撑竿跳高练习。

（七）改进撑竿跳高技术

1.持竿做跑的专门练习。

2.持竿节奏跑。

3.持竿加速跑。

4.持竿追逐跑。

5.持竿计时跑。

6.不同距离的持竿助跑插穴起跳练习。

7.在橡皮吊绳上做起跳后的各种技术练习。

8.助跑起跳踢高横杆练习。横杆高于本人最好成绩 50 cm 以上，腿向上积极触杆。

9.不同助跑距离的放横杆与不放横杆的完整技术练习。

10.撑竿跳高测验与比赛。

第四节　撑竿跳高的技术训练

撑竿跳高运动员的技术训练，是在技术教学的基础上进行的。技术训练应采用完整技术练习与分解技术练习相结合的方法，并使分解技术逐渐转移到完整技术上。

一、技术训练的基本手段

1.持竿加速跑、全速跑 40～60 m。为提高助跑速度和控制撑竿的能力，可交替使用不同重量的撑竿。

2.高握竿点的持竿加速跑 30～60 m。

3.持重竿加速跑 30～60 m。在竿头上加一定重物进行练习。

4.持竿上坡跑、下坡跑 30～60 m。持竿上坡跑练习，着重加大蹬摆动作，尤其是加大摆动腿前抬的高度。持竿下坡跑练习，最好能接平地跑 30 m，重点培养轻快节奏。

5.举竿插穴练习。助跑 4～6 步举竿插穴，撑竿弯曲后借撑竿的反弹顺势后退，反复练习，体会举竿插穴、蹬摆配合、胸前挺及手臂控竿等动作。

6.短程、中程持竿助跑插穴起跳悬垂练习。在练习过程中，可选择一些相应的辅助手段，例如：①徒手 4～6 步助跑起跳做举竿动作；②徒手 4～6 步助跑起跳抓吊绳、高举杠等。起跳时，摆动腿前摆带髋，胸前挺，摆动腿不下放。

7.短程、中程持竿助跑插穴起跳、悬垂摆体及展体练习。练习过程中可采用下面的辅助手段：①在单杠、吊环及吊绳上连续做摆体后翻举腿练习；②4～6 步助跑起跳抓握吊绳、吊环、高单杠等，做悬垂摆体接后翻举腿练习。

8.各种助跑距离的撑竿跳高。在练习过程中，可采用一些专门性辅助手段，例如：①各种后翻举腿、拉引转体、腾越过杆的连续练习或不同组合的练习；②4～6 步助跑起跳抓吊绳做过杆练习。

9.参加各种测验和比赛。

二、技术训练应注意的问题

1.撑竿跳高的技术性强,技术与运动成绩之间的关系密切,运动员应在全面提高身体素质的基础上,用较多时间和精力进行撑竿跳高的技术训练。

2.撑竿跳高技术较复杂,在技术训练中要采用分解练习与完整练习相结合的方法,在初级训练阶段更需要加强专门性辅助练习,以便更好地理解、体会技术动作,更快地掌握好基本技术。

3.撑竿跳高完整技术练习的强度大,消耗的能量较多,要求运动员体力充沛,注意力集中。在一次技术课中,运动员难以完成很多数量的完整过杆练习。

因此,在技术训练时可以使用较软的撑竿,并采用中程助跑过杆与全程助跑过杆相结合的方法,保证练习的数量。

4.在进行完整技术练习和专门性辅助练习时,要经常检查场地器材是否安全可靠,加强保护措施,保证训练安全。

第五节　撑竿跳高的素质训练

一、专项身体训练

1. 速度训练

提高撑竿跳高运动员的助跑起跳速度及竿上动作速度,是提高撑竿跳高成绩的基本条件,现代撑竿跳高训练非常重视短跑和持竿助跑速度的训练。

短距离平跑速度是持竿助跑速度的基础。不仅要采用各种短跑训练手段来努力提高运动员的平跑速度,而且要提高运动员的控竿能力和有关技术,从而将平跑速度充分运用到持竿跑和撑竿跳高中去,使持竿跑的速度接近平跑速度,撑竿跳高时的持竿助跑速度接近持竿跑速度。

持竿助跑不仅要求速度快,而且还要求节奏合理、稳定,步点准确,为插穴起跳创造有利条件。可采用跳远助跑的一些专门练习及不同栏间距的跨栏跑练习等,培养运动员的助跑节奏感,提高持竿助跑节奏的稳定性。

撑竿跳高运动员的专项速度,除与运动员的肌肉收缩速度有关外,还与技术动作的正确性和熟练程度有关。如插穴起跳不正确,不仅会影响专项速度的发挥,而且会影响专项速度的有效利用。因此,在训练中要把平跑练习与持竿跑练习相结合,速度训练和技术训练相结合,促进专项速度的提高。

2. 力量训练

撑竿跳高运动员既要具备跳远运动员所需要的腿部、腰背部等肌肉力量,又要具备体操运动员的握力、臂力、肩带力量和腰腹肌力量等,这对提高运动员控制撑竿和自己身体的能力至关重要。吊环、吊绳、单杠等一些体操器械练习和专门练习,都是发展这些肌肉力量的有效手段。

运动员在撑竿上所做的拉引转体和推竿动作是一个整体，故在发展手臂和肩带肌肉力量时，应尽可能按动作顺序和方法多做完整练习，少做引体和推竿的分解练习。

运动员借助撑竿支撑所做的一系列动作，都是在撑竿弯曲和反弹过程中进行的，只有当人体的动作与撑竿的运动协调一致时，才能取得最佳的效果，在发展专项力量时必须考虑这一特点，多采用弹性竿、橡皮吊绳等弹性装置进行训练。

撑竿跳高运动员应具备像跳远运动员那样在快速助跑中快速起跳的能力，这对提高握竿高度，加快撑竿和人体的运动非常重要。发展弹跳力所采用的手段和方法与跳远运动员基本相同。

3. 灵敏性和柔韧性训练

撑竿跳高运动员应具备像体操运动员那样控制身体、空中定向和平衡的能力。撑竿跳高名将布勃卡不仅早期就接受了体操能力的训练，而且在以后多年系统训练中，始终将体操训练放在重要位置。发展专项所需要的灵敏素质和柔韧素质，要结合各种体操动作进行，如各种滚翻、手倒立推起、侧手翻、后空翻等，吊环、单杠练习中的悬垂摆体、收腹拉引、摆体后翻等，蹦床练习中的各种转体空翻动作等。练习时，单个动作应与成套动作相结合。

4. 耐力训练

撑竿跳高训练比赛中，运动员的每次试跳都要消耗较多的能量，比赛时间往往拖得很长，运动员要在最后跳出好成绩，必须具有良好的专项耐力。撑竿跳高运动员的专项耐力水平，是在发展一般耐力的基础上，通过有计划地延长训练时间、增加过杆量等方法，在长期的训练过程中逐步提高的。

二、心理训练

撑竿跳高技术难度较大，运动员腾空高，比赛激烈且持续时间长，对运动员的心理素质要求较高。因此，心理训练是撑竿跳高训练的重要内容。对于初学者而言，首先要消除不必要的害怕心理，增强学习信心。教练员应加强安全措施，采用大量的专门性练习，循序渐进，及时肯定学生进步，使学生逐步适应撑竿跳高过程的时空变化，牢固掌握基本技术，提高学习的积极性和自信心。

优秀撑竿跳高运动员应具有勇敢顽强、沉着冷静的品质和敢于超越新高度的信心。常用的心理训练方法有以下几种：

1. 增加练习难度

在正常的教学训练中，可以有目的地采用增加练习量、增大练习密度和强度、变换练习手段、提高练习要求等方法，增加练习的难度，提高运动员的耐受力及战胜困难的勇气和信心。

2. 改变训练环境

有计划地变换练习场地，经常在气候条件较差及环境干扰较大等困难条件下，进行训练和测验，提高运动员的自控能力和长时间集中注意力的能力。

3. 加强思想教育

以优秀运动员的训练、比赛为范例，有目的地讲述优秀运动员的成功之路，引导运动员逐步树立远大理想，培养其不怕困难、敢于拼搏的精神。

4. 参加各种比赛

通过参加不同水平和方式的比赛，与各种对手同场竞技，培养运动员的争胜心理和拼搏精神。

5. 表象重视

表象重现法多用于改进、提高技术的过程中和比赛中，让运动员在试跳前以过去自己最成功的一次试跳为范例，默想技术的全过程，以培养运动员的思维能力和自控能力，提高完成技术的效果和成功率。

6. 自我暗示

在赛前和赛中，让运动员默念一些积极的暗示语，这样做可以在短时间内稳定运动员的情绪，集中注意力，增强信心。在日常训练中，可以让运动员较长时间注视较高的横杆，并积极暗示这个高度并不高，完全可以战胜，以增强自信心。

第六节 撑竿跳高的赛前训练与比赛

一、赛前训练

赛前训练是竞赛期训练的一个重要组成部分，任务是培养运动员适应将要参加比赛的环境和条件，使其达到最佳竞技状态，从而在比赛中发挥出自己的水平。

赛前训练持续时间的长短与即将参加比赛的重要性有关。参加一般性比赛，赛前训练的持续时间较短，一般为一周。参加重大比赛，赛前训练的持续时间较长，一般为 4～6 周。

运动员要适应的主要内容包括竞赛时间、作息时间与环境、比赛地点的海拔高度、气候条件、跳区条件、准备活动场地条件、起跳高度及升高计划、对手情况等等。运动员还要能够适应在比赛中可能突发的情况和预想不到的困难。

参加一般性比赛前，训练次数基本不变，只是训练量有所减少，训练强度有所下降，训练过程较为轻松，使运动员机体得到恢复，神经系统的工作能力得到提高。参加重大比赛前，应根据运动员的特点制定出详细的训练计划，多数训练课都应在模拟比赛条件下进行。

教练员和运动员在赛前应根据比赛任务、个人水平、对手情况、场地条件等因素，通过认真分析和讨论，制定出符合实际的战术方案及应变计划。还要认真检查撑竿、钉鞋和服装等比赛用品，做好参加比赛的准备。

运动员往往在赛前几天就开始兴奋，而且比赛越重要，运动员的责任感越强，兴奋就开始得越早，兴奋性也越强。为使比赛当天运动员的兴奋性达到最佳水平，教练员应通过合理安排训练和休息等方法，并加强与运动员的交流，调控运动员的兴奋过程。

二、参加比赛

在比赛当天，运动员应将注意力集中到如何顺利参加比赛上，按事先安排好的时间表进行。根据检录时间、个人水平、起跳高度和气候等因素，确定开始做准备活动的时间及活动的程度。

运动员在比赛中应注意了解横杆高度、每轮次自己试跳的顺序及试跳前的支架位置等情况，使自己有充足的时间做好试跳前的准备，确保支架处于自己要求的位置。正常情况下，每次试跳后应注意穿好衣服保暖。遇到突发事件时，应沉着应对，控制好自己的情绪，必要时果断调整战术。

无论比赛规模大小，比赛结束后都应做放松整理活动。在重大比赛后，不应急于安排大强度的训练，以免引起伤病及过度疲劳。

第七节　撑竿跳高的实训计划

撑竿跳高运动员的训练小周期划分及训练课的内容安排，与运动员的训练性质、训练水平、所处的训练阶段及训练时期等因素密切相关。下面的示例均是以在校大学生运动员为对象制订的。

一、小周期划分及安排示例（表 9-1、表 9-2）

表 9-1　准备时期中期小周期训练计划示例表

周次	星期	主要任务	负荷强度	负荷量
第一周	星期一	学习和改进专项技术	中	中、大
	星期二	提高全面身体训练水平	中、大	大
	星期三	发展灵敏和耐力素质	中	中、小
	星期四	休息		
	星期五	学习和改进副项技术，发展速度和弹跳力	中、大	中、大
	星期六	提高全面身体训练水平	中、大	大
	星期日	休息		
第二周	星期一	发展速度力量素质	中、大	中
	星期二	休息		
	星期三	学习和改进专项技术	中	中、小
	星期四	休息		
	星期五	发展灵敏和耐力素质	中、大	中、大
	星期六	提高全面身体训练水平	中	中
	星期日	休息		

表 9-2　竞赛时期后期小周期训练计划示例

周次	星期	主要任务	负荷强度	负荷量
第一周	星期一	学习改进专项技术，提高专项能力	中、大	中、小
	星期三	提高全面身体训练水平	中	中
	星期五	发展速度和弹跳力	中、大	中、小
	星期日	改进专项技术	中	中、小
第二周	星期三	发展灵敏性素质	小	小
	星期五	专门性准备活动	小	小
	星期六	测试或比赛	大	中

二、训练课计划示例（表 9-3、表 9-4）

表 9-3　准备期训练课计划示例

课的顺序	课的内容
1	准备活动
2	持竿加速跑 40 m×5 次
3	跳远 8～10 次
4	体操（技巧、单双杠、吊环）练习 1 h
5	越野跑 20～25 min
6	放松活动 10 min

表 9-4　竞赛期训练课计划示例

课的顺序	课的内容
1	准备活动
2	持竿插穴起跳 8～10 次
3	全程助跑撑竿跳 15～20 次
4	放松活动 10 min

第十章 跳 远

第一节 跳远的发展概况

　　跳远是田径运动中最古老的一个项目。公元前 708 年第 18 届古希腊奥运会就设有跳远项目的比赛。不过据说当时的跳法是运动员两手均持重物起跳。现在的跳法是 19 世纪中叶以后在英国的大学田径比赛中出现的，并于 1886 年起开始使用起跳板。

　　第一个有记载的跳远成绩是 1864 年英国人创造的 5.80 m。1899 年爱尔兰人把成绩提高到 7.49 m。现在的世界男子纪录是美国人鲍威尔在 1991 年创造的 8.95 m。女子跳远是在 1948 年第 14 届奥运会上才被列为奥运会正式比赛项目的。但早在 1928 年，日本运动员人见娟枝就创造了女子跳远第一个世界纪录 5.98 m。1936 年，德国选手舒尔莎以 6.12 m 的成绩首次突破 6 m 大关，现在的世界纪录是 1988 年苏联运动员契碧斯科娃创造的 7.52 m。

　　我国男女跳远全国纪录分别为黄庚 1995 年创造的 8.38 m 和姚伟丽在 1993 年创造的 7.01 m。

　　根据世界纪录演变的情况，有专家预测不远的将来，女子跳远成绩上限值将达到 7.66 m，男子达到 9.23 m。在近百年的历史进程中，跳远运动大致经历了萌芽阶段（1860—1900 年）、研究探索阶段（1900—1935 年）、发展提高阶段（1935—1970 年）、成熟完善阶段（1970 年至今）。跳远姿势曾出现过蹲踞式、挺身式、走步式、前空翻式 4 种空中姿势（前空翻式跳远曾因危险性太大被国际田联取消），其中 3 步半的走步式是当前跳远竞技场上最流行的姿势。

第二节 跳远的技术分析

一、现代跳远技术

　　跳远是由助跑、准备起跳、起跳、腾空和落地 5 部分组成，它们之间相互联系，不可分割。快速、准确的助跑是获得优异跳远成绩的前提。如何利用助跑速度，正确地完成起跳，创造合理的腾起角度和尽可能大的腾起初速度，是跳远技术的关键，也是跳远技术教学训练的重点和难点。

（一）助　跑

　　跳远助跑的任务是为了获得最大的水平速度并为准确踏板起跳创造条件。

为了获得高的助跑速度，必须有相应的助跑距离，而助跑距离（步数）的确定与运动员短跑能力密切相关。

助跑距离的长短还要受运动员助跑方法和步长的大小以及跑道、风向及身体状况的影响。运动员要学会适应各种条件并具备随机应变的能力，以保证在任何情况下都能正确地进行助跑起跳。

（二）准备起跳

起跳前要保持跑的动作结构，保持高速度，不宜过多地强调起跳前的准备动作。因为后者会导致跑的动作结构改变和速度下降。要保持较高的身体重心，而不强调起跳前的身体重心下降。起跳前出现身体重心下降是由跑转入跳的一种自然形式，是"无意识"的。

据专家研究表明（表 10-1），加大起跳前倒数第二步的步长，缩短起跳前倒数第一步的步长应作为顺利进入起跳前的一个关键环节。另外，从美国著名运动员刘易斯的助跑最后几步特点来看，属于逐渐缩小步长进入起跳的类型。

表 10-1　助跑最后 4 步的步长

姓名	成绩/m	步长/m			
		4L	3L	2L	L
刘易斯	8.79	2.29	2.59	2.44	1.97
库里姆姆斯	8.39	2.40	2.43	2.72	2.06
麦里克斯	8.35	2.17	2.26	2.45	2.06
科林	8.09	2.33	2.48	2.30	2.45
布拉特里	8.06	2.27	2.37	2.74	2.24
威廉姆斯	8.06	2.34	2.55	2.49	2.22
普斯里	8.03	2.23	2.21	2.43	1.94
斯沃扎	7.95	2.30	2.51	2.40	2.34
科里曼	7.91	2.28	2.35	2.31	1.99
杰克逊	7.69	2.33	2.31	2.63	2.22
焦逊	7.53	2.26	2.19	2.52	2.33
霍尔姆斯	7.39	2.44	2.38	2.38	2.16
平均值		2.30	2.39	2.48	2.17
标准差		0.07	0.13	0.15	0.16

注：4L、3L、2L、L 分别表示起跳前四步、三步、两步、最后一步。

（三）起跳

起跳的任务就是在保持助跑速度的前提下，获得尽可能大的腾起初速度和适宜的腾起角度。据研究，随着跳远成绩的提高（6.80～8.30 m），起跳的时间也由 0.13 s 缩至 0.11 s。

从图 10-1 是强有力而有效果的起跳动作时相来看，起跳腿几乎是伸直上板（腾起关节角度 170°），当稍稍屈膝后，充分蹬伸，此时，上体保持正直，摆动腿快速向前摆出，接近水平。

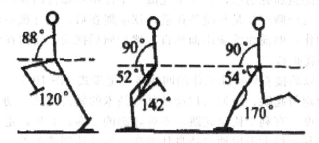

图 10-1　起跳时上体和双腿的位置关系示意图

另外，在起跳脚触板时，由于助跑速度的惯性和身体重力的作用，迫使起跳腿髋、膝、踝很快地弯曲缓冲。

这种缓冲动作能为快速蹬伸起跳创造有利条件。缓冲时，膝关节弯曲角度要适宜，一般约为 135°～145°。此时，上体要保持正直，使身体重心处于相对较高的位置。

（四）空中动作

空中动作的任务是减缓由于起跳所产生的身体向前的旋转力，有限度地利用身体重心抛物线轨迹，为合理落地做好准备。

1. 挺身式空中动作

为维持身体平衡，起跳腾空后，摆动腿下放、伸髋与稍稍顺势前移的起跳腿靠拢。在腾空最高点时，身体充分伸展，形成"挺胸展髋"的姿势，两臂上举或后摆，然后收腹举腿，双腿前伸，完成落地动作。

挺身式空中动作的优点在于落地前能充分地拉长躯干前面的肌肉群，有利于完成收腹举腿和落地伸腿动作。在腾空后，由于摆动腿不需要在体前久留，有利于身体伸展维持身体的平衡。但空中动作的形式与用力特点与起跳动作的衔接不太紧密（图 10-2）。

图 10-2　挺身式跳远技术示意图

2. 走步式空中动作

走步式空中动作一般分为两步半走步式和三步半走步式两种。这是由运动员的腾空高度、滞空时间、动作速度和协调性来决定的。起跳腾空步到最高点时进行换腿。摆动腿下放，向后摆动，同时，起跳腿屈膝前摆，在空中完成一个像跑步那样的换步动作。换步以后，身体又呈腾空步姿势。这一腾空步是起跳腿在前，摆动腿在后。进行换步动作时，要注意保持一种空中自然跑的动作，即前面的腿由曲到直，然后向后摆动，而留在体后的腿，在前摆过程中由直变曲，大小腿折叠。

完成一个换步以后接着做落地动作的叫两步半走步式（图 10-3）。走步式空中动作的技术优点是：有利于助跑与起跳、蹬伸与摆动各部分技术的紧密衔接。动作自然连贯，便于充分发挥和利用助跑速度，有利于快速起跳，不破坏跑的节奏。另外，走步式空中动作由于摆动动作的对称性，有利于最大限度地维持身体平衡，为落地创造条件。走步式空中动作是目前效果最好的一种跳远腾空技术动作。世界优秀跳远运动员大都采用三步半走步式跳远技术（图 10-4）。

10-3   两步半走步式跳远技术示意图

图 10-4   三步半走步式跳远技术示意图

（五）落   地

落地的任务是选择合理的落地技术充分利用身体重心腾起的远度，创造尽可能远的跳跃距离，防止伤害事故的发生。落地的方法有两种：折叠式和滑坐式。

1. 折叠式落地法

运动员在腾空阶段经过最高点后，开始将两腿向上、向前伸出，上体向下折叠，两臂从上面向前并在落地前向后快摆。蹲踞式和挺身式的运动员多采用这种方法。

2. 滑坐式落地法

在腾空最高点就开始做折叠动作。及早做折叠动作，不影响和改变腾空路线，到最后把腿及骨盆前移，上体稍后仰，落地时好像坐着，故称滑坐式。

两种落地方法相比，滑坐式优于折叠式。因为滑坐式动作的身体重心相对后移，所得效果远远大于折叠式动作。有人对同一运动员用两种方法进行实验，结果滑坐式落地比折叠式落地远 20～30 cm（图 10-5）。

图 10-5 跳远落地技术示意图

二、跳远技术原理与特点

（一）跳远技术原理

跳远成绩主要取决于起跳离地瞬间人体重心腾起的初速度和腾起角度。

起跳腾起初速度 V_0 的大小是由助跑所获得的水平速度（V_x）与起跳所产生的垂直速度（V_y）所决定的，即：

$$V_0 = \sqrt{V_x + V_y}$$

腾起角度与水平速度 V_x 和垂直速度 V_y 的比例关系为 $\alpha = \text{arctg} V_y / V_x$，不考虑空气阻力时，人体重心按 45。腾起能达到最远距离。然而，现代跳远的助跑速度男子已达到 11 m/s 以上，女子已达到 10 m/s，而跳远起跳所产生的垂直速度还不到 4 m/s，所以跳远实践中起跳角度不可能是 45°，要达到 45°的腾起角，必须使垂直速度与水平速度的值相等，显然这是不可能的。因为运动员不可能创造 9～10 m/S 的垂直分速度。跳远运动员起跳时身体重心的腾起角度一般在 18°～25°左右。

跳远成绩，即人体腾越的距离，由 3 个分段距离组成，用公式 $L = L_1 + L_2 + L_3$ 表示。其中：

L_1——起跳离地瞬间身体重心的投影点与起跳点之间的距离；

L_2——起跳离地瞬间腾起初速度使身体重心在水平方向上移动的距离；

L_3——着地瞬间身体重心与两脚之间的距离。

从跳远远度的构成中可以看出，要取得跳远的最大远度，必须努力增大 L_2 和 L_3 的距离。另据研究，8 m 左右的成绩，其中 L_1 占 5.1%，L_2 占 90.0%，L_3 占 4.9%。

起跳瞬间的重心高度 H 取决于运动员的身体特点和起跳技术，显然，身高腿长的运动员在中心高度上占有明显优势。

（二）跳远技术特点

跳远技术强调以速度为核心完善和改进技术，强调高速助跑积极上板和快速起跳，这是现代跳远技术的突出特点。

人们越来越重视助跑速度的发挥和利用。助跑技术向短跑技术靠拢，助跑速度越来越快（男子已达 11 m/s 左右），以稳定的步长加速上板，力争用高速进入起跳是现代助跑技术的显著特点。

现代跳远技术注重利用助跑所产生的非代谢能量提高起跳效果，注重助跑与起跳的结合，重视摆动动作对起跳效果的影响，重视上肢与下肢的整体协调配合，也就是说，"速度型"的起跳技术代替和淘汰了"力量型"的起跳技术。这是现代起跳技术的重要特点。

起跳效果是人体整体运动效果的综合反映，取决于人体各运动环节的动作技术。现代跳远注重整体技术和专项动作系统技术的优化配合，充分发挥个体的特点，创造最好运动成绩。

第三节　跳远的技术教学

跳远是田径项目中技术较为复杂的一个项目。它不仅需要学生具备正确的跑的技术和快速的助跑能力，同时还需要学生在高速运动状态下具有准确踏板和爆发性起跳的能力。因此，在正确地认识跳远技术特点的基础上，提出相应的教学思想和原则是极为重要的。

一、跳远教学中应注意的几个问题

（一）跳远技术教学的整体观念

跳远技术是由助跑、准备起跳、起跳、腾空和落地 5 个部分组成的，这是传统分解教学法的一种划分方法。但实际上，跳远技术是一个不可分割的整体，各技术环节之间相互依存，相互影响。前一个环节是后一个环节的准备，后一环节是前一环节的延续。

因此，在教学中必须树立一种整体教学的观念，教学手段的选择与运用一定要强调各技术环节间的衔接和整个技术的完整性，使分解技术服从和服务于完整技术的需要。同时，在完整教学中又要注意各技术环节的准确性和实效性。

（二）以速度为中心完善和改进跳远技术的原则

现代跳远起跳前的助跑速度已经达到 11 m/S，增大助跑和起跳速度是跳远技术的发展方向。因此，教学中必须强化"以速度为中心"的教学原则，以速度起跳技术为教学模式，使学生在教学的初始阶段就能形成一个整体快速的动作概念和动力定型，形成速度型技术风格，在快速运动状态中学习、掌握、完善跳远的完整技术，为今后的进一步提高运动成绩奠定良好的技术基础。

（三）抓好助跑与起跳相结合的关键技术环节

在教学中如何准确地把握教学重点，采用有效的教学手段和方法是确保跳远教学质量的基本前提。在构成跳远技术的五个环节中，最重要、最起决定作用的是快速助跑和快速起跑相结合的技术。因此，必须把学习和掌握助跑与起跳相结合的技术作为教学的起点和重点。在教学中既要注重跳远技术的规范性和示范性，同时还要加强跳远技术的竞技性和实效性。

（四）跳远教学中要处理好心理与技术和素质与技术两个关系

1. 处理好心理教学与技术教学的关系

整个教学过程实际上就是向学生不断进行良好心理教育的过程。那种忽略心理作用，只顾技术教学的作法是不可取的。一个毫无进取心和责任感，心理状态不稳定的人不可能在事业上有所成就。因此，教学中要有目的、有计划、有针对性地安排一些心理教育的内容，启发学生对技术要精益求精，对事业要执著追求。培养学生自信、稳定和自我调控的能力。

另外，要培养学生形成正确的助跑心理定向和跳跃心理定向。跳跃运动中的心理定向是影响跳跃运动技术和运动成绩不容忽视的一个问题。如何尽快形成正确的跳跃心理定向是当前跳跃教学中面临的新研究课题。

2. 处理好身体素质发展与技术教学的关系

在跳远教学中，为了使学生快速而有效地掌握跳远技术，必须注意发展与跳远技术密切相关的专项素质。跑是跳的基础，跳是跑的发展。跑不好就跳不好。

因此，在教学中首先要正确地掌握平跑技术，发展跑的基础能力，在此基础上再改进和提高跳远的助跑技术，发展与起跳能力相适应的最高助跑速度。最后，在发展快速起跳能力的同时，抓好起跳技术。专项能力的发展要密切结合专项特点和技术要求，以达到互为促进，互为提高的目的。

二、跳远教学的步骤与方法

（一）助跑技术教学

助跑技术要以平跑技术为基础，逐步完成向助跑技术的转换，发展与起跳能力相适应的最大助跑速度和掌握正确的助跑节奏。

1. 助跑技术教学的手段与方法

（1）练习 30～80 m 不同段落的加速跑，培养学生跑的速度感和放松技巧（惯性跑）。

（2）练习 20～30 m 行进间计时跑，速度控制在最高速度的 80%～90%，反复体会快速奔跑时的肌肉感觉。

（3）练习 15～20 m 固定助跑步数的高频率行进间跑，逐渐提高跑的频率（计时或不计时）和助跑的准确性。

（4）在助跑道上进行 8～12 步的助跑练习，要求以高频率进入起跳。起跳脚落在 60×60 cm 的起跳区域。尽量在无拘无束的情况下正确自然地完成起跳动作。

（5）进行助跑最后 20 m 的速度练习。

（6）进行设立标志物的助跑练习。

2．教学提示

（1）速度练习要由慢到快，动作幅度由小到大。

（2）助跑起动姿势与加速方式要固定。

（3）起跳前要保持跑的正确动作结构，要求以加快步频的方法达到最高助跑速度。

（4）为了使学生建立一个准确的踏板概念，但又不致受到拘束，可在起跳的地方画一较大的起跳区，要求学生在快速助跑的情况下正确完成起跳。随着助跑的稳定和动作的熟练，逐渐缩小起跳区，接近起跳板的宽度。

（二）起跳与助跑相结合的教学

这个阶段要重点掌握好快速助跑与快速有效的起跳动作相结合的技术，发展与助跑速度相适应的快速起跳能力。

1．起跳与助跑相结合的教学手段与方法

（1）原地模仿起跳：原地模仿起跳时的摆臂、摆腿和起跳腿的蹬伸动作，注意体会起跳时起跳腿的着地蹬伸和臂与腿的摆动路线和用力顺序，理解和掌握跳远起跳中的蹬伸与摆动技术。

练习要求：摆动腿屈膝前摆至水平位，起跳腿送髋，膝、踝关节充分伸直与上体成一条直线，两臂屈肘前后快摆，到位后急停。起跳腿在体前 40～50 cm 处用全脚掌握支撑，摆动腿在体后用脚前掌撑地，两臂屈肘与下肢协调置于身体前后。先由摆动腿快速蹬离地面，推动髋部前移，随即以髋带腿迅速前摆，小腿随惯性积极向大腿靠拢，当大腿摆动接近起跳腿时便加速向前上方摆至水平位。

与摆动腿蹬地送髋的同时，起跳腿积极着地，髋部加速前移，并迅速由全脚掌过渡到脚前掌和脚趾支撑。与此同时，两臂快速前后摆动，前摆的臂屈肘略小于 90°，摆至与鼻齐高。另一臂屈肘约 90°～100°，向体侧后摆至肘略低于肩，立即制动提肩，上体始终保持正直，同时挺胸、拔腰，两眼远视前上方。最后人体形成抬头挺胸，提肩拔腰，髋部前挺，起跳腿膝、踝伸直，摆动腿屈膝前顶的姿势。

（2）上步起跳：①预备姿势。摆动腿伸直在体前约 30 cm 处用全脚掌支撑，起跳腿在后用脚前掌撑地，两臂相应屈肘于体侧。由摆动腿积极支持，起跳腿向前迈出做放腿起跳，以体会摆动腿积极前摆和起跳腿快速着地蹬伸的完整起跳动作，强化起跳过程中各主要环节配合与神经通道的沟通。②练习要求。摆动腿要积极蹬伸，快速摆动。起跳腿迅速前摆，积极下压，小腿和脚向下"扒地"，并迅速转入蹬伸，两臂协调配合，规格同练习（1）。

（3）连续 3 步助跑起跳。连续进行每跑 3 步做一次起跳，以强化助跑与起跳相结合的技术和建立正确的起跳动力定型，提高快速起跳的技能。

练习要求：助跑有节奏，起跳速度快，动作连贯协调。助跑起跳技术规格同前沿直线向前助跑 3 步进行起跳，腾起后尽量保持腾空跨步姿势，当身体开始下落时，立即积极下放摆动腿，同时起跳腿自然折叠前摆。髋部前移摆动腿落地后立即向前跑出进行下一次起跳。两臂配合下肢前后摆动。连续起跳 8～10 次为一组，重复 3～5 组。练习中要强调起跳时摆动腿的积极前摆，起跳腿要积极快速完成蹬伸并充分伸直髋、膝、踝 3 关节。同时，还应特别注意第二步摆动腿和髋部迅速移过支撑，快速完成蹬伸离地的动作。起跳后要以前脚掌落地，两臂要及时积极加速前后摆动，以有助于迅速向前跑出。

（4）短程助跑起跳越过橡皮筋或栏架：短程助跑起跳腾空后越过橡皮筋着地，以提高助跑与起跳结合的技术和能力，强化腾空后摆动腿下放后摆的技术。

练习要求：起跳腾空后保持腾空跨步姿势。摆动腿越过橡皮筋后，大腿积极下放，小腿放松，着地后向前跑出。助跑起跳技术同前。6～8 步助跑起跳（技术要求同前，初学者可用助跳板起跳）腾空，待摆动腿越过橡皮筋之后，髋部放松，大腿积极下放略后摆，小腿自然放松，向前下摆放着地。当摆动腿开始下放时，起跳腿的大小腿积极折叠并前摆抬起，配合摆动腿落地向前跑出。两臂在体侧与下肢配合前后摆动。上体始终保持正直，橡皮筋的高度和远度应视练习者的身高、腿长和训练水平而定。初学者可选用高 40～60 cm，距起跳点约 2 m 为宜，然后再根据情况适当调整。

（5）定向跳远。助跑起跳做定向跳远，以强化起跳速度，提高跳跃能力，改进着地前伸小腿的技术。

练习要求：快速助跑，积极起跳，起跳时充分蹬伸。空中起跳后顺势前移并与摆动腿靠拢成蹲踞姿势，然后举腿前伸落地。练习时沙坑中放置的目标要远，比练习者最好成绩稍远一些，要求尽量前伸小腿，改进着地技术。

2. 教法提示

（1）用全脚掌着地进行"跑步式"起跳。

（2）在快速助跑中完成起跳动作，起跳时要注意提肩，以及髋关节和脊柱的伸展动作。拔腰、顶头，体会踝、膝、髋关节以及脊柱的伸展动作。

（3）随着摆动速度、幅度和力量的加大，腾空步的高度和远度相应加大。体会用摆动动作提高起跳效果。

（4）在做跳过障碍物和触及高物的练习时，应该在起跳的地方设立标志，起跳点距障碍物的距离，要根据练习者的素质水平而定，一般在 1.5～2.5 m 之间，并使起跳的用力按向前向上的方向进行。同时，注意起跳前的快速助跑节奏，体会起跳前高频率、高重心、高速度的助跑技术。

（三）空中动作教学

1. 学习挺身式跳远的手段与方法

（1）原地模仿空中挺身动作：原地模仿起跳腾空步后，接着完成摆动腿下放、两臂绕摆与挺身的动作，以学习和强化挺身式跳远空中动作的用力顺序和动作路线。要求上下肢要协调配合，摆动腿下放与挺胸展髋和双臂下放绕环同步进行，髋部充分伸展，用摆动腿支撑成反弓。此时头可略向后仰，目视前上方。最后用双臂向上向前绕摆，与起跳腿的前摆上踢做相向运动，到手脚相触为止。也可以站在沙坑或海绵垫前的高处进行练习。最后的动作，应用摆动腿蹬离地面，两腿同时迅速前摆并向前上举腿，同时收腹，上体略前倾，双臂加速向前上绕摆，在两脚落地前瞬间用力向后甩摆，跳入沙坑或海绵垫上。

（2）助跑腾空下放摆动腿练习：助跑 3～4 步起跳以学习和强化挺身式跳远的空中技术，空中完成放腿挺髋展体动作。

练习要求：助跑起跳成腾空步后，迅速下放摆动腿，挺胸展体，双脚落地。

（3）起跳触吊球练习：4～6 步助跑起跳，保持腾空步，用手触吊球后开始放腿，使身体在空中伸展，以强化空中展体动作的运动条件反射，发展快速起跳能力，改进起跳技术。

练习要求：4～6 步助跑，快速完成起跳与腾空步，接着摆动腿向后下方摆动，挺胸展髋，两腿自然下放"悬挂"在空中，上体保持正直，双脚落地。吊球的高度和远度以腾起至最高点时，手触到为宜。练习时必须严格遵循助跑起跳的技术规格要求，尽量向前上方跳出，切勿只贪图高度而破坏正常的助跑起跳技术。

（4）过障碍后挺身跳远：短程助跑起跳腾空步越过障碍后，完成挺身式跳远的空中动作和落地技术，以提高起跳效果，强化起跳与腾空步技术。

练习要求：6～8 步跑起跳，腾起后保持腾空跨步至摆动腿开始腾越障碍时，两臂积极下放伸直并沿肩轴向下、向后进行直臂大绕环一周。摆动腿越过障碍后，大腿积极下压后摆，挺胸展髋，膝和小腿放松，顺惯性向前下积极摆动。同时，起跳腿小腿自然弯曲，大腿与摆动腿并拢，同时抬头挺胸，腹部成"反弓"状态。待身体开始下落瞬间，已经绕至肩侧上方的双臂，加速向前下划摆，并迅速收腹举腿准备落地。当双脚脚跟接触沙面时，立即屈膝前跪或侧倒完成落地动作。头部要始终保持正直，目视前方，切勿空中低头和上体前倾过早、过大。同时也必须掌握好摆动腿下放和挺身的时机。

教学提示：

① 挺身动作要强调挺胸展髋，积极下放摆动腿。放腿动作要顺势自然，同时起跳腿随之前移。

② 为了防止在空中仰头挺腹，在教学中可强调起跳成腾空步后首先注意腿部动作，再继续保持短暂的"悬挂"状态，这样可有效地克服空中仰头挺腹的错误动作。

2. 学习走步式跳远的手段与方法

（1）原地两臂"绕摆"与摆动腿向后和向前的摆动练习：原地做走步式跳远、空中摆臂与摆动腿的向后和向前的摆动配合练习，以掌握和强化空中走步时臂腿协调配合的技术。

练习要求：原地模仿起跳或腾空步姿势，用起跳腿的脚前掌支撑后，两臂与摆动腿同时开始摆动，摆动腿大腿积极下压，膝、小腿放松顺惯性向前下方后摆。

当后摆结束时，脚跟与小腿迅速向大腿靠拢，跟随大腿积极向前摆高抬并迅速向前上方踢伸。摆动腿下放后摆要积极用力，上体保持正直，要加大大腿的后摆幅度。前摆时则要高抬、快速，并要注意两臂和摆腿速度应协调一致。

（2）空中一步半剪铰练习：在腾空步后两腿前后交换位置，学习掌握两腿剪铰技术，强化上体正确姿势。

练习要求：4～6 步助跑起跳成腾空步后摆动腿高抬，两臂上摆，最后成摆动腿屈膝在后，要强调上体保持正直。摆动腿积极下放后摆，起跳腿迅速叠紧前摆高抬，两臂上摆，最后成摆动腿屈膝在后、起跳腿在前的跨步姿势落入沙坑，练习时要强调上体保持正直。

（3）从高处起跳走步式跳远：中、短程助跑在跳箱盖上起跳，空中完成走步动作，以强化和掌握走步式跳远的空中技术动作。

练习要求：有节奏地助跑，快速起跳，充分蹬伸，做大幅度的空中"走步"摆动动作，双臂协调配合，两脚同时着地。

6～8 步助跑在 30～50 cm 高的跳箱盖上起跳，积极向前上方腾起完成腾空步后，在空中完成"走步"摆动动作。注意摆动腿大腿的向后和向前的大幅度摆动动作。空中动作上体要保持正直，两臂与两腿协调配合完成"走步"摆动动作后，两脚落入沙坑，初学者可先用四步助跑，最后两步应借助跳板进行起跳。随动作的熟练，可逐渐加快跑速，降低起跳点的高度，并逐步加大摆动腿的幅度。

（4）空中换步练习：在腾空步后完成两腿前后摆动"走步"动作，以学习掌握空中两腿剪铰技术，强化上、下肢协调配合的动作，提高两腿摆动的幅度。

练习要求：摆动腿积极后摆，起跳腿迅速叠紧前摆高抬，两臂与上肢协调配合。4～6步助跑起跳成腾空步后，两臂与腿同时摆动，当摆动腿积极后摆开始之后，起跳腿迅速叠紧前摆高抬，最后成摆动腿屈膝在后、起跳腿在前的姿势落入沙坑。练习时上体要保持正直，目视前方。初学者应把重点放在摆动腿的积极后摆和前摆上。若起跳腿前摆过早，不但会影响前摆高抬的速度和幅度，而且还将削弱起跳效果，影响腾起的高度和远度。

教学提示：

① 起跳成腾空步后，摆动腿的大腿要积极后摆。

② 进行换步动作时，上体要保持正直，不能前倾。

③ 做换步动作时，注意力要集中在摆动腿上，教学初期不宜过多强调手臂动作。

④ 为了学习空中的腿部动作，应进行一些辅助性的悬垂走步式摆腿练习或支撑走步式摆腿练习。

（四）落地的动作教学

1. 学习落地的手段与方法

（1）立定跳远练习：强化腾空后收腹举腿，落地时两小腿做前伸动作。

练习要求：两脚左右开立与肩同宽，两腿弯曲，上体稍前倾，两臂向后上举，然后两臂用力向前上摆出，同时两腿用力蹬地，迅速向前上方跳出。身体腾空后收腹举腿，落地时两小腿前伸，两腿屈膝缓冲以维持平衡。

（2）立定跳远越过栏架练习：强化收腹举腿和落地前伸动作，要求同前。栏架的高低和距离的远近，要根据练习者的水平而定。

（3）跳越障碍物练习：4～6步助跑在低跳箱盖上起跳成腾空步后，起跳腿积极前提与摆动腿靠拢，然后收腹举腿越过设在沙坑里的障碍物（高度和远度可视练习者的水平而定）。

2. 教学提示

从跳远教学一开始就应学习落地的基本动作。

（五）改进和提高跳远完整技术

在这一阶段，对动作质量提出较高的要求，注意结合个人特点改进技术，做到助跑与起跳连贯，跑得快、跑得准、跳得起。

1. 手段与方法

（1）全程助跑起跳技术练习。

（2）在全程助跑中，改进腾空和落地技术。

（3）利用技评和教学比赛，检查和改进技术，提高运动成绩。

2. 教学提示

确定适合各自特点的全程助跑节奏和助跑与起跳相结合的方式，初步形成具有个人特点的跳远技术。

第四节　跳远的技术训练

跳远的技术训练要围绕如何发挥和利用速度来改进和完善跳远技术。青少年的跳远技术训练，还应注意培养正确的跳跃心理定向。

一、助跑技术训练

跳远助跑技术训练的目的是提高助跑速度，稳定助跑节奏，培养和提高调整步长和步频的能力，加强起跳时的攻板意识以及形成正确的助跑心理定向。

1. 助跑技术训练的主要方法

（1）在不同质量的跑道上，进行长于全程距离的助跑（多跑 2～4 步），利用助跑标志，稳定最后 6～8 步的步长。

（2）固定起动方式，使助跑开始段的步长和加速过程定型，保证最初几步助跑步长的稳定。

（3）进行变换节奏的加速跑和跑的练习，以培养对跑速和动作的控制能力。

（4）8～10 步助跑后，按步长标志进行加大步长和缩短步长的助跑练习，培养调整步长和步频的能力。

2. 注意事项

（1）助跑技术训练要在精力充沛的情况下进行。

（2）选择助跑距离，必须与运动员的速度能力相符合。

（3）无论何种助跑节奏，起跳前都应达到本人的最高助跑速度。

（4）要教会运动员掌握在高速助跑中的放松技术，这是有效完成起跳的重要条件。

（5）要重视和培养运动员助跑时的本体感觉和起跳前助跑的时空感觉，这是提高助跑速度和准确性的决定因素之一。要注意总结在不同情况下（体力、气候、场地等）调整助跑距离的方法和经验。

二、起跳技术训练

起跳技术训练的目的是培养运动员高速助跑中快速起跳的技能，寻找并完善适合个人特点的起跳技术，强化形成起跳技术的神经——肌肉通道，利用助跑速度和起跳技巧，创造尽可能大的腾起初速度和适宜的腾起角度。

1. 起跳技术训练的主要方法

（1）快跑中的起跳脚放置或摆动腿摆腿练习。

（2）快跑中起跳脚的放置与摆动腿摆动相结合的练习。

（3）连续 3～5 步跑起跳成腾空步练习。

（4）短、中程距离助跑起跳成腾空步的练习。

（5）全程助跑起跳练习。

（6）采用俯角跳板短程助跑起跳练习。

（7）在下坡跑道上的短程助跑起跳练习。

（8）下坡跑道助跑 10～12 步转入水平跑道起跳的练习。

（9）短程距离助跑起跳后，用手、头、胸部或摆动腿触及悬挂在空中的物体，最好落在沙坑内。

2. 注意事项

（1）在进行起跳技术练习时，要强调助跑和起跳速度。

（2）起跳技术训练必须与快速助跑相结合。基本掌握短、中程距离助跑起跳技术后，要及时转入全程助跑起跳的技术训练。

（3）训练中要注意培养运动员的攻板意识，力求做到起跳前助跑节奏快、上板快和起跳快。

三、腾空与落地技术训练

腾空与落地技术训练的目的是维持腾空后的平衡，最大限度地利用起跳所形成的抛物线轨迹，争取尽可能大的跳跃远度，避免受伤。

1. 掌握、提高腾空落地技术的主要练习方法

（1）利用吊环、单杠等辅助器械，模仿和改进落地动作。

（2）短、中程距离的完整跳远练习中，改进空中和落地动作。

2. 注意事项

（1）改进空中落地动作，以完整跳跃的方法为主，模仿、分解练习为辅。

（2）注意体会和把握落地伸腿过程中上体前倾的最佳时机。

四、跳远技术与跳远心理定向

由于跳远踏板的准确性关系到比赛的成败，所以导致了复杂的比赛心理活动。这是常常约束和影响跳远运动员在比赛中发挥应有水平的一个主要原因，也是运动员进一步提高成绩的无形障碍。

跳远心理定向对掌握正确的跳远技术有很大的促进作用。例如，在进行助跑和起跳相结合的技术训练时，只单方面进行技术训练，效果往往较差。但是，如果与心理训练结合起来，就能收到好的效果。运动实践表明：用跑过起跳板的心理定向去完成起跳，最后几步助跑速度发挥好，没有明显的起跳准备动作；用强有力的起跳和向高跳的心理定向去完成起跳，则起跳前有明显的准备起跳动作，助跑速度下降，起跳的制动性增大。所以，运动员的跳跃心理定向不同，即使采用相同的训练手段和方法，也会产生两种不同的效果。

第五节　跳远的素质训练

跳远的素质训练主要包括专项速度训练、专项力量训练以及协调性与柔韧性训练。

一、跳远的速度训练

跳远的速度训练要以提高绝对速度为主，并同跳远助跑技术相结合。

1．跳远速度训练的特点

（1）由于起跳板的限制，不但要求跑得快，而且要跑得准。

（2）跳远比赛中，跳远运动员要进行 6 次跳跃，这就要求运动员具备在较短时间内反复发挥最高跑速的能力。

（3）在高速助跑的同时，运动员要快速正确地完成起跳，所以需要具备在高速跑进中的放松能力，为瞬间快速有力地起跳作好准备。

（4）能用稳定的加速节奏在 30～40 m 内放松地达到最高助跑速度。

2．跳远运动员发展速度的主要方法

动作放松正确，避免因跑段过长，在跑中出现紧张和过分用力，导致动作变形。

（1）行进间跑：①在跑道上或下坡跑道上进行计时跑。②在下坡跑道跑 20 m，待转入水平跑道后，进行 20 m 计时跑。③在下坡跑时，要强调放松和在保持步长的前提下，加快步频，最后几步跑的技术要求做到"高重心"、"高频率"、"高速度"。④跑时体会本体感觉和速度节奏感；与起跳前准备起跳阶段的感觉进行对比。⑤确定跑的次数，以跑的成绩明显下降为止。

（2）变速节奏跑：例如 20 m 快＋20 m 慢＋20 m 快＋20 m 慢。快跑时要放松自然，加快步频，着重体会轻快的感觉，尤其要注意由快到慢的衔接，体会惯性跑、加快频率、放松。

（3）踏标记跑 20～30 m：①将快跑途中跑的步长增加 5 cm，在 12～14 步正常的助跑后，用增大的步长跑 8～10 步，体会高速跑动中，步长与步频的统一。②将快跑途中跑的步长缩小 5 cm，在 12～14 步正常助跑后，用缩短了的步长跑 8～10 步，体会高重心、高步频和高速度的放松快跑方法。

（4）控制间歇时间的全程助跑练习：①体会快速助跑的速度感和节奏感，要求在上板前达到最高速度。②每组以 8～10 次为宜，要求跑得快和跑得准。

（5）斜坡跑道 30 m 计时加速跑：上坡跑和下坡跑不宜在同一次训练课中进行。

（6）全程助跑增加 2～4 步的计时跑：可在跑道上进行，也可在助跑道上进行。注意最后 4～6 步跑的技术和本体感觉。

（7）跨低栏跑：栏间可跑 3 步或 5 步，栏间距可随意缩短与加长。

（8）负轻负荷加速跑：负重的方式可采用加重背心或加重腿套，注意负荷不宜过重，否则会影响跑的动作的正确性，负重加速跑与徒手加速跑相结合进行。

二、跳远的力量训练

跳远起跳时，要求腿部有强大的爆发力。跳远运动员的力量训练以发展速度力量为主。

1．采用杠铃发展速度力量的主要方法

（1）负重提踵：①身体保持正直，两腿自然站立，"内八字"站立与"外八字"站立交叉进行；②由平地提踵逐步过渡到站在 5～8 cm 高的台阶上提踵。

（2）负杠铃弓箭步走：上体正直，注意体会单腿支撑与蹬伸动作。采用轻或中等重量，不宜采用大重量，注意保护，防止失去平衡。

（3）肩负杠铃克制性半蹲跳：采用轻或中等重量，上体保持正直，切忌前倾。注意蹬伸的力量与速度，注意半蹲跳的连贯性。

（4）肩负杠铃退让性半蹲跳：采用中等重量，控制缓冲的速度和幅度。要求着地缓冲阶

段膝关节迅速固定在某一角度，强调间断地、不连续地完成半蹲跳。

（5）肩负杠铃深蹲起：①采用较大重量的负荷进行练习，一次训练课至少要完成 3 组，每组 2～4 次；②注意力集中，爆发式地完成练习，强调蹲起的速度，蹲起时注意抬头挺胸，切忌先抬臀部；③每次练习同跑、跳和放松练习结合起来。

（6）弓箭步连续快速抓举：采用轻或中等重量。首先要掌握弓箭步抓举的技术动作，然后逐渐提高动作速度，体会抓举的快速发力和动作节奏。

（7）连续快速下蹲翻练习：首先要掌握下蹲翻的技术动作，然后逐渐加大负荷重量和动作速度。练习后进行跑、跳放松练习。

（8）挺举练习：采用中等或较大重量负荷练习。上挺时注意力集中，以爆发式用力的方式完成练习。上挺动作结束后，应有控制地下放杠铃。

（9）组合练习：要有针对性地选择练习手段，有目的地发展某一部位肌群。

组合练习的设计，要分清主次，以某个练习为主。组合练习中的主要练习动作结构，要尽可能接近跳远的专项动作。

2. 采用跳跃手段发展速度力量的主要方法

（1）摆动跨步跳、单足跳和力量性跨步跳、单足跳：从完成动作的效果来看，摆动性是指用加大摆动效果来增加跳跃速度；力量性是指用加大蹬地力量来增加跳跃远度。练习时应着重体会摆动动作的作用，体会上、下肢动作的协调配合。

（2）速度性跨步跳、单足跳和幅度性跨步跳、单足跳：速度性要求跳跃速度，可采用计时的方法；幅度性要求加大每一步的动作幅度。

（3）各种方式的一般跳跃练习：如蛙跳、直腿跳等。做这些练习时，要注意跳跃的爆发式用力特点；注意单个跳跃动作间的连贯跳的次数。

（4）各种形式的跳深练习：如跳深跳远、跳深纵跳、跳台阶等。练习时落地方式可分单足与双足两种；跳深的高度要根据练习者水平确定；注意着地缓冲和起跳速度，要求快速起跳。有一定训练水平的可负重跳深。

（5）与专项动作相近的跳跃练习：如各种方式的助跑起跳练习，各种方式的跳高、三级跳远以及跳越各种障碍的练习等。要体会利用助跑速度增强起跳效果的技巧；体会起跳动作的发力时机以及蹬与摆的配合。

（6）负重跳跃练习：练习中应注意选择合理的负重重量与负重方式。负重的重量和方式可能影响跳跃动作的正确性。应将徒手跳跃与负重跳跃结合进行。

三、跳远的协调性与柔韧性训练

协调性与柔韧性，同样是跳远运动员的一项重要素质，训练中不可忽视。现代跳远训练由于力量训练的比重增大，在一定程度上会对关节的灵活性产生不利影响。良好的专项协调性和柔韧性增强了运动员的神经系统功能，提高了对肌肉的控制能力，有助于技术动作的改进和完善，而且也是加强运动员自我保护、防止运动损伤的有效措施。

协调性和柔韧性训练的方法和手段主要有：

1.各种静力性与动力性柔韧练习，如各种压腿、摆腿、踢腿、劈叉、跨栏等专门练习。

2.武术基本功练习。

3.各类有音乐伴奏的健美操、韵律操等。

4.各种球类练习，如篮球、足球等。

在安排协调性和柔韧性训练时，要注意与发展动作幅度和动作速度的练习结合起来。

第六节　跳远的赛前训练与比赛

一、赛前训练的内容、手段、负荷量和负荷强度

1.训练内容逐渐减少，一般的训练内容被取消，只保留与专项关系密切的训练内容。如技术、速度、专项弹跳及力量训练的内容等，像速度耐力、一般跳跃训练，一般力量训练及一般身体训练的内容大量减少或取消。

2.在训练手段方面主要安排与专项关系最密切的手段。例如，速度训练主要以 60 m 以内的全速跑为主，技术训练主要为全程或中程以上助跑的完整技术和练习，并且要增加全程助跑结合起跳的练习。弹跳训练则主要保留短距离的各种跳跃练习以及短助跑的级跳练习；力量训练以爆发性的快速练习手段为主。

3.从赛前的专门准备期开始，训练的负荷呈逐渐下降的趋势。负荷量的下降主要表现在训练内容手段的减少，训练课时间的缩短以及每一手段练习重复次数的减少和中间休息加长等。减到一定程度后要保持一定的训练量，采取一天略大、一天略小或一天略大、两天略小的安排方法，使运动员在训练后可以及时地恢复过来，但又保持对机体的一定刺激，这样有利于运动员保持旺盛的体力和良好的竞技状态。

4.在训练负荷量逐渐下降的同时，训练强度要逐渐提高，在赛前两周之内，各主要素质和专项技术训练强度均达到最大。不能在一次训练课中各种手段训练强度都大，须有计划地使各种手段的强度分别提高，否则易引起伤害事故。在赛前的专门准备期中，不能使训练强度总保持在高水平上。因为这样做的结果可能会造成运动员在比赛时兴奋性下降，竞技状态降低。在赛前最后一周的训练中，训练强度应保持在中或中上水平，使运动员在进行高强度训练之后有一个恢复期，从而在比赛时达到一个新的高峰。

二、跳远临场比赛的准备活动与参加比赛

1. 做好赛前准备

（1）开好准备会：教练员要简单扼要地、客观地分析比赛形势，了解其他对手赛前的训练水平、技术特点、战术运用、性格特征等情况，针对其优势和不足，制定出经过努力可以达到的目标。同时，对少年运动员要多鼓励，并帮助他们做好赛前的其他准备工作。

（2）做好物质准备：了解比赛的条件（比赛的时间、地点、报名标准、场地条件、气候、参加人数等）。头两天应准备好比赛服装、钉鞋、号码布、秩序册。

（3）做好准备活动：准备活动一般可分为两个阶段来做。点名前的准备活动（属一般性活动），以热身和活动各肌群关节为目的。适当地做一些专门练习，比赛开始试跳之前还要做一些加速跑及短程起跳练习（专项准备活动）。准备活动要根据天气和自身情况确定活动负荷。

2. 参加比赛

（1）检查比赛用品。

（2）提前 70 min 到达比赛场地，安置好休息场所。

（3）提前 30～40 min 做准备活动。

（4）点名后带好比赛用品随队入场。

（5）换好钉鞋、量步点，直至感觉良好为止。

（6）确定比赛时间和检录地点。

（7）试跳时，裁判员点名，举手签到。站在起动标志前，深呼吸、集中注意力。

（8）教练员应对运动员每次试跳时的助跑节奏和准确性及时给予反馈，以便调整。同时还要根据风向和风力变化，适当调整助跑距离。

在整个比赛中，要注意保暖，出汗不宜太多；另外，要尽可能避免接触主要对手，也不要注意其他运动员的试跳，而要集中注意自己的身体状态和心理状态，力图在比赛中达到完全"绝缘"，处于心理上的"真空"状态。因此，在比赛中适当听听音乐，看看小说都是好方法。也可静止休息进行自我暗示。

第七节　跳远的实训计划

一、周训练计划实例

1. 一般身体训练周（略）

2. 专项身体训练周

星期一

（1）准备活动。

（2）跨栏练习 3～8 个栏×4～6 次。

（3）肩负同伴做弓箭步走；跑的练习 40～50 米×6～10 次。

（4）抓举，从 50 公斤至极限×10～15 次。

（5）深蹲，从 80 公斤至极限×10～15 次。

（6）助跑 3～5 步起跳练习，20～30 米×2～4 组。

（7）肩负同伴单足蹲，两腿各跳 10 次。

（8）加速跑 150 米×3～5 组。

星期二

（1）准备活动。

（2）加速跑 100 米×4～6 组。

（3）8 步助跑跳远 4～6 次。

（4）10～14 步助跑跳远 6～9 次。

（5）全程助跑起跳练习 4～6 次（包括全程助跑丈量步点）。

（6）助跑 10～12 步用左、右腿起跳跳远 3～5 次。

（7）用摆动腿开始跑的助跑 8 步起跳 6 次和助跑 6 步三级跳远 4～6 次。

（8）加速跑 100 米×2 次，150 米×2 次。

（9）发展腹背肌练习 3～5 组；慢跑 10～15 分钟。

星期三

（1）准备活动。

（2）抓举和提拉杠铃练习，总量 1 500～2 000 公斤。

（3）负重下蹲：体重的 120～140%×12～20 次。

（4）负重半蹲：80 公斤×10 次；100 公斤×10 次；120 公斤×10 次；130 公斤×5 次×2～4 组；140 公斤×5 次×2～4 组；60～80 公斤×10 次×4 组。间歇在肋木上悬垂 10 秒或 6 步助跑的 10 级跳。

（5）10 级跨步跳 2～4 次；10 级单足跳左右腿各 5 次。

（6）10 级单足跳，左右腿各 5 次；加速跑 200 米×2～4 次，150 米×2～4 次。

星期四

（1）球类活动 60 分钟。

（2）越野跑 30 分钟。

（3）柔韧性练习，放松练习，自我按摩。

星期五

（1）准备活动。

（2）30 米起跑 6～8 次。

（3）助跑节奏练习 4～6 次。

（4）助跑 10 步跳远 3～5 次；助跑 12～14 步跳远 4～6 次；全程助跑跳远 3～5 次；助跑 10 步、12 步、14 步跳远，两腿分别跳 2～4 次。

星期六

（1）准备活动。

（2）肩负同伴，两腿各跳 10～12 次×2～4 组的跳跃练习。

（3）起跑练习 4～8 次。

（4）加速跑 100 米×4～8 次。

（5）助跑 2～3 步，8～10 个起跳×4 组；跨步跳，10 级×2 组；助跑 4～5 步 10 级跳单足跳×3 组。

（6）前后抛实心球和铅球练习各 20 次。

星期日：休息。

3. 技术训练周

星期一

（1）准备活动。

（2）加速跑 100 米×2 组。

（3）在跑道上做助跑节奏练习，30 米×（6～8）组。

（4）助跑 6～8 步跳远×（3～5）次；助跑 10～14 步跳远 6～8 组；助跑 12～16 步跳远 4～6 组；从摆动腿开始跑 8～10 步跳远 5～7 次。

（5）前后抛掷铅球 10 分钟。

（6）慢跑 10 分钟。

星期二

（1）准备活动。

（2）在跑道上练习助跑节奏 8～10 次。

（3）在助跑道上跑步点 8～12 次，其中 4～6 次做起跳练习；助跑 5 步做起跳练习 5 次×4～6 组；助跑 6 步的 5 级跨步跳×4～6 组；助跑 6 步 5 级单足跳×4～6 组。

（4）发展腹肌练习 3 组。

（5）加速跑，150 米×2～4 组（计时）。

星期三

同星期一训练内容。

星期四

（1）越野跑 20～30 分钟。

（2）自我调整。

星期五：同星期一的训练内容。

星期六：同星期二的训练内容。

星期日：休息或比赛。

二、年度训练计划

表 10-2　跳远年度训练计划指标

训练阶段	第一训练期			第二训练期		
指标与训练项目	11～3 月	4～6 月	6 月下	7～8 月	9～10 月	11 月
训练课（次数）	112	56	12	45	34	23
全面身体训练（h）	74	37	8	30	23	15
8 步助跑跳远（次数）	240	120	24	96	72	48
全程跳远（次数）	200	100	20	80	60	40
助跑起跳节奏（次数）	260	130	26	105	80	50
起跑（次数）	240	120	24	96	70	50
60-100 米跑（km）	40	20	4	16	12	8
举重与半蹲（kg）	40 000	20 000	4 000	16 000	12 000	8 000
负重跳跃（次）	2 400	1 200	240	960	720	480
100 米成绩（秒）	12.6～11.6	11.6	11.5～11.4	11.3	11.2	11.2
比赛（次数）	1	2	1	1	2	1

第十一章　三级跳远

第一节　三级跳远的发展概况

历史上，三级跳远是由"多级跳"演变而来。早在 1465 年瑞士苏黎世举行的射击游艺会上，已有三级跳远比赛的记载。

最初的三级跳远不拘形式，可以自由选择跳法。在爱尔兰曾流行过"跳步式"（单足跳＋单足跳＋跳跃），在德国也流行过"跨步式"（跨步跳＋跨步跳＋跳跃）。现在的跳法形式（单足跳＋跨步跳＋跳跃）是 19 世纪末在英国发展起来的。

在 1896 年的第一届现代奥运会上，三级跳远就被列为正式比赛项目。当时由于技术低下，动作简单，过分强调第一跳和第三跳远度，最高成绩仅为 13.71 m。由于在训练和比赛中经常发生伤害事故，三级跳远曾被视为"危险的项目"而几乎被取消。

自 1911 年国际田径联合会发布第一个世界纪录以来，男子三级跳远的纪录从 15.52 m 提高到 18.29 m，提高值为 2.77 m，提高幅度为 17.85%。

三级跳远是一个对身体素质要求较高，技术复杂，身体素质与技术高度统一的项目。自该项目出现以来，其发展经历了自由式跳法、高跳型跳法、平跳型跳法、速度型跳法 4 种类型。

自由式跳法主要表现为运动员在跳法上的随意性，技术上没有形成固定的模式，20 世纪40 年代的运动员都是如此。那时人们对技术和训练的方法很少进行研究，也很少有人接受正规系统的训练，技术上任其自由发展，运动员在比赛中所采用的技术也是五花八门，没有形成固定的体系。

高跳型跳法从 20 世纪 50 年代开始，苏联曾出现过谢尔巴科夫等一批高跳型技术跳法的三级跳远运动员。20 世纪 60 年代末 70 年代初，苏联的萨涅耶夫采用高跳型技术连续 3 次获得奥运会冠军，创造世界纪录 17.44 m，他三跳的比例为 38.01%、27.98%、34.01%。高跳型技术的表现形式为第一跳腾空的抛物线轨迹高而远，从三跳的远度来看，第一跳所占的比例最大。这类运动员多属于力量型，动作幅度较大，十分强调高抬大腿和积极刨地，要求运动员必须具备强大的腿部力量和弹跳力。在当时的训练中多采用各种形式的以下肢力量为主的负重练习来发展运动员的力量素质，尤其用大量负重或不负重的各种跳跃练习发展运动员的跳跃能力。技术练习一般采用分解练习，并以中程助跑技术和全程完整技术相结合的方式，突出强调技术动作的幅度和节奏，强调高抬大腿积极刨地动作。训练中过多地采用分解技术和中短程助跑技术练习，在进行各种跳跃练习时只突出了第一跳的作用而没有注意快速节奏。

平跳型跳法出现在 20 世纪 60 年代，以世界上第一个突破 17 m 大关的波兰运动员施密特为典型代表。他采用这种技术打破了当时的世界纪录，成绩为 17.03 m，三跳的比例为 35.20%、

29.50%、35.30%。平跳型技术的第一跳抛物线轨迹低而平，第一跳和第三跳的比例相差不大，注重向前摆腿，强调每一跳过程中发挥和保持水平速度。平跳型技术吸取了高跳型技术的教训，人们逐渐认识到了水平速度在三级跳远中的重要作用。在三跳比例上缩短第一跳的远度，力求保持水平速度，从而加大第三跳的远度，使得第一跳和第三跳的远度比较接近。这种技术的优点是能够较少地减少水平速度的损耗，避免运动员受伤。平跳型技术要求整个技术向前性好，自然连贯，注重运动员的水平速度和三跳的快速节奏，在技术训练中多采用完整技术和长距离的助跑技术练习。正是由于大量地采用完整技术和长距离助跑技术练习，才使得运动员建立了完整技术的概念，而不是将注意力过多地集中在第一跳上，更好地保持和利用了水平速度，形成了快速而更趋于向水平方向跳跃的技术。

速度型跳法的典型代表是英国的优秀运动员爱德华兹。他在 1995 年第 5 届世界田径锦赛上，以 18.29 m 的优异成绩创造了新的世界纪录，三跳比例为 34%、29.96%、36.04%，为三级跳远运动项目的发展树起了新的里程碑，引领了由"平跳型"向"速度型"方向发展的趋势。速度型技术实际上是在平跳型基础上发展起来的，它既继承了平跳型技术的优点，又更加强调发挥和保持水平速度。

与平跳型技术相比，速度型技术最突出的特点是第 3 跳的远度明显加大。速度型技术突出一个"快"字，即助跑快（爱德华兹在最后 20 m 段落的助跑速度高达 11.90 m/s）、三跳节奏快，训练中强调在力量练习和跳跃练习中的快速用力，同时均衡发展两腿的跳跃能力，尤其是发展弱腿的跳跃能力。在技术训练中一般以全程助跑完整技术练习为主，更加注重发挥和利用水平速度，尽量减少水平速度的损失。三级跳远技术的未来趋势正朝着速度型技术方向发展。1990 年，国际业余田径联合会讨论通过，女子三级跳远被列为正式比赛项目。

第二节　三级跳远的技术分析

一、现代三级跳远技术

三级跳远技术的本质特点是：助跑后沿直线连续进行的趋于水平方向的三次跳跃。第一跳（单足跳）须用起跳腿着地，第二跳（跨步跳）须用摆动腿着地，第三跳（跳跃）是用双脚落入沙坑。在三级跳远过程中，由于从助跑获得的水平速度在三次跳跃中依次降低，因而，如何在三次跳跃中减少水平速度的损耗和获得必要的垂直速度，就成为三级跳远技术的关键。另外，维持好三跳中的身体平衡，寻找符合运动员个人特点的最佳三跳比例关系，也是三级跳远技术中不可忽视的问题。

三级跳远完整技术是由助跑、第一跳（单足跳、第二跳（跨步跳）和第三跳（跳跃）组成的（图 11-1）。

1. 助跑

如何获得最大的水平速度是三级跳远技术的关键，而获得最大的水平速度是通过助跑来实现的。良好的助跑技术一般应表现为通过助跑能获得最快的速度并能准确踏板。助跑距离约 38～43m，跑 18～20 步，助跑的距离应使运动员在起跳前达到最高速度。助跑技术与跳远基本相同，要求高抬大腿，跑得放松而且富有弹性，最后几步步幅要均匀，节奏明显，不要为了准备起跳而有意识地降低身体重心和改变节奏（图 11-1①～⑤）。三级跳远助跑最后几步上体基本保持正直，呈高重心姿势，起跳腿在踏板的瞬间，身体重心投影点较接近着地点。此时，摆动腿更加快速向前摆动，两臂同时快速有力地作积极摆动。

2. 第一跳（单足跳）

三级跳远的第一跳是从起跳脚踏上起跳板开始至起跳腿的脚再次着地时止，通常都是以有力的腿作为起跳腿，整个过程包括起跳脚着板、身体重心移过垂直支撑点和蹬离起跳板。由于此阶段要尽量减少水平速度的损失，因此，在助跑的最后一步，摆动腿积极有力地蹬地后，要以快速的"积极前摆"动作使摆动腿尽快跟上起跳腿，并快速向前摆动，起跳腿以积极、自然的动作踏向起跳板。着地前大腿抬得比平跑时稍低些，脚着地时要有明显的快速积极和柔和的"扒地"动作，着地点应距身体重心投影点较近。优秀运动员第一跳起跳腿的着地角度为 66°～72°（图 11-1⑥～⑩）。

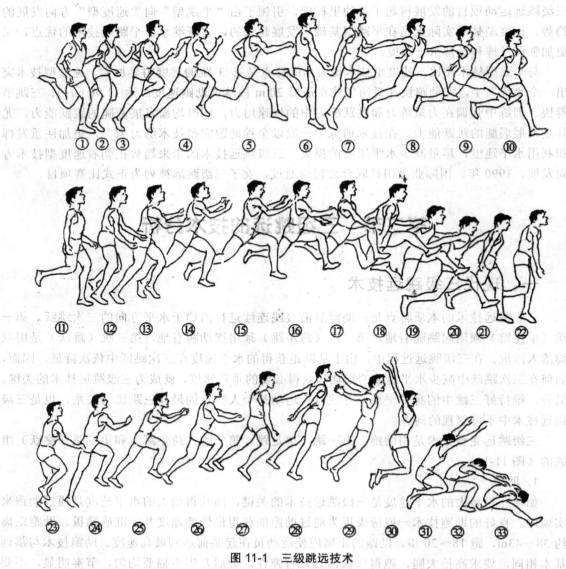

图 11-1　三级跳远技术

起跳腿着地后，因重力和地面反作用力的作用，膝关节被迫弯曲，随着身体重心的前移，裸关节背屈加大。此时，上体和骨盆应快速前移，同时摆动腿积极前摆。当身体重心移过支撑点垂直上方时，起跳腿要完成及时而充分的蹬伸动作，同时摆动腿带动髋部和两臂，迅速向前上方做大幅度的摆动，使身体向前上方伸展并蹬离地面。起跳结束时的身体姿势是：上体正直，起跳腿的髋、膝、裸三关节充分蹬伸，摆动腿屈膝前摆高抬，同时抬头、挺胸，两臂配合腿部动作快速摆动。第一跳的蹬地角为60°～64°，身体重心腾起角为16°～18°。

起跳离地后先成"腾空步"姿势，在保持一段"腾空步"后（约在腾空距离的1/3处）摆动腿向下、向后大幅度摆动，起跳腿屈膝前抬，大、小腿收紧，足跟靠近臀部。接着摆动腿后摆，起跳腿要向前高抬，小腿自然下垂，完成换步动作。换步动作结束后，起跳腿继续向前上方提拉，髋部积极前送，开始准备着地进入第二跳，此时，摆动腿向后摆至最大幅度。换步动作应做到适时、连贯，若过早或过晚都会影响下一跳。两臂的摆动要与跑的节奏相适应，上体基本保持正直，两臂以补偿性动作保持身体平衡。

由于三级跳远的第一跳是在向前速度很大的情况下进行的，因而必须强调助跑与起跳动作的合理结合和有效衔接，为此，最后一步摆动腿要积极有力地蹬地，起跳腿踏向起跳板时大腿抬起程度略低一些，脚着地要有明显的扒地动作，保证这一跳在有一定远度的基础上，减少水平速度的损失，控制好第一跳的腾空高度，使身体重心的腾空轨迹低而平。因此第一跳的腾起角是十分重要的，第一跳腾起角一般为14°～18°，过度地增大腾起角会导致更多水平速度的损失，较高的腾空轨迹会增大第二跳起跳腿的负荷，会对后两跳产生不良的影响。

第一跳起跳腾空后，空中换步动作的进行要适时，基本原则是应同下一跳的起跳动作紧密衔接，过早或过晚都会影响下一跳的远度。第一跳应采用前后摆臂方式（即单臂摆），以减小水平速度的损失。在腾空过程中两臂前后摆动，配合下肢的换步动作。

3. 第二跳（跨步跳）

第二跳的起跳是从第一跳的着地动作开始的。为了避免由于急剧的冲击而造成过分的缓冲，第二跳掌握好蹬摆时机是非常重要的。当第一跳的起跳腿着地时，要积极下压，同时做有力的"鞭打式"扒地动作，着地时腿不能完全放松，膝部、裸部和大小腿后群肌肉都要保持适度紧张，使身体重心保持在较高的位置上，同时，摆动腿和摆动腿的异侧臂要作有力的向前摆动动作。并配合起跳腿有力的蹬伸动作，使整个身体向上伸展。这一摆蹬动作的速度、幅度和力量都会直接影响第二跳身体重心腾空轨迹的高度和远度。

第二跳腾空跨步姿势要保持较长时间，在身体向前腾越中，要尽量保持两大腿间较大的夹角，维持腾空时的身体平衡，为第三跳作好准备（图11-1⑪～⑳）。第二跳腾空高度较低，腾起角也较小，优秀运动员的腾起角度一般为13°～15°。

4. 第三跳（跳跃）

经过前两跳后，运动员的水平速度已明显下降，因此，第三跳要充分利用剩余的水平速度，在保持一定水平速度的前提下，动员全部力量，尽可能提高垂直速度，以获得一个较高、较远的腾空轨迹，跳出第三跳的最大距离。

第三跳是三级跳远中的最后一跳，同时又是用摆动腿（弱腿）起跳，所以起跳时加大摆动腿和两臂摆动的力度和幅度具有特别重要的意义（图11-1㉑～㉝）。第三跳的腾起角度，优秀运动员一般为16°～20°。第三跳的空中动作和落地动作与跳远基本相同。

第三节　三级跳远的技术教学

一、三级跳远教材分析

（一）助跑与起跳结合是三级跳远技术的关键

助跑与起跳结合既是三级跳远技术的关键，同时也是三级跳远技术的难点。

通过助跑要在起跳板前达到最大速度，这对三级跳远运动员来说并不难，难的是要在高速度下及时地、不失时机地在极短的时间内完成着地、缓冲、起跳一系列技术动作，而且由于每一个动作本身的质量和动作与动作之间的相互影响都会直接影响起跳效果（这一系列动作有起跳腿快速下落扒地动作，着地后的缓冲，上体和骨盆的快速前移，摆动腿和两臂的摆动，头部和躯干的位置以及起跳腿的蹬伸动作等），所以，掌握好助跑与起跳的合理结合及有效衔接是极为重要的。

尽管三级跳远的成绩与运动员起跳腿在 3 次跳跃过程中的支撑能力有密切关系，但完善合理的技术更为重要。助跑与起跳结合的好坏程度，关系到能否在保持已获得的水平速度前提下，完成正确的起跳技术动作。运动员要掌握好这一技术难点就必须注意两点：一是要发展腿部力量，提高起跳腿的支撑能力（由退让转为克制）；二是要采用助跑与起跳技术结合的一些专门练习，按照技术要求，经常反复地进行练习，逐渐加大练习的强度和难度，掌握比较稳定、完善的技术。

（二）根据运动员个体特点选择合理的三跳比例

充分发挥速度，发挥运动员个人特点，选择适合个人特点的三跳比例是取得好成绩的关键。在训练中，让运动员片面地去套用某一种比例、模仿某一种跳法是不可取的，这会限制运动员个人特点的发挥，阻碍运动成绩的提高。教练员应根据运动员助跑速度以及跳跃速度等情况，制定符合个体特点的合理三跳比例。

力求减少水平速度的损失，并尽可能将水平速度最大限度地保持到第三跳是衡量运动员能否掌握现代三级跳远技术的主要标志。在运动员的专项水平发展中，第三跳的比例逐步加大是主要趋势。

（三）维持三跳中的身体平衡

三级跳远须进行 3 次着地接起跳动作，并且起跳是在很大水平速度下进行的。由于起跳动作过程形成的制动和偏心推力的作用，人体在腾空后必然会产生一定的前旋。为此，运动员必须及时完成骨盆前移，腰背保持适度紧张，摆动腿高抬并积极前摆，两大腿间形成较大的夹角，进行合理的补偿，以克服身体在腾空时的前旋，维持三跳中的身体平衡。除此之外，还必须加强协调性和感觉器官的调节及合理控制动作的能力。

（四）掌握完善的第一二跳着地技术

在第一二跳着地瞬间，运动员不仅要承受比起跳时更大的冲击力，而且还要在被动缓冲（拉长收缩）后迅速地完成蹬伸动作，这不仅要求运动员具备良好的专项力量素质，更需要他们具有合理、完善的着地技术，为下一跳作好用力准备，减少制动冲击力，以有利于充分利用水平速度。这一技术的规范是，以髋关节发力，大腿以髋关节为轴积极伸髋下压，小腿前伸，微屈脚尖，主动伸展骨宽、膝关节向后下方积极扒地，由脚跟到脚前掌迅速依次滚动着地。同时还应注意脚着地时在摆动腿的积极配合下送髋，两臂协同作积极有力的摆动，以配合维持身体在空中的平衡。

为了使运动员掌握合理的技术，必须提高他们的专项素质，特别是提高专项跳跃能力，并将其贯穿于训练的各个阶段之中。

二、三级跳远的技术特征分析

现代三级跳远的技术特征主要表现在距离的加长，助跑步数的增加，助跑最后几步更加积极向前，与第一跳结合更加自然。整个助跑快速轻松，与平跑技术十分接近，并且非常重视速度的利用率（即助跑速度与平跑速度之比 $Kv = V_1/V_2$。V_1 是最后两步助跑速度，V_2 是平跑时最快速度。高水平运动员 Kv 值接近于 1）。过去一贯强调的"扒地"或"刨地"技术动作将不再成为技术教学和训练的重点，而将注意力主要集中在：（1）快速用力，即"助跑快"，在完成正确技术动作前提下的"三跳节奏快"和完整技术各环节的快速自然衔接；（2）单足跳和跨步跳时的着地动作更加自然，接近走和跑的着地动作；（3）着地点应恰到好处，以最大限度地减少水平速度的损失，并且使身体重心正好处在支撑腿上，支撑和用力蹬伸程度加大，使得着地动作更加集中有力；（4）摆臂方式将采用单（第一跳）、单（第二跳）、双（第三跳）摆动，既不影响跑速和动作的协调，又能更加积极地利用摆动腿和两臂的有力摆动作用来提高每一跳的起跳效果；（5）加强弱腿的跳远技术。世界优秀三级跳远运动员的实践表明，能力系数（Kn）是能否取得优异成绩的一个重要因素（$Kn = Lm/Lt$，式中 Lm 是摆动腿的跳远距离，Lt 是起跳腿的跳远距离，高水平运动员 Kn 值约为 16m 左右）。在第三跳中弱腿应采用挺身或走步式动作，充分发挥弱腿的跳远能力，以获得最大的远度；（6）根据运动员的自身特点确定三跳长度的比例关系和最佳节奏。

表 11-1　第五届世界田径锦标赛三级跳远前 3 名助跑速度与三跳起跳速度利用率对比

对比指标	爱德华兹	威尔曼	亨里克森
成绩/m	18.29	17.62	16.92
最后 6 m 助跑速度（$m \cdot s^{-1}$）	11.90	11.63	11.11
第一跳起距离地瞬间身体重心移动速度/（$m \cdot s^{-1}$）	9.84(86.69)	9.49(81.60)	8.51(76.60)
第二跳起距离地瞬间身体重心移动速度/（$m \cdot s^{-1}$）	8.58(72.10)	8.24(70.85)	7.11(67.96)
第三跳起距离地瞬间身体重心移动速度/（$m \cdot s^{-1}$）	7.72(64.87)	6.49(55.80)	5.99(53.92)

（引自吴国生相关研究成果）

运动生物力学的研究表明，三级跳远的跳跃远度主要取决于各跳中的腾起初速度和腾起角。腾起初速度与飞行距离成正比。在腾起角一定时，初速度越大，飞行距离就越远。腾起初速度是由水平分速度和垂直分速度的大小所决定的，而水平分速度则是来源于助跑速度和各跳中水平速度的损失程度，它直接影响着各跳的距离。优秀运动员的实践表明，助跑速度和速度的利用率已成为三级跳远科学训练研究的中心问题。例如，爱德华兹的百米跑成绩只有 10.50 s。但在创造 18.29 m 的三级跳远世界纪录时，20 m 助跑距离内的最快速度为 11.90 m/s。同时，三跳中的速度利用率也是取得优异成绩的关键。表 11-1 示出了获第五届世界田径锦标赛前 3 名的三级跳远运动员爱德华兹、威尔曼、亨里克森 3 跳中的速度利用率。

由表 11-1 的参数可见，爱德华兹成功的关键在于每跳的速度利用率高于第二三名的威尔曼和亨里克森。

在三级跳远中，腾起角也是影响各跳距离的一个重要因素。腾起角的大小是由水平分速度和垂直分速度的对比关系决定的。若为了追求垂直分速度的加大而致使水平分速度的严重损耗，反而会导致成绩下降。因此，在腾起角度达到一定数值时，应努力提高水平速度才能提高运动成绩。运动生物力学原理和三级跳远运动员的实践证明，三跳的腾起角分别应为：第一跳（单足跳）14°～18°，第二跳（跨步跳）13°～15°，第三跳（跳跃）16°～20°。应当注意，不同的运动员各跳的腾起角会因身体条件、素质水平和技术水平的不同而发生相应的变化。取得三级跳远优异成绩的关键在于合理地寻找到各运动员腾起初速度和腾起角的最佳配合。

三级跳远成绩是三跳距离的总和，各跳的距离对成绩都有着直接的影响，它们之间是相互影响又相互制约的。如果无限度地加大第一跳，势必过多地损失水平速度，丧失后两跳的连续性和"进攻性"。但如果第二跳只当做一个"过渡步"所占比例很小，那么势必将影响第三跳的距离和三级跳远的总成绩。第 3 跳是最后一跳，可以充分发挥腿部力量以求达到最大垂直速度来弥补水平速度的不足，使第三跳距离加大。但如果运动员水平速度下降过多，而弱腿（摆动腿）力量又较差，那么将会影响第三跳的距离。在运动实践中，从运动员的三跳比例对比中可以看出，第二跳距离的百分比比较接近，而第一跳和第三跳所占的百分比差别较大。第一跳所占的百分比大，第三跳就小，反之，第三跳所占百分比大，第一跳就小。所以，在设计三级跳远的三跳比例时，必须根据个人特点和训练水平建立合理的三跳距离的比例，这也是提高成绩的重要途径。

三、三级跳远的教学程序与方法

（一）使学生了解三级跳远的一般知识

通过教师的讲解，使学生了解三级跳远的一般知识，提出学习三级跳远技术的要求，激发学生学习的积极性和主动性。

（二）学习和初步掌握三级跳远技术

（1）结合示范（或通过图片及多媒体教学手段）讲解三级跳远技术，使学生建立正确的技术概念，了解三级跳远技术的要求、方法和要领。

（2）立定三级跳远练习。

① 两脚平行开立，间隔约 10～20 cm，两腿弯曲，两臂伸直于体后（或两腿由直到屈，两臂由体前摆到体后，即做一次预摆）。然后两脚用力蹬伸，两臂迅速前摆，起跳后完成第一跳、第二跳和第三跳动作，这种开始姿势的第一跳，没有摆动腿的摆动动作。

② 起跳腿在前弯曲立于地面，摆动腿弯曲悬于体后（不着地），上体稍前倾，两臂直伸于体后。然后起跳腿用力蹬地，摆动腿和两臂配合起跳腿的蹬地动作迅速前摆，起跳后完成第

一跳、第二跳和第三跳动作。通过上述练习，使学生体会和掌握三级跳远的动作结构。

（3）上1～3步的三级跳远练习。

（4）助跑4～8步的三级跳远练习。

做练习4时，应先丈量助跑步点。通过这一练习，使学生初步掌握三级跳远技术。

（三）改进和完善三级跳远技术

改进和完善三级跳远技术，应根据学生的情况重点抓住以下三个环节，采用相应的手段进行练习。

（1）助跑与第一跳起跳相结合和第一跳技术。

（2）第一跳与第二跳相结合和第二跳技术。

（3）第二跳与第三跳相结合和第三跳技术。

可以采用分解练习法，也可以采用设障碍物或画标记点的方法，并与完整练习法紧密结合起来，达到改进和完善三级跳远技术的目的。但不可机械地让运动员片面地去套某一种比例、模仿某一种跳法。

（四）巩固和提高三级跳远技术

（1）丈量全程助跑步点，进行全程助跑的三级跳远，全面巩固和提高技术。

（2）根据学生的不同情况，采用相应手段，巩固和提高各技术环节的技术。

（3）进行三级跳远的技术评定。

（4）组织三级跳远的教学比赛。

第四节　三级跳远的技术训练

一、三级跳远技术训练内容与主要手段

（1）以提高助跑速度和速度利用率为目的的各种跑跳练习。

（2）全程助跑接起跳练习，强调体会大幅度、有弹性、动作放松的助跑技术，并体会最后几步节奏。

（3）短中程助跑接起跳练，主要抓助跑和起跳的连贯衔接技术。

（4）一定距离的快速助跑接起跳的助跑计时练习，可变换距离（如短程、中程、全程）助跑计时，用于检测运动员的训练强度和一定距离内的速度变化情况。

（5）在助跑道上放置后6步标记，进行全程助跑练习。

（6）在助跑道上放置后6步标记，进行全程助跑接第一跳练习。

（7）下坡助跑起跳练习，加快最后几步的助跑和起跳速度。

二、训练提示

树立以速度为核心的训练思想，努力提高速度利用率，力求做到"助跑快"、"上板快"

和"起跳快"，强调助跑（特别是最后四步助跑）与上板起跳的连接，使助跑技术与起跳技术紧密结合起来；通过各种不同段落的加速跑、反复跑训练来改进和完善助跑的技术动作，并在三级跳远助跑道上巩固和提高助跑技术动作。全程助跑练习应贯穿于训练的全过程。

1. 第一二跳技术练习（单足跳、跨步跳）

（1）短、中程助跑做第一跳技术练习（可在草地、松软泥土地上做，亦可以沙坑作为第一跳着地点）。

（2）短程助跑做连续单脚跳（5～7级）练习，力求以大幅度、放松的动作完成摆动腿的积极主动着地动作。

（3）短程助跑做第一跳、第二跳入坑练习。

（4）中程助跑做第一跳、第二跳入坑练习（也可在第二跳入坑时越过30～40 cm左右高度的橡皮筋）。

（5）短程助跑单脚跳、跨步跳的各种组合练习：①2次单脚跳＋2次跨步跳的连续动作练习。②1次单脚跳＋2次跨步跳的连续动作练习。③1次单脚跳＋1次跨步跳的连续动作练习。④1次单脚跳＋2次跨步跳＋2次单脚跳＋2次跨步跳的连续动作练习。

教练员应创造性地根据运动员的实际进行创编和采取组合练习手段。

（6）全程助跑单足跳＋跨步跳练习，画出标志，强调第二跳的节奏。

训练提示：第一跳技术在完整的技术中起承前启后的作用，在技术训练时最好把助跑和第二跳技术连接起来进行练习，这样可更接近专项技术的要求，动作不会脱节，训练效果更好。第一跳完成起跳后，应注意换腿的时间（腾空步1/3距离后开始）适当、连贯。第一跳主动着地，依次主动地伸髋、伸膝关节，并以全脚掌"鞭打式"做有力的"扒地"动作。同时注意摆动腿的快速"跟摆"动作。全程助跑接第一二跳练习应有计划地贯穿于训练的各个阶段。

2. 第三跳技术练习及完整技术练习

（1）摆动腿连续单脚跳练习（3～5级）。

（2）原地多级跨步跳接跳跃步入坑练习。

（3）短程助跑跨步跳＋跳跃步入坑（也可在跳跃步时跳过30～40 cm左右的橡皮筋）练习。

（4）短中程助跑完整三级跳远技术练习。

（5）全程助跑完整三级跳远技术练习。

训练提示：第三跳技术应注重在保持剩余水平速度前提下尽可能以较大的腾起角向上跳起。并且，在技术上更应注意以快速的"鞭打式"完成"扒地"动作。

做短中程及全程助跑技术练习时应注意三跳动作的连贯协调技术，亦可以运用标志物来进行三跳节奏的训练，形成符合运动员个体特点的合理三跳比例。

三、三级跳远技术和素质训练中应注意的几个问题

（1）树立以速度为核心的训练指导思想，将助跑速度、跳跃速度的训练贯穿于训练全过程。

（2）为提高训练效果，三级跳远技术训练应在体力充沛、精神集中的情况下进行。

（3）三级跳远技术训练的设计，应从运动员的身体素质实际情况出发。当运动员处在身体素质水平较低的情况下，不宜提出过高技术要求，否则容易导致受伤。反之，要求过低同样也达不到改进和提高技术水平的目的。

（4）三级跳远运动员从初级阶段开始就要抓好以下环节：

① 掌握全脚掌有力的"扒地"式着地技术。

② 提高全面身体素质。

③ 掌握合理的三跳节奏。

（5）三级跳远运动员到较高水平时，仍应保持全面身体训练，其比例约占总训练量的 30% 左右。

（6）高度重视运动员背侧肌群力量的发展。

（7）三级跳远专项训练应与技术训练紧密结合，避免技术环节间的脱节。

（8）要不断提高三级跳远技术训练的难度，抓住技术重点，改进技术动作弱点，并确定个人特长。

（9）切实安排好三级跳远技术训练的安全措施，包括准备活动是否充分、场地是否平整、体力是否充沛等，特别是容易受伤的踝、脚跟脂肪垫、膝关节等部位更应引起重视，避免受伤。

（10）要提高三级跳远运动员的心理素质，把心理训练贯穿在技术训练之中，增强运动员在比赛中的心理调节能力。

第五节　三级跳远的赛前训练与比赛

一、大型比赛前训练阶段及时间的确定

大型比赛前训练阶段及时间的确定一般是以人体机能的发展规律为依据的。表现为运动员经过一个阶段的训练后（获得性阶段）开始逐渐形成竞技状态（展现阶段），然后是竞技状态维持（保持阶段），最后是此种水平的下降阶段。

赛前训练的主要目的是力求使最佳竞技状态的形成时间与大型比赛日期相吻合，以使创造优异运动成绩的可能性增大。

赛前训练大约安排 10～12 周，一般分为两个中周期。第一中周期为强化训练中周期，时间大约为 6～8 周。第二中期为提高竞技状态阶段，时间为赛前 4 周左右。

二、赛前训练的主要任务

第一阶段的任务是进一步提高以负荷量为主的训练负荷，为形成较高水平的竞技状态打下基础。第二阶段的任务是提高竞技能力，在最佳竞技状态下参加比赛。

三、大赛前的训练内容、手段及负荷安排特征

第一阶段主要是发展运动员的专项素质和专项能力，熟练专项技术，控制负荷强度，着重加大负荷量。第二阶段主要通过适当调整后，疲劳的机体得到恢复，在生理上、心理上做好充分的准备，以展现最佳竞技水平。在这期间，特别是赛前两周的训练内容将更加专项化，所采用的练习也更加接近专项的运动形式，练习的组织形式亦更加接近专项比赛特点。在运

动素质训练方面，一般素质练习比例有较大幅度的减少，专项素质比例增加。在技术训练方面，分解练习比例减少，完整技术练习比例加大，并努力提高较好练习成绩的表现率与稳定性，可安排一些模拟比赛。若所参加的大赛须首先进行及格赛，第二天再进行决赛时，可连续安排两次技术训练，以适应比赛的需要。此期间，负荷的一般特点是提高练习强度，相对减少负荷量。值得注意的是，对强度的增加也要有所控制，以保持神经系统的适宜兴奋性。同时也要避免负荷强度与量的同步增加，否则，可能会导致运动创伤或使已获得的竞技状态受到破坏。

四、大赛前调整的时间确定方法

调整时间的确定应因时、因人、因比赛的重要程度而异，亦受赛前训练阶段的负荷大小、训练时间长短及运动员本体的感受等因素的影响。调整时间一般在赛前 10 天左右。如调整得过早，负荷下降过大，容易过早出现兴奋状态。而运动员过早地进入比赛状态会大大地影响已获得的竞技状态，导致训练适应效应水平下降；若调整得过迟，则机体的训练适应尚未形成，训练的效果不能充分地表现出来。为达到预期的效果，可通过多到比赛环境进行心理方面的适应性动员，提高神经细胞的兴奋性。因为运动员技能的发挥是受神经冲动引起肌肉活动的结果，神经细胞兴奋程度的高低直接制约着竞技状态水平的高低，而运动生理学研究表明，神经细胞的高度兴奋只能保持 10 天左右。所以，大赛前 10 天左右要控制强度，有意识地去进行观察、分析和测试，有针对性地采取适宜措施去保护已经获得的"渴望比赛"和"对比赛充满信心"的高涨情绪状态，以便在大赛中发挥出最佳成绩。

第六节　三级跳远的实训计划

表 11-2　三级跳远运动员陈燕平 1990 年亚运会赛前 10 天的训练安排

日　期	内　容	负荷量	负荷强度
9 月 24 日	速度	中	中
9 月 25 日	专项跳	中	中
9 月 26 日	力量：抓举 60 kg×5；高翻 90 kg×2，105 kg×1；全蹲 120 kg×2 + 140 kg×2，160 kg×1 + 170 kg×1 + 180 kg×（最佳成绩）；跨步跳	中	大
9 月 27 日	一般活动；助跑练习×6 次；100 m 计时×2	小	中
9 月 28 日-30 日（进亚运村）	一般活动	中	大
	加速跑 60 m×4		
	助跑五级跳远；24.5 m（最佳成绩）		
10 月 1-3 日	休息	中	大
	赛前准备活动		
	比赛：17.51 m（超风速）		

（引自田兆钟、侯福临相关研究成果）

第十二章 推 铅 球

第一节 推铅球的发展概况

推铅球运动是以力量为基础，以速度为核心的速度力量型项目，是投掷者站在投掷圈后沿，单手持球置于肩上锁骨窝处，经过助跑（滑步、旋转等形式），尽可能多地动员全身的力量，以尽可能快的动作速度，将器械尽可能掷远的投掷项目。

早在1340年以前，在苏格兰和爱尔兰的民间游戏中，就有了当今推铅球运动的雏形。到了1340年，欧洲有了炮兵，士兵们为了作战时能快速装填炮弹，用同炮弹一样重的石头（16磅）做比赛性的游戏。后来改为铅制、铁制、铁内灌铅的各种器材。1978年，国际业余田径联合会决定把成年男子铅球重量定为7.26 kg。

推铅球比赛场地最初是在一条直线后面进行，后来为了限制运动员的活动范围，规定在一个方形场地进行比赛（每边长7 ft，折合2.135 m），而后又改为在直径为2.135 m的圆圈内进行比赛，推铅球扇形有效落地区的角度由最初的90°逐步减小为60°、45°、40°，现在定为34.92°。

男子推铅球始于1896年第一届现代奥运会，美国运动员加利特以11.22 m的成绩创造了有记载以来的第一个男子推铅球世界纪录。女子推铅球始于1948年第十四届奥运会，德国运动员奥斯德·迈耶尔以13.75 m的成绩创造了有记载以来的第一个女子推铅球世界纪录。目前，男子推铅球的世界纪录是由美国运动员巴恩斯创造的，成绩是23.12 m，女子推铅球的世界纪录是苏联运动员利索夫斯卡娅创造的，成绩是22.63 m。

推铅球这项运动从有历史记载到现在已有近660年左右的发展历史了，其技术的发展也经历了许多变化。到目前为止，基本上表现出了3种技术类型：第一种是以美国运动员奥布莱恩为代表的背向滑步推铅球技术；第二种是以苏联运动员巴雷什尼科夫为代表的旋转推铅球技术；第三种是以德国运动员蒂默曼和拜尔等为代表的背向滑步"短—长步"推铅球技术。

推铅球运动到了1908年才真正出现现代技术雏形。当时，美国运动员罗斯第一个以侧向滑步推铅球技术创造了15.14 m的世界纪录。在此之前推铅球姿势五花八门，技术无从谈起。美国运动员福克斯于1940年第一个采用半背向滑步推铅球技术，创造了17.95 m的世界纪录。之后近10年铅球成绩没有突破性提高，美国运动员奥布莱恩第一个采用背向滑步推铅球技术，创造了18.04 m的世界纪录。奥布莱恩堪称现代推铅球技术的奠基人。他本人统治推铅球运动达7年之久，到1959年他把世界纪录提高到了19.30 m。美国运动员隆哥与马特森在随后的比赛中采用奥布莱恩技术，先后突破了20 m与21 m大关。他们的最好成绩分别达到了20.68 m与21.78 m。美国运动员费尔巴赫第一个采用背向滑步加大转体的推铅球技术，又把世界纪录提高到了21.82 m之后，美国职业运动员奥特菲特于阳年第一个采用旋转推铅球技术把铅球推出了 22.86 m，（当时的国际业余田径联合会未承认这一纪录），采用旋转推铅球技术第一个被承认的世界纪录是苏联运动员巴穷什尼科夫创造的，成绩为 22 m。1990 年美国选手巴恩斯创造的 23.12 m 男子世界纪录保持至今。

综观铅球运动发展史，20 世纪 70 年代之前，推铅球技术基本上是单极化发展，新技术一经出现，其他运动员纷纷仿效。70 年代之后，推铅球技术出现三极发展趋向，新技术的出现并未导致运动员们的盲目仿效，运动员们都在努力找出符合自身特点的推铅球技术。

世界推铅球技术的发展史基本上是以男子推铅球为导向的。在女子推铅球运动的发展中，苏联运动员起了巨大的推动作用。代表人物当属 20 世纪 50 年代的济宾娜（最好成绩 17.50 m）、60 年代的普雷斯（最好成绩 18.14 m）、70 年代的奇卓娃（最好成绩 21 m）、1987 年莉索弗斯卡娅创造的 22.63 m 女子世界纪录至今尚无人打破。

推铅球运动是我国引进较早的田径运动项目之一。1932 年，我国开始使用与世界上统一重量的铅球。男子推铅球第一个全国纪录是辽宁选手刘仁秀创造的，成绩是 12.24 m。现在的男子铅球全国纪录是 2005 年由山西选手张奇在十运会铅球决赛中，打破了由马永峰保持了 15 年之久的全国纪录，成绩是 20.15 m。女子铅球第一个全国纪录（使用标准重量）是山东选手王灿华创造的，成绩是 10.97 m。现在的女子铅球全国纪录保持者是河北运动员李梅素，成绩是 21.76 m。我国推铅球运动的荣耀基本上归于女子运动员。黄志红、隋新梅曾是世界田径锦标赛与田径世界杯冠军得主。李梅素是 20 世纪 80 年代中后期中国女子铅球走向世界的代表人物，她在 5 年之内连续 14 次改写全国纪录与亚洲纪录。中国女子铅球运动员群体在 20 世纪 80 年代末与 90 年代初共同创造了当时我国女子铅球运动的辉煌。

第二节　推铅球的技术分析

为了便于分析技术和教学，一个完整的推铅球技术可分为如下 7 个部分：握持铅球，滑步前的预备姿势，预摆与准备滑步，滑步，过渡，最后用力和球出手后的维持身体平衡。

一、背向滑步推铅球技术（以右手推球为例）

（一）握持铅球

1. 握球方法

5 指分开，把铅球放在靠近食指、中指和无名指的指根上，拇指和小指扶在球体两侧，手腕背屈。手指和手腕力量较强者，可将铅球适当地移向手指的第二指节上。手指和手腕力量弱者，铅球可放在更靠近指根处。

2. 持球方法

握持好铅球后，将铅球放在肩上锁骨窝处，贴紧颈部，食指、中指和无名指处在球体的后面，拇指处在锁骨窝的上面与球体的下面，小指处在球体的前上方，掌心向前，右臂屈肘，大臂与躯干夹角约为 60°左右。

（二）滑步前的预备姿势

滑步前的预备姿势分为高姿势和低姿势两种。

1. 高姿势

持好球后，背对投掷方向，站在投掷圈内靠近后沿处，两脚前后站立，右脚指向投掷相反方向并靠近投掷圈后部的内沿，左脚位于右脚后约 20~30cm 处，用前脚掌或脚尖着地，体重放在自然伸直的右腿上，左臂位于体前平举或上举，持球臂的肘略低于肩，目视投掷相反方向。

2. 低姿势

持好球后，背对投掷方向，站在投掷圈内靠近后沿处，两脚前后站立，右脚尖指向投掷相反方向并靠近投掷圈后部的内沿。左脚位于右脚后 50~60 cm 处，以前脚掌或脚尖着地。两腿弯曲（弯曲程度根据个人情况而定），体重基本上落在右腿上，上体前俯，左臂自然下垂，目视前下方。

（三）预摆与准备滑步

运动员做好预备姿势后，眼看前下方，肩部稍右转，上体前俯，使躯干接近水平位置。左腿向后上方抬起，右腿微屈，使体重均匀地分布在整个右脚掌上（图 12~1 ①）。

运动员完成预摆动作并维持好身体平衡后，紧接着低头、扣左肩、含胸收腹、前俯上体，右腿屈膝下蹲，左腿左膝回收至靠近右腿处（图 12~1 ②、③）。随着屈腿团身动作，准备向投掷方向平移臀部，完成准备滑步动作。

图 12-1　背向滑步推铅球技术

（四）滑步动作

在完成准备滑步动作后，当臀部向投掷方向开始平移、身体重心移离支撑点时，左腿向抵趾板方向有力摆伸；与此同时，左膝和左脚稍向外转动，右腿积极有力地向投掷方向蹬伸。躯干仍保持很好的前倾姿势，左臂向投掷方向的后下方伸出，低头，眼看投掷方向的后下方。当右腿蹬直、右脚跟或右脚掌即将离地时，两大腿的分腿角约为 125°左右，躯干与大腿夹角约为 80°左右（图 12-1④～⑦）。紧接着向投掷方向收拉右腿和右脚，以右脚掌着地于投掷圈中心附近，右脚尖方向与投掷方向约成 120°角左右；右腿弯曲，右膝方向同右脚方向，体重落在弯曲的右腿上；左腿稍弯曲，左脚很低但尚未着地；左髋稍外转，腹部微收，肩部稍右转；稍低的头部仍然尽力目视投掷的相反方向，完成滑步动作。

（五）过渡阶段动作

完成滑步动作后，从右脚着地至左脚着地为过渡阶段。右脚以前脚掌着地，右小腿顺势内扣；左脚低而快地以前脚掌内侧贴紧抵趾板内下沿处压插着地；左脚尖与右脚跟在一条直线上，左膝微屈适度用力支撑。投掷者仍微收腹，稍含胸，肩部开始右转；左臂前臂内旋，扣紧左肩并稍向前运动，但仍指向投掷方向的后下方，两眼则仍目视投掷方向的后下方。此时，身体左侧肌群适度拉紧，肩、髋扭紧，右腿压紧，整个身体为形成了一个良好的后继"侧弓形"姿势打下了坚实的基础（图 12-1⑧～⑩）。

（六）最后用力动作

完成过渡动作后，左脚一着地即开始了最后用力动作。投掷者首先右腿用力蹬转，右脚随即前滑；左腿支撑住，加速髋部向前转送动作；上体仍保持左脚着地时的姿势，左臂前臂内旋经体前向前稍向上方运动；头部与躯干保持一致，目视投掷反方向稍右侧方向；随即继续蹬转右腿，髋部前转并牵拉肩部上起并稍前转。由于身体重心前移，用力支撑的左腿开始被迫压弯，内旋的左臂继续向投掷方向的前上方向运动，带动原扣紧的左肩逐渐打开，并向前上方运动，左肩高于右肩，头与躯干在一条直线上，目视投掷方向的右侧稍后方。身体形成用力前蓄势待发的良好的"侧弓形"用力姿势（图 12-1⑨～⑩）。接着右腿继续蹬转，微屈的左腿用力支撑，髋部转推到正对投掷方向，并继续牵拉肩部向前上方运动，继而也转至正对投掷方向。此时，左肩仍稍高于向上运动的右肩，然后旋内向前运动的左臂，并稍向下运动，头稍后仰，目视投掷方向的前上方，这一瞬间身体形成一个"反弓形"姿势（图 12-1⑪～⑬）。紧接着两腿爆发式向上蹬伸、顶髋、拔腰、挺胸，左臂急剧下压，大臂贴紧躯干，固定左臂；同时迅速向前上方推伸右臂，头后仰，在球即将离手时，甩腕、拨指，使铅球沿着适宜的出手角度向投掷方向飞出。球出手瞬间，两腿要充分蹬直到脚尖，右手指拨球后指向右外侧，完成最后用力动作（图 12-1⑯～⑰）。

（七）铅球出手后维持身体平衡动作

铅球离手后为了避免犯规，获得有效的运动成绩，投掷者左右腿应及时换步，并降低身体重心，维持身体平衡（图 12-1⑱）。在铅球落地和人体稳定后，运动员再从投掷圈的后半圈走出。

二、旋转推铅球技术

（一）握持铅球

握持铅球同背向滑步推铅球的握持铅球动作。

（二）旋转前的预备姿势

握持好铅球后，运动员背对投掷方向，站在投掷圈内靠近后沿处，两脚左右开立约同肩宽。左脚可稍后撤，以前脚掌点地落在投掷圈中线的左侧，两腿微屈，上体适当前倾，体重落在双腿上或稍偏右腿上。左肩稍内扣，左臂于体前向右下方伸出。稍低头，目视投掷方向的后下方，完成旋转前的准备姿势（图 12-2①）。

（三）预摆与准备旋转

完成旋转前的预备姿势后，左臂、左肩向后转动，上体稍前屈，髋部稍向右后转，两腿进一步弯曲，体重向右移靠近右腿，接着头稍低，目视投掷方向的后下方。上体适度加大前屈，左臂内旋，投掷者开始向左转动。接着降低身体重心，向左后转坐臀部。左脚以前脚掌或脚跟为轴，压紧左膝、左腿开始外转。右脚则以前脚掌为轴，右膝、右脚向内转动。体重向后移靠近左腿，完成预摆与准备旋转动作（图 12-2②～④）。

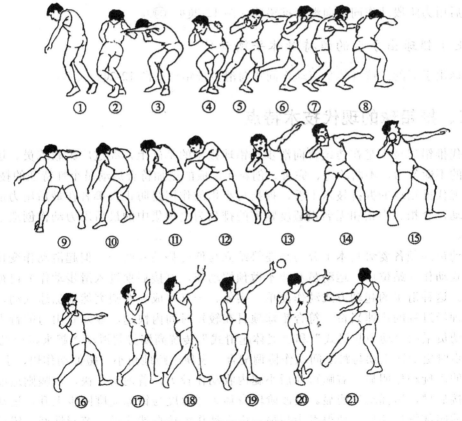

图 12-2　旋转推铅球技术

（四）旋转动作

完成预摆与准备旋转动作后，当身体重心移到左腿上方时，右脚蹬离地面，压紧的左腿继续转动。当头部和左膝几乎转到面对投掷方向时，向投掷方向转摆右髋和弯曲的右腿，同时用力蹬伸左腿。此时，上体仍保持适度前倾、屈髋的姿势，即将蹬离的左腿与前跨的右腿准备形成低腾空的跨跳旋转动作；腾空后，右腿主动内旋使右脚内扣，以前脚掌在圆心附近着地。左腿屈膝向右腿靠近，仍屈髋，上体仍前倾，左肩仍内扣，投掷者低头目视投掷方向的右后下方，完成旋转动作（图 12-2⑤～⑩）。

（五）过渡阶段动作

右脚着地后，继续内转弯曲的右膝，靠近右腿的弯曲着的左腿快速转插，左脚低而快地在投掷圈直径的左侧以前脚掌内侧首先着地，与投掷方向约为 45°角，左脚落在紧贴抵趾板内下沿处。左腿微屈，用力支撑，加快了髋部向前转动。上体向投掷反方向稍含胸、收腹、倾斜并向左扭转。左臂在体前内旋，扣住左肩稍向前运动，并向投掷反方向的下方伸出。投掷者稍低头，目视投掷反方向的下方。此时，整个身体为形成后面的良好的"侧弓形"发力姿势打下了坚实的基础（图 12-2⑪～⑬）。

（六）最后用力阶段动作

最后用力阶段动作同背向滑步推铅球（图 12-2⑭～⑳）。

（七）铅球出手后的维持身体平衡动作

铅球出手后的维持身体平衡动作同背向滑步推铅球（图 12-2⑲～⑳）。

三、推铅球的现代技术特点

现代推铅球技术是在传统背向滑步推铅球技术的基础上，经过广大教练员、运动员和科研人员的不懈努力，不断改进、完善、创新而形成的更加符合运动员个性特征的技术风格。

从现代推铅球的握持技术上看，拇指与小指的作用是防止投掷者在最后用力前铅球的拖落与滑动，食指、中指和无名指适度紧密的排列为更加集中的最后用力动作创造了良好的施力条件。

运动员的预备姿势基本上分为高姿势站立与低姿势站立两种，但起滑动作变化较大。现代直滑式动作（站位后，运动员左腿不做预摆动作，直接后摆进入滑步动作）已被许多运动员采用。这种滑步的起动方式动作简单、实效、一气呵成。左腿突然地加速摆动，有利于刺激大脑神经过程的快速兴奋，符合铅球项目在较短时间内快速、爆发式用力的特点。还有不少的运动员采用"动力起滑式"和"展体起滑式"传统高姿势起滑动作越来越少见了。

滑步时更加注重摆与蹬之间动作协调配合。表现出蹬地角小、蹬伸动作快，上体前俯好，左臂后伸内旋动作明显；右腿蹬地后小腿内收动作较大，着地动作快，左腿则适度外旋向抵趾板直接后摆，压插动作明显。过渡阶段身体重心速度与铅球速度同步上升，运动员已做出了明显的髋部侧移动作，使得滑步与最后用力动作衔接自然连贯，节奏性好，铅球离出于点既低又远，为最后用力动作打下了坚实的基础。

左脚一着地即进入了最后用力动作阶段。左脚紧贴抵趾板着地的动作是现代推铅球技术的基本要求，它既不会损失有效的投掷距离，又能利用抵趾板提供的固定支撑条件。左脚着地后，髋部侧移动作明显，运动员表现出了良好的侧"弓形"姿势，这就为形成后面的"反弓形"姿势创造了前提条件。形成"反弓形"姿势后，铅球速度上升的快慢是衡量运动员水平高低的关键，而这种上升必然伴随着双腿有力的撑蹬动作，尤其是"左侧支撑用力"（或叫"左侧撑蹬"）动作最为显著，主要体现在左侧肌群适度紧张，左腿充分蹬直。到铅球即将出手时，左腿仅以左脚尖着地或离开地面。手指、手腕拨球动作明显，表现出较好的向前性并有适度的出手差（铅球离手时其投影点与抵趾板内沿的距离）。

总体上讲，现代推铅球技术从握持器械上看，更有利于手指的集中用力。从起滑动作上看，现代高姿势已代替了传统高姿势，现代直滑式等起滑姿势更加突出了运动员个性技术风格。过渡技术节奏性更强身体重心移动速度更快。最后用力工作距离长、时间短，铅球能够自始至终在一个垂面上运行。"侧弓形"用力姿势好"左侧撑蹬"动作效果显著，向前性突出。

四、推铅球技术的运动生物力学分析

推铅球是限定在直径为 2.135 m 的投掷圈内进行的，然而，投掷者可利用的空间则不受限制。当投掷者完成预摆做出团身动作时，只要不破坏身体平衡。所持铅球探出投掷圈后沿的距离（前俯差）应该是越远越好。优秀运动员视身材情况前俯差距离通常在 30～40 cm 之间。前俯差大，铅球的运行轨迹相应加长，运动员给铅球的施力时间也相应加大，做功效果就好。

投掷者背对投掷圈持球站立时，采用的姿势主要有高、低两种姿势，高姿势站立的主要优点是动作自然、体态放松，便于完成各种现代起滑姿势。低姿势站立的主要优点是易于控制平衡，身体重心可依腿部力量的大小进行调控。缺点是右腿负担较大，承受负荷的时间较长，动作也相对较为僵硬。

投掷者起滑后，右腿蹬离地面时的蹬地角约为 55°左右，方法有脚跟式与脚掌式两种。脚跟式一般适用于身材较低、腿部力量较强的运动员。它要求右腿要充分蹬直，所以产生的蹬地力量较大。蹬地时间相应延长，蹬地角也相对较小，这也便于完成右腿离地后低、平、快的收拉动作。脚掌式适用于身材较高者和一般投掷者，它要求右腿不必完全蹬直，所以动作较为简单，难度较小。不论采用哪种方式都要考虑到摆蹬动作的效果与投掷者的技术风格。

优秀运动员滑步时间通常为 0.12 s 左右，滑步过程中铅球和身体重心高度差通常为 6 cm 左右。在滑步距离相同的条件下，滑步时间通常越短越好，这样才能取得较快的滑步速度。根据力学公式 $W=F \cdot S \cdot \cos a$，蹬地角 a 越小，W 的值越大，力就越大，时速就越快，滑步效果就越好。又因为 $W=1/2MV^2$，在相同的用力时间内，功大则力就大，滑步速度也就快。看来，在滑步距离相同的条件下，滑步前的蹬伸力越大，滑步时所用的时间越短，越有利于投掷者完成低、平、快的滑步动作。

投掷者滑步后右脚落于投掷圈圆心附近并与投掷方向成 120°角左右。说明滑步过程中，右脚有内旋动作，这有利于右腿着地后边蹬边转的用力动作，也有利于推动右髋的向前转送动作。左脚边外旋，边压插，使脚掌与投掷方向约成 45°角着地，这一动作既有利于左脚落于正确的位置，也有利于左髋用力前产生适度的转动效应，更有利于右髋的转送动作。左脚应尽力紧贴抵趾板着地，以最大限度地利用投掷场地，为投掷者提供一个稳固的支撑用力条件。另外，左脚尖与右脚跟应处在一条与投掷方向平行的直线上，这是投掷者必须遵循的基本原则。假如两脚完全落在一条直线上，就会失去转动动作的力偶效应，进而限制了右髋的转动动作，铅球出手后就会偏向右侧。当然左脚过于偏左着地，虽然力偶效应好，便于右髋的转送动作，但必定会影响最后用力的工作距离。

投掷者经滑步后，右脚着地到左脚着地的这一过程为过渡阶段，时间为 0.10 s 左右。优秀铅球运动员过渡阶段器械的运行轨迹约为 30 cm，髋部的运行轨迹约为 22 cm。说明在器械向前运动的同时，处在器械下部的髋部也呈现出了明显的侧移动作。髋部是连接上体与下肢的中枢环节，是上体与下肢大部分肌肉起止点的附着部位。髋部的向前侧移动作更有利于左脚的尽快着地，有利于左脚着地后形成良好的超越器械姿势，而且能够动员更多的肌群预先拉长，为高质量地完成最后用力动作创造了积极有效的施力条件。过渡阶段的动作是投掷者在滑步阶段与最后用力阶段之间架起的一座桥梁，起到了承上启下的枢纽作用，其技术的好坏直接影响最后用力技术与运动成绩的优劣。右脚着地时，右小腿指向投掷的相反方向，右腿及时顺势前移促使右小腿由逆投掷方向转而指向投掷方向，只有完成这一动作才能为右腿的蹬伸用力创造条件，投掷者过早用力蹬转右腿反而不利于尽快转入最后用力动作。

投掷者左脚着地即开始了最后用力动作。生物力学知识告诉我们，力是产生加速度的原因，事实上铅球速度的最后上升处才是最后用力的真正开始，而这个上升处应是在左脚着地后的一个瞬间出现的。从技术上看，最后用力推铅球时，直接施力于器械上的是投掷者的投掷臂和手指、手腕动作，手臂动作的动力来源于人体躯干向投掷方向的摆动和转动，而躯干动作的动力又取决于下肢的有效工作。在最后用力推铅球过程中，右腿和左腿蹬地产生的支撑反作用力，只能先作用于人体骨盆而后影响躯干，下肢的力不能直接作用到手臂上，只有两腿同时支撑地面时，才能促使躯干的摆动和转动。看来投掷者最后用力的进入与开始时机是至关重要的，它必然会对运动员动员全身尽可能多的肌群参与工作产生决定性作用。

最后用力开始时，优秀运动员左肩后倾角一般为 55°左右，铅球后倾角一般为 46°左右，铅球距地面的高度一般为 1.05 m 左右，铅球与前支撑点的水平距离一般为 1.15m 左右。在最后用力过程中，铅球的运行距离男子约为 1.60～1.90 m、女子约为 1.50～1.75 m，说明优秀运动员铅球所处的部位既低又远，为加长最后用力的工作距离创造了条件。优秀男、女运动员的用力时间约为 0.20～0.30 s，说明铅球的最后用力既要加长用力距离，又要尽量缩短用力时间，只有这样才能提高铅球的出手速度。铅球出手瞬间，投掷者的末节用力动作（脚趾、脚腕与手指、手腕的用力动作）应充分而到位，要求左腿要充分蹬直，左脚以脚尖点地或蹬离地面，手腕、手指要做出有力的拨球动作。末节用力动作做得好，既保证了器械出手时的方向性与稳定性，更重要的是给器械一直加速提供了保证。

投掷者依靠自身能力提高投掷成绩的因素有 3 个，铅球的出手速度、出手角度与出手高度。从远度公式中可以看出，出手速度是对远度起决定性作用的因素。计算资料表明，一名运动员假定推球的出手速度为 13 m/s，若能在铅球离手前 1m 的距离内缩短 0.001 s 的用力时间，出手速度就可能增加 0.17 m/s，则铅球远度可增加 0.40 m。若用力时间不变，运动员推球距离增加 0.01 m，出手速度就可能增加 0.13 m/s，则铅球远度可增加 0.30 m。铅球的出手角度也对投掷远度有较大的影响，其大小是由铅球水平速度与垂直速度的对比关系决定的，运动员增加或减小出手角度应着眼于这两个方面因素。铅球的出手高度，每个运动员都有相对的稳定性。它主要取决于运动员的身高、臂长、技术风格与技术掌握的程度。计算资料表明，单从理论上讲出手高度对投掷远度的贡献不大，但出手高度的增加与减少必然伴随着垂直速度与水平速度的相应变化，因此，出手高度既与铅球的出手速度有关，也与铅球的出手角度有关。

第三节　推铅球的技术教学

推铅球的教学应以完整教学法为主，并以最后用力阶段作为教学重点。本节主要叙述背向滑步推铅球的教学方法。

一、推铅球技术的教学步骤和方法

（一）使学生了解推铅球的一般知识

通过教师讲解，使学生了解推铅球的一般知识，提出学习推铅球技术的要求，调动学生学习推铅球运动的积极性和主动性。

（二）学习和掌握原地推铅球的技术

（1）结合示范（也可通过课件、录像、图片等直观形式）讲解推铅球的握持方法、原地推铅球的预备姿势和最后用力推铅球的技术动作，使学生建立正确的原地推铅球技术概念，了解原地推铅球技术的要求、方法和要领。

原地推铅球的预备姿势是，侧对投掷方向，两脚左右分开比肩稍宽，两脚呈一个外"八字形"，左脚尖和右脚跟在一条直线上站立。右脚与投掷方向成100°～135°角，左脚与投掷方向约成45°的角，身体向右倾斜，把体重放在弯曲的右腿上。右手握持铅球，左臂微屈置于体前，目视右下方2～3 m处。

（2）练习握球与持球的方法。

（3）徒手做原地推铅球的预备姿势和最后用力推铅球的模仿练习。

（4）原地推铅球练习。

做3、4练习时，要特别注意掌握正确的用力顺序和做好左侧支撑用力动作。另外，做4练习时，开始可采用较轻的铅球。

（三）学习和初步掌握背向滑步推铅球技术

（1）结合示范或其他直观教学手段讲解背向滑步推铅球技术动作，使学生建立正确的背向滑步推铅球技术概念，了解背向滑步推铅球技术的要求、方法和要领。

（2）背向滑步推铅球前预备姿势练习。

（3）徒手或持球做背向滑步推铅球技术的模仿练习。

（4）在投掷圈外、再到投掷圈内做背向滑步推铅球练习。

（四）改进和完善背向滑步推铅球技术

（1）背对投掷方向，做左腿不摆动的右腿蹬地滑步练习。目的主要是体会和掌握右腿蹬地产生滑动的动力。可以连续做这一练习，每组做 4～6 次。

（2）背对投掷方向，做左腿摆、右腿蹬协调配合的滑步练习。滑步时，身体重心先向投掷方向移动，然后左腿摆、右腿蹬紧密配合进行滑步。

（3）同上练习，加强右小腿的快速收拉和左脚快速落地动作。

滑步开始，当人体向投掷方向移动时，右小腿要快速向身下收拉，使右脚在身体重心投影点稍前方着地并与投掷方向成 120°角左右。当右脚即将着地时，左腿积极下压，继右脚着地后，左脚以前脚掌内侧着地，并与投掷方向成 45°角左右。

（4）背向滑步推铅球的模仿练习。

（5）在投掷圈外或投掷圈内做背向滑步推铅球练习。

做 4、5 练习时，着重改进滑步、滑步与最后用力紧密衔接技术和最后用力技术。开始练习时，要强调动作的正确性，不要急于追求投掷的远度。在不断改进和完善技术的基础上，可以加快动作的速度，掌握完整技术动作的节奏。

（五）巩固和提高背向滑步推铅球技术

（1）在投掷圈内反复进行背向滑步推铅球练习，巩固和提高技术。

（2）根据每个学生的情况，分别采用相应的有效手段，巩固和提高各技术环节的技术。

（3）背向滑步推铅球的技术评定。

（4）组织背向滑步推铅球教学比赛。

第四节　推铅球的技能训练

一、推铅球项目的基本特征

推铅球是单手持球置于肩上锁骨窝处，站立在投掷圈的后部，经过滑步或旋转，然后用两脚支撑于地面，最后动员全身力量和以尽可能快的出手速度把铅球推出，达到尽可能掷远的投掷项目。推铅球项目的基手特征如下：

（1）投掷原理表明，铅球出手的初速度（Vo），出手角度（α。）及出手高度（H）是投掷者本身施力决定铅球飞行距离的 3 个基本因素，初速度又是 3 个因素中最主要的因素。重力加速度（g）与空气效应（e）是自然条件决定铅球飞行距离的两个因素，重力加速度是一个常数，空气效应对推铅球项目的影响可以忽略不计。

（2）铅球的出手初速度主要是由最后用力推球的距离和时间决定的，用力的距离越长，时间越短，则铅球出手的初速度就越大。

（3）铅球的出手角与理论上的最佳值应为 42°左右，但在实践中世界优秀铅球运动员的出手角度比计算的数值小一些，他们的出手角度一般在 37°左右。

（4）铅球的出手高度，对每一个运动员来说，都具有相对的稳定性。

（5）推铅球是一个速度力量性项目，是一个以力量为基础，以速度为核心的田径投掷项目。

二、推铅球运动员的专项素质及其发展手段

推铅球运动员的专项素质有绝对力量、速度力量、动作速度、柔韧性和灵活性。

（一）发展绝对力量的方法

资料统计表明（表 12-1，表 12-2），优秀运动员肌肉所发挥出的绝对力量的水平高低对运动成绩的提高，起着非常重要的相关作用。

表 12-1　绝对力量与专项成绩的相应指标表（男子）

指标	不同年龄阶段绝对力量与专项成绩的关系					
	18 岁	19 岁	20 岁	21 岁	22 岁	23 岁
专项成绩/m	14-16	15-17	16-17	17-19	18-20	19-21
卧推/kg	110-130	120-140	130-150	140-160	150-180	165-200
下蹲/kg	160-170	15-190	165-200	185-210	195-240	215-260
抓举/kg	65-80	80-90	85-95	95-110	110-125	125-130
挺举/kg	100-120	110-130	130-150	140-155	150-170	160-180

表 12-2　最大性力量与专项成绩的相应指标表（女子）

指标	不同年龄阶段绝对力量与专项成绩的关系					
	18 岁	19 岁	20 岁	21 岁	22 岁	23 岁
专项成绩/m	14-16	15-17	16-18	17-19	18-20	19-21
卧推/kg	75-90	80-105	95-115	110-130	120-140	135-150
下蹲/kg	100-120	110-135	120-150	140-170	150-185	170-200
抓举/kg	50-65	60-80	75-90	85-100	90-105	95-110
挺举/kg	75-95	85-105	90-110	100-120	115-130	125-140

可采用卧推杠铃、负重全蹲、抓举杠铃、高翻杠铃等手段，通过如下练习发展绝对力量：

（1）"克服——坚持——退让"组合训练法。实践证明，最佳效果组合的比例为：50%（克服）；25%（坚持）；25%（退让）。

（2）快、慢动作的组合训练法。慢动作的力量训练效果好，但将慢、快、慢动作组合起来训练，效果更好。

（3）不同强度（重量）交替训练法。用本人最佳成绩 80% 的重量与 40% 的重量交替训练，效果较佳。

（4）大力量训练与专门力量训练相结合，不仅能促进绝对力量水平的提高，也有利于迅速提高专门力量训练水平，还能消除或减轻神经、肌肉系统的疲劳程度。

（二）发展速度力量的方法

1. 发展腿部肌群力量的方法

（1）负重下蹲（半蹲）。

（2）负重蹲跳。

（3）腿推杠铃。

（4）负重提踵。

（5）多级跨步跳。

（6）立定跳远或立定三级跳远。

（7）双腿连续跳过若干个栏架。

2. 发展躯干肌群力量的方法

（1）仰卧起坐（负重或不负重）。

（2）俯卧背收（负重或不负重）。

（3）体侧屈（负重或不负重）。

（4）负杠铃转体。

（5）负杠铃体前屈。

（6）反复做体前屈双手握壶铃成直立。

（7）肋木悬垂举腿练习。

3. 发展肩带肌群力量的方法

（1）卧推杠铃（宽握、窄握）。

（2）颈后推杠铃（立姿、坐姿）。

（3）俯卧撑（或推起击掌）。

4. 发展手腕和手指肌肉力量的方法

（1）作屈拨球的练习。

（2）做单手抛接球练习。

（3）单手抓球练习。

（4）手指撑地的俯卧撑。

（三）发展动作速度的方法

（1）多级跨步跳。

（2）立定跳远或立定三级跳远。

（3）双腿跳过若干栏架。

（4）蹲踞式起跑。

（5）30 m 加速跑。

（6）蛙跳。

（7）负轻杠铃快速转体。

（8）推或投小铁球。

（四）发展灵活性和柔韧性的方法

（1）转髋跑。

（2）行进间听信号急转身加速跑。

（3）垫上练习，仰卧转髋，仰卧听信号团身起立。

（4）立卧撑练习，直立—蹲撑—俯撑—蹲撑—主立，反复做。

（5）球类活功。

（6）各种压腿、踢腿。

（7）前后或左右大分腿下压。

（8）负重体侧屈，逐渐加大侧屈的程度。

（9）加大髋部转动幅度的练习。

三、推铅球多年训练

国内外成功经验业已表明，从少年训练开始到进入世界优秀运动员行列至少需要 6 年的系统训练，第一个出成绩的高峰一般在 20 岁左右，第二个出成绩的高峰般多在 25 岁以后。多年训练一般可分为：① 基础训练阶段（13～15 岁）；② 初级专项训练阶段（16～17 岁）；③ 专项提高训练阶段（18～20 岁）；④ 高级训练阶段（21 岁以上）。这是仅介绍专项提高阶段，其他 3 个阶段可据此类推。

（一）专项提高阶段的训练任务

（1）在全面发展各项身体素质的基础上，加强专项素质和专项能力的训练。

（2）巩固提高背向滑步推铅球或旋转推铅球的完整技术。

（3）进行比赛时的模拟心理训练。

（4）参加国内外各种比赛，积累和充实比赛经验。

（5）提高自我分析动作的能力，掌握基本的理论知识，做到理论和实践相结合。

（二）专项提高阶段的训练内容与方法

（1）巩固提高全面身体素质的训练水平，突出发展专项素质和专项能力。进行力量训练应以速度力量和绝对力量的练习相结合为宜。

（2）根据客观条件，从事球类、体操、游泳、爬山等运动项目。

（3）进一步完善完整技术，各环节衔接自然连贯，动作协调、稳定，体现出较强的动作节奏感。

（4）在训练和比赛中提高自我控制能力和抗干扰能力。

（5）能在比赛中发挥其正常水平，赛后总结经验并能提高认识。

（三）专项提高阶段的训练负荷安排（表 12-3）

表 12-3　专项提高阶段训练负荷的安排

训练时间、内容及素质练习	专项提高阶段训练负荷安排	
	18～20 岁（男子）	18～19 岁（女子）
每周训练次数/次	7～8	7～8
每次课训练时间/h	2～3	2～3
全年比赛次数/次　　主项	10～15	10～15
副项	2	2
全年训练总次数/次	280～320	280～320
模仿练习/次	4 800～6 400	4 800～6 400
原地推球/次	3 000	3 000
滑步推球/次	3 000	3 000
总次数/次	6 000	6 000
投掷轻器械/次	3 000	3 000
专门投掷/次	4 200	4 200
速度（80%以上强度）/m	5 万～6 万	5 万～6 万
跳跃/次	8 000～15 000	8 000～15 000
耐力/m	30 万	30 万左右
力量/kg	100～140 万	80～20 万

注：铅球重量，男子为 7.26 kg，女子为 4 kg。
本表引自刘建国、宫本庄、周铁军等编：《田径运动》，高等教育出版社 2002 年 7 月版。

（四）专项提高阶段的训练检查与评定

（1）身体素质的检查与评定标准（表 12-4、表 12-5）。

表 12-4　专项提高阶段男子身体素质的检查与评定标准

评定项目	不同年龄阶段评定标准								
	18 岁			19 岁			20 岁		
	优秀	良好	及格	优秀	良好	及格	优秀	良好	及格
后抛铅球/m（17-18 岁，6 kg）	16	15	14	17	16	15	18	17	16
立定跳远/m	3.10	3.00	2.90	3.15	3.05	2.95	3.20	3.10	3.00
立定三级跳远/m	9.60	9.30	8.80	10.00	9.60	9.20	10.00	9.70	9.30
30 m 蹲踞式起跑/s	保持或再提高								
100 m 蹲踞式起跑/s	11.6	12.0	12.4	保持高水平					
1 500 m 跑/s	保持高水平								
卧推/kg	130	120	110	140	130	120	150	140	130
抓举/kg	80	75	65	90	85	80	95	90	85
深蹲/kg	170	160	135	190	170	155	200	190	165
推举/kg	120	110	100	130	120	110	150	140	130

表 12-5　专项提高阶段女子身体素质检查与评定标准

评定项目	不同年龄阶段评定标准								
	18 岁			19 岁			20 岁		
	优秀	良好	及格	优秀	良好	及格	优秀	良好	及格
后抛（6 kg）	16	15	14	17	16	15	18	17	16
立定跳远/m	2.60	2.55	2.50	2.65	2.60	2.55	2.70	2.65	2.60
立定三级跳远/m	7.90	7.70	7.30	8.00	7.80	7.40	8.10	8.00	7.60
30 m 蹲踞式起跑/s	4.1	4.2	4.4	保持或再提高					
100 m 蹲踞式起跑						保持或再提高			
1 500 m 跑/s			保持高水平						
卧推/kg	95	85	75	105	95	85	115	105	95
抓举/kg	65	60	50	80	75	60	90	85	75
深蹲/kg	120	110	100	135	120	110	150	140	120
推举/kg	95	85	75	105	95	85	110	100	90

（2）专项成绩的检查与评定标准（表 12-6）。

表 12-6　专项提高阶段专项成绩检查与评定标准

性别	不同年龄阶段评定标准								
	13			14			15		
	优秀	良好	及格	优秀	良好	及格	优秀	良好	及格
男子	16	15	14	17	16	15	18	17	16
女子	16	15	14	17	16	15			

注：18 岁以上男子用 7.26 kg 的铅球；女子用 4 kg 的铅球。

第五节　赛前技术训练与力量训练

　　针对处在专项提高阶段的青少年运动员而言，赛前阶段的技术训练，主要采用标准重量的铅球，也可少量地采用大重量的铅球。技术训练的重点是完善推铅球技术的速度、节奏、用力顺序和技术的稳定程度，动作要自然、放松和舒展。

　　技术训练的主要内容是，完整推铅球技术练习应占投掷次数的 2/3 以上。一次技术训练课投 30～40 次，赛前一周投 15～20 次。赛前两周专项技术训练负荷强度安排是否恰当，关系到比赛的成败。经研究认为，这两周技术训练的平均强度，约为比赛强度的 93%。

　　赛前阶段的力量训练是训练的重要内容之一，而且主要力量训练手段的指标都应达到最高水平。大力量的训练手段则主要集中采用卧推、深蹲和高翻 3 项。最后一次最高强度的训练，应安排在赛前 3 周（或 20 天）进行，其训练负荷强度在 3 个手段上都要力求达到或超过自己的最高成绩。最高强度训练，一次课安排 2～3 个手段，在 2～3 次课中完成。此后，训练负荷强度降低至最高强度的 60%～0%，负荷量再减少 1/3，使运动员有充沛的体力和精力参加比赛。

第六节　推铅球的实训计划

本计划是引用北京体育大学业余体校专业铅球组准备期周和比赛周训练计划，每周 6 次。

一、准备期周训练计划

周一

（1）卧推：60 公斤×5 次、70 公斤×5 次、80 公斤×5 次。

（2）体前快推：30 公斤×8 次×5 组。

（3）下蹲：100 公斤×5 次、110 公斤×5 次、130 公斤×5 次。

（4）半蹲：130 公斤×7 次×5 组。

（5）滑步推球：40 次（5 公斤 20 次、4 公斤 20 次）。

（6）加速跑：60 米×5 次。

周二

（1）背向滑步推球：30 次。

（2）高翻：60 公斤×5 次、70 公斤×5 次、80 公斤×5 次。

（3）肩负杠铃侧屈：20 公斤×10 次×5 组。

（4）轻松跨步跳：80 次。

周三

（1）卧推：85 公斤×5 次×5 组。

（2）半蹲：100 公斤×5 次×5 组。

（3）背向滑步推球：20 次。

（4）加速跑：60 米×5 次。

周四

（1）滑步推铅球：30 次。

（2）高翻：60 公斤×5 次、70 公斤×5 次、80 公斤×5 次、90 公斤×5 次。

（3）双手推壶铃：20 公斤×10 次×5 组。

（4）肩负杠铃侧屈：20 公斤×10 次×5 组。

（5）轻松跨步跳：100 次。

周五

（1）卧推：70 公斤×5 次×5 组。

（2）半蹲：100 公斤×5 次×5 组。

（3）背向滑步推球：20 次。

（4）加速跑：60 米×5 次。

周六

（1）滑步推铅球：30 次。

（2）高翻：60 公斤×5 次×5 组。

（3）双手推壶铃：20 公斤×10 次×5 组。

（4）肩负杠铃侧屈：20公斤×10次×5组。

（5）轻松跨步跳：100次。

二、比赛期周训练计划

周一

（1）滑步推铅球：20次。

（2）肩负杠铃侧屈：50公斤×10次×5组。

（3）肩负杠铃转体：40公斤×10次×5组。

（4）肩负杠铃前后交换腿跳：40公斤×10次×5组。

周二

（1）卧推：65公斤×5次、80公斤×5次、90公斤×5次×4组。

（2）半蹲：120公斤×5次×5组。

（3）滑步推铅球：20次。

（4）加速跑：30米×5次。

周三

（1）滑步推铅球：20次。

（2）肩负杠铃前屈：50公斤×10次×5组。

（3）负杠铃前后交换腿跳：40公斤×10次×5组。

周四

（1）卧推：80公斤×5次×5组。

（2）半蹲：100公斤×5次×5组。

（3）滑步推铅球：15次。

（4）加速跑：30米×5次。

周五

（1）滑步推铅球：15次。

（2）一般性体操和伸展性练习30分钟。

周六　比赛。

第十三章　掷铁饼

第一节　掷铁饼的发展概况

掷铁饼是一项古老的运动项目，历史源远流长。它的起源与人类征服和改造自然社会的实践活动以及人类文明史的发展密不可分。据史料记载，在公元前 708 年，古希腊奥运会五项比赛中就有掷铁饼项目，但当时投掷方法非常简单。希腊雕塑家米隆的雕塑"掷铁饼"的姿势，就是古代掷铁饼者用力前的预备姿势。

近代掷铁饼始于 19 世纪末，1896 年第一届现代奥林匹克运动会将男子掷铁饼列为正式比赛项目。进入 20 世纪以来伴随着现代奥林匹克运动的不断发展，在古希腊投掷技术的基础上，掷铁饼技术的演进主要经历了自由式、侧向转身、跳跃旋转、起跑式旋转、低腾空和连贯旋转等多种技术形式逐步发展到今天被人们广泛采用的宽站立、大幅度、低腾空、快速度的背向旋转技术。纵观 100 多年来掷铁饼技术的发展演变过程，大致可分为 3 个阶段。

一、继承发展阶段（1896—1950 年）

现代奥林匹克运动刚刚兴起时，由于受场地和器材条件的限制，掷铁饼技术很不规范，基本是沿袭古代的投掷方法，运动员的投掷动作方式主要是限制下肢运动的"古希腊式"和采用随意投掷的"自由式"。1896 年美国运动员列加特采用"自由式"投掷方法以 29.15 m 的成绩取得第一届奥运会冠军后，人们意识到通过各种预备动作有助于将铁饼掷得更远。进入 20 世纪后，原地掷铁饼技术逐渐淘汰，随之出现了"侧向转身"技术。此种技术是身体左侧朝向投掷方向，以左脚掌为轴起转，保持较高的身体姿势，双脚不同时离地，主要靠投掷臂力量将铁饼掷出。20 世纪 30 年代"侧向转身"技术演进为"跳跃旋转"技术，这种技术更有利于超越器械和加快旋转速度，已具有了某些现代投掷铁饼技术的雏形。其代表人物是意大利运动员阿·康索里尼，他采用此种旋转技术 3 次打破世界纪录，并取得了 1948 年奥运会冠军，为旋转掷铁饼技术的发展做出了很大的贡献。这一阶段技术发展的核心就是不断增大铁饼出手前的运行距离。在第九届奥运会上女子掷铁饼被正式列为比赛项目。

二、逐步成熟阶段（1951—1980 年）

进人 20 世纪 50 年代，掷铁饼技术又有了新的发展，出现了"起跑式旋转"技术。这种技术是在旋转动作过程中上体迅速前倾，左脚迅速蹬离地面，从而获得更快的起转速度。其代表人物是美国运动员弋迪恩。他于 1953 年用这种技术创造了 59.28 m 的世界纪录。这一时期技术的发展主要是通过加快旋转角速度提高铁饼出手初速度来达到提高成绩的目的。到了 20 世纪 60 年代，人们更加注意到保持铁饼连贯加速和强化人体-器械系统平稳运动对增加用力实效和投掷成绩的重要作用，出现了"低腾空旋转"技术。这种技术强调旋转中右腿绕身体左侧旋转。大幅度摆动并尽快落地支撑，以减少人体重心起伏和腾空时间，加大人体器械系统转动惯量和更好地保持旋转速度。其代表人物是美国运动员西尔维斯特。他于 1961 年首次突破 60 m 大关并创造了世界纪录。之后威尔金斯、施密特等运动员在西尔维斯特的技术基础上，不断改进和完善，逐步形成了宽站立、大幅度、低腾空、快速度的现代掷铁饼技术。

与"低腾空旋转"技术同时出现的还有"连贯旋转"技术。这种技术强调控制右腿前摆动作，以尽快获得支撑旋转的更好效果，其代表人物是捷克斯洛伐克运动员内克。他于 1966 年以 66.07 m 创造了世界纪录。

以上两种掷铁饼技术的出现，标志着现代掷铁饼技术基本形成。目前绝大多数掷铁饼选手所采用的技术仍处于上述两种技术类型之间。

三、稳定保持阶段（1981 年至今）

当今，宽站立、大幅度、低腾空的背向旋转技术是现代掷铁饼的主流技术。虽然也有个别运动员尝试新的技术形式，如"链球式"进入旋转、超背向旋转和两周半旋转，但终因不能显著提高掷铁饼整体技术效益，因而难以突破其现有的主导技术形式。近年来掷铁饼尽管在技术外形上没有出现较为明显的改变，但人们对合理技术的探索和追求却一刻也没有停止。在现代科技革命大背景下，现代科技手段、多领域学科知识以及相关项目先进训练方法的相互渗透介入和应用，有效地推动了铁饼专项训练的科学化进程，促使铁饼专项技术理论也取得了可喜的成就。当今人们分析和看待专项技术问题更具全面性、系统性和协调性，具体表现为更加注重获取最佳整体投掷效果，在保证最后用力技术质量基础上来提高旋转技术的实效和速度利用率。

第二节　掷铁饼的技术分析

掷铁饼是一项技术较为复杂，对运动员身体素质要求较高的运动项目。完整的投掷铁饼技术（以右手投掷为例）是由握饼、预备姿势和预摆、旋转、最后用力和维持身体平衡等环节组成。

一、握　饼

5 指自然分开，拇指和手掌平靠铁饼，其余 4 指末节扣住铁饼的边缘，手腕微屈，铁饼上缘靠于前臂，铁饼的重心垂线在食指和中指之间。铁饼握好后，持饼臂自然放松下垂于体侧（图 13-1）。

图 13-1　握饼方法

二、预备姿势和预摆

1. 预备姿势：

背对投掷方向，两脚左右分开比肩略宽，平行站立于投掷圈中线的两侧，两膝微屈，身体重心落于两脚之间，身体放松，眼睛平视。

2. 预摆：

旋转前预摆1～2次，预摆的任务是为顺利完成旋转动作创造有利条件，使投掷者获得最有利的工作状态。常用的预摆方法有两种：

（1）左上右后摆饼法（图13-2）：预备姿势站好后，持饼臂在体侧前轻微摆动，当铁饼摆到体后时，右腿蹬地用躯干带动持饼臂向左上方摆起，体重移向左腿，身体稍左转，为防止铁饼脱手左手可在下面将铁饼托住。回摆时，躯干带动持饼臂把铁饼摆到身体右后方最大限度的部位，身体向右扭转，随着摆饼动作体重又移到右腿上，上体稍前倾，两腿微屈，左臂自然屈于胸前，眼平视。此种方法较为简单易学，多使用于初学者。

图 13-2　预摆

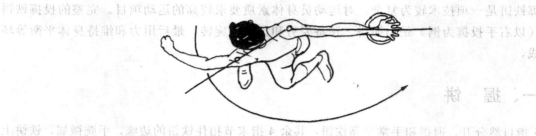

图 13-3　预摆结束时身体的扭转拉紧状态

（2）体前左右摆饼法（图13-3）：预备姿势站好后持饼臂在体侧前后轻微自然摆动，当铁饼摆到体后时，体重移向右腿。然后，躯干扭转带动放松的投掷臂经体前向左摆动，当铁饼摆至身体前面时持饼手掌逐渐翻转向上，右肩稍前倾，体重靠近左腿，然后将铁饼向身后回摆，持饼手掌逐渐翻转向下，体重由左向右移动。右腿弯曲同时上体向右充分转动，使身体形成扭转拉紧状态。

不论采用哪种方法，在预摆过程中，都必须做到平稳、协调、放松而自然。以躯干的转动带动投掷臂摆动，合理地移动身体重心，加大摆饼幅度，预摆结束时身体要充分扭紧。

三、旋 转

旋转的任务是使人体和铁饼在最后用力前获得一定的预先速度，形成最后用力前有利的身体姿势，为最后用力创造良好的条件。良好的旋转投掷比原地掷成绩可提高 6～12 m。旋转是从预摆结束开始至旋转后左脚着地止。

预摆结束时，身体处于扭紧状态，重心落在右腿上，随后双腿屈膝支撑转动髋部，带动上体起动旋转，左臂伸展向投掷方向转动，身体重心由右腿逐渐向边屈边转的左腿移动，左前脚掌领先积极外转。同时，重心下降，身体随之转动，头部稍领先于肩轴向投掷方向转动，左脚尖转至与投掷方向约成 45°角时，右腿向左稍加转动，但不离地，使右大腿内侧肌群处于适度拉长状态，为右腿蹬离地面进入摆动做好准备。

当左膝、左肩和头继续向投掷方向转动时，左膝弯曲"前顶"左肩在左膝上方沿较大弧线向投掷方向转动，使左肩、左脚形成的左侧转动轴逐渐向圆心倾斜，以便向前旋转。右脚离地后，靠近地面，膝关节微屈，以大腿带动小腿围绕左腿向投掷方向做弧形大幅度摆动。当身体重心通过弯曲的左腿时，左脚稍蹬地，推动身体重心向投掷圈圆心移动，同时右髋转扣，右腿向圆心摆动。

左脚蹬离地面后，进入腾空阶段，右髋右腿快速内转下压，同时左腿屈膝积极向右腿靠拢。此时左肩内扣，上体保持微收腹前倾姿势。

腾空结束后，右腿以前脚掌内侧落在投掷圈圆心附近，右脚着地时，左肩位于右膝上方，左臂保持自然伸展内扣姿势，躯干扭紧，此时铁饼被远远留在身体后上方。右脚落地后要不停顿地转动，推动右髋向投掷方向转动。在右脚支撑旋转时，左腿在髋部带动下，屈膝靠近转动中的右膝，由后向前快速向靠近投掷圈前沿落地。

四、最后用力和维持身体平衡

最后用力是从左脚着地瞬间开始到铁饼出手结束。

最后用力是掷铁饼技术的主要环节，其主要任务是紧密衔接旋转动作，充分利用旋转的动量和形成的最后用力前的有利姿势，把全身力量通过投掷臂和手集中于铁饼上，使铁饼获得最大的出手速度和最适宜的出手角度，从而获得最佳的投掷效果。

左脚以前脚掌内侧落于投掷圈投掷方向中线左侧靠近投掷圈前沿的位置。此时重心在右腿上，人体肩轴和髋成交叉扭紧状态并充分超越器械。左脚的着地开始了稳固的双腿支撑用力阶段。此后右腿迅速蹬转，重心向左腿移动，同时左臂屈肘协同左肩向投掷方向牵引，头部稍向左转，当左肩前侧对准投掷方向时，左肩立即制动，以形成牢固的左侧支撑。右腿此时则以蹬伸为主，配合左腿向上用力，向前送髋。此后肩轴追赶髋轴，躯干充分伸展，以胸带臂快速完成挥臂鞭打动作。铁饼出手瞬间，无名指、中指、食指做拨饼动作，使铁饼在空中按顺时针方向平稳地旋转飞进。铁饼出手高度约与肩同高，出手角度为35°左右。铁饼出手后，为避免犯规，要及时交换两腿，降低身体重心，并顺惯性作用向左转，以维持身体平衡，掷铁饼完整技术示意图（图13-4）。

图 13-4　掷铁饼完整技术示意图

第三节　掷铁饼的技术教学

　　掷铁饼的技术教学是根据教学对象的不同，采用合理的方法与练习手段，使学生掌握与完善技术动作的过程。根据各动作部分对整个技术和投掷成绩的影响程度以及动作的复杂情况，掷铁饼技术教学的重点通常是最后用力、旋转以及旋转与最后用力的结合等部分。技术难点也表现在旋转与最后用力的有机结合。

　　最后用力是铁饼出手时获得速度的关键。在最后用力教学中，应始终紧紧抓住右腿右髋的转蹬和两腿的协调支撑用力及自下而上的用力顺序等重点，这对于掌握正确的最后用力顺序和快速投掷动作至关重要，可为技术进一步的完善和成绩的提高打下坚实的基础，即使进入教学最后阶段，也应该安排一定时间来复习和改进最后用力技术。

旋转是掷铁饼完整技术中动作最为复杂的部分，是为最后用力所做的必要准备。旋转技术的好坏对于加长最后用力的工作距离，获得用力前最佳的身体姿势，使器械获得较大的出手速度有重要意义。因此，教学中在掌握旋转中两腿及髋部动作和身体重心及转动轴的左右转移的基础上，应加强旋转动作中良好的平衡和适宜的节奏，充分加大旋转动作的幅度和半径，在最后用力前形成良好的超越器械。

旋转与最后用力的结合既是教学的重点，又是教学的难点，两者的衔接是否连贯、合理，直接影响旋转速度的保持和最后用力的质量。特别是初学者往往难以处理好旋转与最后用力的关系，旋转不但不能起到加速用力的作用，反而会破坏合理用力技术的形成，给掷铁饼用力带来较大的难度。因此教学中应始终强调右腿及时转蹬和左腿快速着地的制动动作配合，保持动作的完整连贯，不停顿地过渡到最后用力，从而顺利地掌握这一技术难点和重点。

在掷铁饼教学过程中，不仅要明确技术特点，更应注意围绕技术的重点和难点开展教学活动。在选择教学手段时应由简到繁、由易到难，克服学习过程中遇到的困难，提高教学质量。

掷铁饼的技术较为复杂，因此在技术教学过程中必须把分解练习和完整练习、徒手模仿练习与持器械练习、慢速练习与快速练习正确地结合起来，在明确动作概念的前提下，首先应抓好原地掷铁饼的教学，在学习和掌握原地掷铁饼的基础上，逐步学习侧向旋转掷铁饼和背向旋转掷铁饼技术。掷铁饼教学的程序与方法如下：

一、使学生了解掷铁饼的一般知识

通过教师的讲解示范，采用观看技术图片、技术录像等多种手段，使学生了解掷铁饼的一般知识，建立正确的掷铁饼技术概念，并提出学习要求。

二、学习握饼、预摆和拨饼技术

（1）结合示范（或通过图片等直观教具），讲解铁饼的握法、预摆方法及拨饼方法，使学生了解技术要求、方法和要领。

（2）握持铁饼练习。

（3）投掷臂伸直持握铁饼，做与地面形成不同角度的小幅度预摆铁饼练习，提高学生控制饼的能力。

（4）做"左上右后"或"体前左右"预摆铁饼练习，逐步加大动作幅度，体会摆动动作。

（5）拨饼练习。

① 握持铁饼做前、后摆动，在向前摆动中将铁饼向上抛起（高约 1.5～2 m），铁饼离手瞬间用手指拨饼，使铁饼按顺时针方向旋转。

② 握持铁饼以肩为轴在体侧做前、后摆动。当铁饼摆到身体前最远处时，持饼臂伸直，由小指到食指依次拨饼，最后铁饼从食指末节离手，使铁饼在地上按顺时针方向沿直线向前滚动。

三、学习和掌握原地掷铁饼技术

（1）结合示范（或通过图片等直观教具），讲解原地掷铁饼技术，使学生建立正确的技术概念，了解原地掷铁饼技术的要求、方法和要领。

（2）正面原地掷铁饼练习。面对投掷方向，两脚左右分开比肩稍宽站立。预摆铁饼 1～2 次，最后一次预摆当铁饼摆到体后时，躯干向左后方扭转双腿微屈并降低身体重心。随铁饼回摆动作而蹬伸双腿，并前送右髋，带动投掷臂将铁饼掷出。

（3）侧向原地掷铁饼练习。身体侧对投掷方向，两脚左右分开比肩稍宽站立，右脚与投掷方向约成 135°角，左脚与投掷方向约成 45°角，左脚尖与右脚跟在一条直线上。完成预摆动作时身体重心移向右腿，并降低重心。右腿向投掷方向蹬转发力送髋，带动上体和投掷臂将铁饼掷出。

做 2、3 练习时，开始可做徒手模仿练习或投掷小木棒，逐步过渡到投掷铁饼练习。练习时不要盲目追求投掷远度，要着重体会正确的用力顺序，特别是腿髋发力与投掷臂的协调配合，掌握正确的技术动作。随着技术动作的逐步掌握与完善，再逐步提高对投掷远度的要求。

四、学习和掌握旋转掷铁饼技术

（1）结合示范（或通过图片等直观教具），讲解旋转掷铁饼技术，使学生建立正确的技术概念，了解旋转掷铁饼技术的要求、方法和要领。

（2）正面旋转掷铁饼练习。面对投掷方向，两脚前后开立，左脚在前右脚在后，两腿膝关节微屈，体重落于两腿之间。持铁饼臂放松，前后自然摆动，当铁饼摆至体后时，右腿蹬地向前跨出，同时左腿蹬地形成腾空，在空中右腿内扣带动身体转动，然后右脚着地，并保持右膝关节弯曲，随着右脚的转动，左腿划弧经右膝后方落地支撑，形成侧向原地掷铁饼的准备姿势，接着转蹬两腿将铁饼掷出。

做这一练习时，开始可做徒手模仿练习，或投掷较轻的易于控制的辅助器械，如小垒球、短木棍等，然后再持铁饼进行练习。

（3）侧向旋转掷铁饼练习。身体侧对投掷方向，两脚左右分开比肩稍宽站立。预摆最后一次上体右转铁饼摆至右后方时，两腿膝关节弯曲，随即身体重心移向左腿并进入旋转。当左膝转至投掷方向时，右腿蹬离地面并向投掷圈圆心方向转扣，以脚前掌着地。左腿蹬地腾空后，沿右膝方向划弧后伸，以脚前掌着地，形成侧向原地掷铁饼准备姿势，紧接着做最后用力将铁饼掷出。

做这一练习时，开始可做徒手模仿练习，也可持小木棒、小铁棒、轻铁饼做掷出练习。

（4）背向旋转掷铁饼练习。开始练习时，在投掷圈外可做些徒手的或持易于控制的投掷物，如木棒、小铁棍等进行完整技术的模仿练习和投掷练习。在初步掌握技术动作的基础上适当增加动作的幅度、速度和力量，最后在投掷圈内做背向旋转掷铁饼练习。练习时着重掌握背向旋转和背向旋转与最后用力相结合的技术。

五、改进和提高背向旋转掷铁饼的完整技术

（1）反复进行背向旋转掷铁饼练习，体会技术细节，掌握旋转节奏，增大动作幅度，加快动作速度，提高动作质量，全面改进和提高完整技术。

（2）根据个人情况，选择有效的练习手段，改进有关技术环节的动作，提高背向旋转掷

铁饼技术。

（3）组织教学比赛或进行技术评定，巩固完整技术，提高动作成绩。

第四节　掷铁饼的技术训练

掷铁饼运动员要达到高水平的运动成绩，必须从少年阶段抓起。许多优秀掷铁饼运动员都是经过业余训练而达到高水平的。青少年时期，正是掷铁饼的基础训练阶段，因此必须重视在发展全面身体素质的基础上，掌握正确的掷铁饼基本技术，逐步提高掷铁饼的专项素质，以便承受高级专项训练的运动量和运动强度，使专项水平达到本人的最高水平。

青少年掷铁饼运动员的训练必须要作长远打算，不能急于求成，不能计较一时的得失。必须要根据青少年的生长发育规律，在全面提高身体素质的基础上，注意优先发展速度、小力量、爆发力、协调性和柔韧性。在训练负荷上，不宜采用大重量的杠铃练习。在采用轻器械练习时，要注意培养青少年放松、协调和正确控制铁饼的肌肉感觉，以及平衡能力和节奏感，并加强对旋转与最后用力衔接技术的训练。

技术训练是青少年掷铁饼训练的重要内容。掌握正确的投掷技术不仅有利于发挥运动员的运动能力，创造良好的运动成绩，而且对青少年的长远发展非常重要。青少年时期是学习运动技术的最佳时期，要抓住这一有利时机加强技术教学，使之掌握正确的运动技术。青少年技术训练应以基本技术训练为主，保持青少年自然合理的动作，着重培养运动员控制铁饼、协调用力投掷和放松能力，形成正确的技术空间结构和快速节奏；要根据青少年特点精讲多练，充分发挥青少年模仿能力强的特点，帮助青少年运动员学习和掌握规范的运动技术。

一、掷铁饼技术训练的主要手段

1. 掌握基本技术的练习

（1）徒手、双人、扶肋木做各种转髋、转体、扩胸、摆腿、旋转练习。

（2）持铁饼做摆饼、滚饼、抛饼、预摆等熟悉铁饼性能的练习。

（3）徒手或持轻辅助器械做预摆、原地投、旋转和旋转投的模仿练习。

（4）徒手或持器械做最后用力模仿练习。

（5）徒手或持器械做进入旋转和旋转模仿练习。

2. 掌握和改进旋转技术的练习

（1）原地站立做180°、360°的旋转练习。

（2）徒手或持轻器械，以左腿为轴旋转360°，体会以左侧为轴的旋转动作。

（3）扶栏杆做转髋练习。左手侧扶栏杆，然后向前摆腿转髋和转体360°，右手扶栏杆成最后用力预备姿势。

（4）侧向前进方向站立，右臂预摆后向前进方向手续旋转，后半圈时加快腿和髋的转动速度，形成最后用力前的预备姿势。

（5）做徒手双腿支撑起转模仿练习，体会身体重心的移动和左腿屈膝转动，保持好上体和肩臂的移动路线。

（6）肩负竹竿做旋转练习，体会肩轴与髋轴在旋转中正确的超越关系。

（7）徒手或持器械做各种旋转模仿练习。

（8）做正面跨步与侧向旋转投掷练习，体会转换与最后用力的连贯、衔接。

3. 掌握和改进旋转和最后用力衔接技术的练习

（1）徒手或持辅助器械体会右脚落地至左脚落地的动作。

（2）徒手或持辅助器械做正面旋转投掷模仿练习。

（3）做正面旋转向投掷网掷铁饼练习。

（4）利用轻器械做完整技术练习，经常投掷 1kg 的铁饼或其他轻器械，培养速度感和节奏感。

4. 掌握和改进最后用力技术的练习

（1）徒手原地做最后用力阶段的右腿、右髋转蹬练习。

（2）负重或双人对抗（给上体以适当的阻力）练习，做右腿屈膝转蹬动作。

（3）拉橡皮带练习。侧向站立，右手握橡皮带，然后转髋、转体拉紧橡皮带。

（4）鞭打标志物练习。手持橡皮管，快速挥臂鞭打标志物，体会最后用力动作。

（5）坐或站立，单手经体侧向不同方向掷实心球、沙袋、小铁球的练习。

（6）原地投掷实心球、沙袋、小铁球或铁饼的练习。

（7）右侧对投掷方向，预摆后左腿后撤，屈右膝单腿支撑转动成左侧对投掷方向，不停顿地接双腿支撑用力掷饼。

（8）听信号投掷铁饼练习。背向持饼，听信号后迅速转髋90°，顺势掷饼。

5. 完整技术练习

（1）利用投掷网做旋转掷铁饼练习。

（2）在投掷圈内做旋转掷铁饼练习。

6. 增加难度的技术练习

（1）在斜坡上做原地旋转模仿练习。练习时坡度不宜过大，斜坡练习要和原地练习相结合进行。

（2）在各种气候条件下（顺风、逆风、侧风和雨中）进行练习。

（3）在湿滑的场地上进行练习，以培养自控能力。

二、掷铁饼技术训练应遵循的原则

（1）对青少年初学者要高度重视基本技术的训练，要求他们严格按照完整技术的结构、速度节奏去做每一个练习。

（2）对有一定训练水平的运动员，必须根据其个人特点抓住技术重点训练，保证训练质量和效果。

（3）技术训练优先。在一个训练单元中，应先进行技术训练，然后再进行其他内容的训练。

（4）运动员兴奋性过高或过低时，不宜学习新技术或改进技术。

（5）在基础训练阶段应以投掷轻器械为主，投掷轻器械应快于投掷标准器械时的速度和节奏。一般在技术较稳定时才旋转投掷重器械，否则会破坏技术动作和节奏。

（6）基本技术训练要长年坚持，常抓不懈。

（7）在基础训练阶段，技术训练所占比重不得少于 15%。

第五节　掷铁饼的素质训练

掷铁饼运动员的身体训练包括一般身体训练和专项身体训练两个方面。一般身体训练的目的在于通过多种多样的身体练习，增进运动员的健康，提高运动员各器官系统的机能能力，全面发展运动素质并改善身体形态上的缺陷。专项身体训练的任务是在训练中采用专门性练习手段以及与提高专项成绩有直接关系的专项练习，来发展运动员有机体各器官和系统的机能能力，提高专项运动素质，创造优异的运动成绩。一般身体训练是专项身体训练的基础，专项身体训练是运动专项的必需。两者在训练过程中不可分割，而是相互制约、目的一致的。

一、掷铁饼运动员一般身体训练的主要手段与方法

青少年掷铁饼运动员进行一般身体训练时必须要结合其自身特点，训练内容要多样、全面和具有趣味性，要较多地安排克服自身体重的跑、跳、力量练习以及各种投掷轻器械练习和柔韧性练习、协调性练习、耐力练习等。

（1）投掷：前抛、后抛铅球、实心球，侧抛小杠铃片、鞭打小胶球、垒球或投掷小石子等。

（2）力量：各种对抗自身体重的俯卧撑、仰卧起坐、腹背肌练习，肋木悬垂举腿，侧卧和站立挥摆小杠铃片及提举各种轻杠铃、哑铃和壶铃练习。

（3）快跑：30～100 m 各种距离的起跑、加速跑和行进间跑练习。

（4）跳跃：立定跳远、立定多级跳、跨步跳、交换腿跳、单足跳、蛙跳、纵跳、跨栏架练习。

（5）灵敏性、协调性和柔韧性：各种球类游戏，垫上的各类滚翻和手翻、连续旋转等练习，特别要注意多做肩、腰、髋等关节的灵活性练习。发展柔韧性可采用身体各部位最大限度的伸展和拉引练习，如肩部拉引躯干、肩部及全身的伸展旋转练习，压腿、体前屈、体侧屈、髋部屈伸练、各种高腿、摆腿练习。

（6）耐力：通过越野跑、追逐游戏和球类活动及增加训练内容或增加重复练习次数的方式提高耐力素质。

二、掷铁饼运动员一般身体训练应遵循的原则

（1）在全年和多年训练过程中都要安排一般身体训练的内容。年龄越小，训练水平越低，一般身体训练的比例就越大。一般身体训练对青少年掷铁饼运动员尤为重要。

（2）一般身体训练的内容和手段的选择既要全面又要结合专项需要，要突出重点。训练手段与方法要易于掌握和操作，多采用重复和循环训练方法。

（3）在较高水平运动员的训练中也要适当地安排一般身体训练内容。要保持高水平的运动成绩，必须不断地巩固身体各器官系统的机能，保证专项运动素质水平的维持和发展。

三、掷铁饼运动员专项身体训练的主要手段与方法

1. 力量练习

专项力量练习是掷铁饼运动员训练的主要内容之一。科学、系统的力量训练对促进青少年生长发育和提高运动水平有重要意义。因此，专项力量训练必须要符合掷铁饼运动的专项技术特点和用力特点。

（1）专项基础力量类（发展最大力量和最大功率）练习：①肩负杠铃深蹲或半蹲起练习。②肩负杠铃半蹲跳、分腿跳、多步换腿跳练习。③负重提踵练习。④杠铃快挺、高翻、抓举、卧推练习。⑤体前屈屈臂提铃练习。

（2）专项机能力量类（发展最大功率和爆发力量）练习：①肩负杠铃半蹲左右转体练习。②肩负杠铃体前屈、左右侧屈练习。③肩负杠铃半蹲跳起转髋练习。④肩负杠铃坐姿转体练习。⑤持杠铃片或哑铃做扩胸练习。⑥持杠铃片连续直臂挥摆练习。⑦仰卧在长凳上，两手持杠铃片于体侧，做自下而上直臂摆动练习。⑧肩负杠铃成最后用力姿势，然后做拧腰和转髋发力练习。⑨侧对投掷方向，肩负杠铃或半蹲，旋转后接最后用力阶段的右腿转蹬练习。⑩肩负杠铃连续旋转练习。

（3）专项投掷力量类（发展爆发力量和专项速度）练习：①原地或转体抛掷杠铃片、铅球、壶铃等练习。②前后抛铅球或杠铃片练习。③跳深、跳栏架、跳台阶等练习。④持重器械、轻器械或小铁球背向旋转投掷练习。⑤大强度原地或旋转投掷铁饼练习。

2. 专项速度训练

专项速度训练的目的主要是发展旋转速度和最后用力速度。在提高快速力量水平的基础上，通过旋转和模仿技术练习，发展旋转速度，通过投掷轻器械发展最后用力速度。

（1）侧向连续快速旋转练习。

（2）徒手或持器械左右支撑转换移动速度训练。

（3）各种轻器械的组合抛掷练习，突出快速动作。

（4）背向旋转投掷轻器械，在保持正确技术的前提下做加快投掷速度的练习。

3. 专项柔韧性和灵敏性练习

出于专项技术的特殊要求，掷铁饼运动员应从小打下坚实的专项柔韧性和灵敏性基础。这是因为发展掷铁饼运动员肩关节、髋关节的柔韧性和灵敏性可以加大投掷臂与肩轴的拉引角度和肩轴与髋轴的扭转角度，形成最后用力前良好的超越器械动作，加大最后用力的工作距离。各种转肩、转髋和摆腿练习方法如下：

（1）正面两腿左右交叉转髋走练习。

（2）沿直线快速连续旋转练习。

（3）借助肋木做各种体前屈、体侧屈练习。

（4）负重做转髋、转体拉肩、拉臂练习。

（5）徒手或持杠铃片臂绕环练习，以发展肩带专项柔韧性。

（6）肩负杠铃转体练习，以发展躯干专项柔韧性和专项力量。

4. 专项耐力训练

专项耐力训练要循序渐进，注意专项练习内容的多种组合变化，避免过度训练的发生。

（1）中等运动量完成各种投掷练习。

（2）速度和力量性组合练习和循环练习。

（3）大强度的背向旋转掷铁饼练习。

（4）进行专项测验和参加各类比赛。

四、掷铁饼运动员专项身体训练应遵循的原则

（1）选择专项身体训练的手段要尽可能接近掷铁饼技术的基本动作结构。青少年运动员的专项身体训练要紧紧围绕专项技术要求，以发展专项速度和力量为核心，同时注意多种训练内容的合理匹配和协调发展。

（2）身体训练所占的比重，应根据运动员的训练水平、训练的不同阶段等因素适当安排。

（3）选择的专项练习要针对运动员的个人特点和要求，以发展其特长和弥补其不足。

（4）确定专项身体练习的内容、负荷、强度和难度时，要充分考虑青少年生长发育的特点，练习的种类和内容要多样化，避免身体局部负担过重和伤害事故的发生。

第六节 掷铁饼运动员的赛前训练

运动员训练的主要目的就是参加比赛，在比赛中创造优异成绩。比赛是评定运动员专项能力的最重要、最专门的手段。要达到上述目的，就必须充分认识比赛的特点，掌握运动员达到最佳竞技状态的规律，在长期的准备训练基础上通过科学、系统、有效的安排赛前训练才能实现。赛前训练是运动员训练计划的组成部分，对保证运动员在比赛中创造优异成绩至关重要。

一、赛前训练的特点

正确组织赛前训练是保证掷铁饼运动员顺利参加比赛，提高运动成绩的重要措施。因此，在比赛前，应安排专门阶段进行赛前训练。青少年掷铁饼运动员的赛前训练一般为6～8周，优秀选手则需要更长的时间。赛前训练的主要特点是：

（1）训练负荷强度大，负荷量中等或中等偏下。

（2）身体训练的比重小，专项训练比重较大。

（3）技术训练，尤其是完整技术训练较多。

二、赛前准备阶段的训练安排

1. 合理安排训练负荷

赛前准备阶段，在训练安排上可划分为两个阶段，前4周一般安排较大的训练负荷，以增加运动负荷对人体产生的作用，提高专项能力；后4周可采取波浪式训练负荷的安排方法，使运动员对负荷所产生的机体疲劳及时得以恢复（表13-1）。

表 13-1　赛前 4 周的训练负荷强度

周次	训练负荷
第一周	75%-80%（中负荷强度）
第二周	85%-95%（大负荷强度）
第三周	60%-70%（小负荷强度）
第四周	50%-比赛（小负荷强度）

2. 技术训练

赛前训练阶段的技术训练是非常重要的。完整旋转掷铁饼技术的速度—节奏、用力顺序、全力掷时的稳定程度等是技术训练中应抓的主要问题。在这一阶段，当运动员在完整技术出现对整体影响较小的局部问题时，教练员应作一般性的要求和改进，不要因抓细小环节的问题而过多地影响主要技术的完成。在技术训练中，要求运动员完成技术动作要自然、放松和舒展，这对运动员在比赛时充分发挥技术是十分重要的。

赛前技术训练的主要内容是改进投掷铁饼的完整技术，获得合理的速度—节奏结构。完整技术投掷次数约占技术总投掷次数的 2/3 以上。优秀运动员在训练课上完整投掷约 30～40 次，一周达到 200 次左右。赛前一周，每次技术练习的次数在 15 次左右。

3. 力量训练

赛前训练阶段的力量训练也是重要内容之一，而且主要力量练习手段的指标都应达到最高水平。此阶段的力量训练手段应基本保持不变，因为手段的变化会使训练效果难以控制。

赛前训练阶段力量训练的负荷量和负荷强度要合理，主要练习手段（卧推、高翻、深蹲）的最后一次最高强度的训练，宜安排在赛前三周左右进行。这次训练应使运动员能够达到自己最高成绩或超过自己的最高成绩。最高强度一次课安排 1～2 个手段，主要手段可安排在 2～3 次课中完成。此后，上述手段的训练强度维持在最高成绩 70%～80%，负荷量为每个手段 3～5 次为一组，做 4 组左右。到最后一周，力量训练主要手段的负荷强度降低为最高成绩的 60%～70%，负荷量再减少 1/3，使运动员能以充沛的体力和精力参加比赛。

三、赛前准备活动与参加比赛

1. 赛前准备活动

一般在比赛前 30～40 min 开始做准备活动。如果气温较低或运动员机体还不能进入比赛准备状态，可以适当延长准备活动的时间或做一些快节奏的专项动作练习。如果运动员在准备活动中兴奋过早，则可能会影响比赛成绩，因此掌握开始时机和控制情绪很重要。准备活动包括一般性和专门性准备活动两部分，并从一般性活动向专门性活动过渡。

一般性准备活动常见的练习有慢跑、身体各部分的柔韧性和伸展性练习、短距离的加速跑（15～20 m）等。专门性准备活动常见的练习有肩部、躯干、髋部的柔韧性和灵活性练习，熟悉饼性和基本技术模仿练习，原地和旋转投掷铁饼练习等。

2. 参加比赛

比赛中的情况千变万化，成功的关键在于运动员的调控与发挥。因此解决好运动员的心理问题对于技术的发挥非常重要。首先在第一次或前几次试投中就要发挥出较高的水平，以增强自信心并给对手以压力。同时，比赛中运动员要不断调整自己的心理定向，把精力始终集中在每一次投掷的技术上，及时分析成功的经验和失败的教训，采用自我暗示或模仿练习等方式调节自己的心理和技术状态，并在比赛规则允许的情况下充分利用时间和辅助准备，以巧取胜。

第七节　掷铁饼的实训计划

一、掷铁饼运动员初级专项训练阶段准备期周训练计划示例（表 13-2 ）

表 13-2　掷铁饼运动员初级专项训练阶段准备期周训练计划示例

星期	任　　务	手　　段	时间/min
星期一	1.改进投掷铁饼技术	1.投掷铁饼	40-50
	2.发展专项能力	2.投掷各种重物	30-40
	3.发展速度素质	3.各种跑的练习	20-30
星期二	1.全面身体训练	1.游戏	40-50
	2.力量素质训练	2.绝对力量练习	40-60
	3.提高专项柔韧性	3.各种伸展练习	20
星期三	1.改进投掷技术	1.掷铁饼	40-50
	2.发展协调能力	2.专项协调性练习	20
星期四	1.改进投掷技术	1.投掷各种重物练习	40-60
	2.发展协调能力	2.专项力量练习	20-30
星期五	1.改进技术	1.技术模仿练习	40-60
	2.发展弹跳能力	2.各种跳跃练习	20-30
星期六	1.发展快速力量素质	1.轻器械快速练习	60-70
	2.发展耐力素质	2.越野跑	15-20
星期日		休息	

二、掷铁饼运动员初级专项训练阶段比赛期周训练计划示例（表 13-3）

表 13-3　掷铁饼运动员初级专项训练阶段比赛期周训练计划示例

星期	任务	手段	时间/min
星期一	1.完善掷铁饼技术	1.掷铁饼	50-60
	2.发展速度素质	2.各种跑的练习	15-20
	3.提高灵敏性、协调性	3.徒手或持器械体操	15
星期二	1.改进掷铁饼技术	1.掷铁饼	40-50
	2.发展专项能力	2.投掷不同重量的重物	20-30
星期三	休息		
星期四	1.提高掷铁饼技术	1.掷铁饼模仿练习	40-60
	2.发展弹跳能力	2.各种跳跃练习	15
星期五	比赛		
星期六	1.比赛小结	1.总结会	40-50
	2.改进掷饼铁技术	2.掷铁饼	40-60
	3.发挥力量素质	3.杠铃练习	30
	4.提高柔韧性	4.伸展练习	
星期日	休息		

第十四章　掷　标　枪

第一节　掷标枪的发展概况

远古时代的投枪方式与技能源于劳动和社会实践。在原始社会，人们就用类似标枪的长矛作为狩猎获取生活资料的工具和与野兽搏斗保护自身安全的武器。在奴隶社会标枪成为部落间战争的一种武器，其投掷方式是训练军队的主要手段。在这种原始的训练过程中，投得远、投得准逐渐成为人们追求的目标。古代投枪技能的形成与发展，是人类战胜自然、挑战艰难和自强奋斗的写照。

掷标枪竞技历史悠久。据资料记载，古希腊人很早就开始了掷标枪比赛。19 世纪末，近代掷标枪运动首先在北欧的瑞典、芬兰、挪威等国家中兴起，并逐渐在全世界得到推广开展。在百余年的漫长岁月中，掷标枪技术经历了多次变革，纵观其发展过程，大致可分为三个时期。

一、技术自由发展与趋于统一时期（19 世纪末～1952 年）

最初阶段，掷标枪技术很不统一，比赛时可以用不同方法进行投掷。当时规定在 2.50 m^2 的方形区域内完成动作，有些运动员采用所谓的"自由式"投掷方法，即以一只手握持枪身，另一只手的手指抵住枪尾，先将标枪后引，然后掷出标枪；有些运动员用两手抓住枪尾，以相似于掷链球的动作从体侧甩掷标枪；有些运动员用一只手握住枪的中部，身体先扭转再投掷标枪。后来随着对助跑距离限制的取消，瑞典人首先采用了助跑后半转身体挥臂掷枪的技术，取得了较好的成绩。此后，各国运动员纷纷采用这种投掷方法。

1886 年，瑞典举行了首次掷标枪比赛；1906 年，在雅典举行了第一次国际掷标枪比赛；1908 年，第四届奥运会将男子掷标枪列为正式比赛项目。比赛分"古典式"和"自由式"两种姿势。1912 年，第五届奥运会掷标枪比赛也有两种形式，一种是单臂掷枪；另一种是左、右臂分别掷枪按成绩总和评定名次。第五届奥运会后，取消了其他投掷方法，只允许用单臂掷枪，技术逐渐趋于统一。

1916 年，开始举行女子掷标枪比赛，当时枪重 800g，从 1926 年起改为 600 g。1932 年，第十届奥运会将女子掷标枪列为正式比赛项目。至 1952 年，女子掷标枪世界纪录已达 53.41 m。这一时期，瑞典、芬兰对掷标枪技术的创新发展做出了重要贡献。瑞典人首先研究了握枪和肩上持枪助跑的方法，改变了肩下身后"拖枪式"助跑技术。随后芬兰人采用了弧形引枪动作，并采用"前交叉步"技术代替了"单足跳"和"后交叉步"的技术，从而加快了投掷步速度，有利于完成超越器械动作，使助跑与最后用力的衔接得到改善。同时，在最后用力阶段，使身体形成"满弓"姿势，以充分发挥髋和躯干的肌肉力量，这一技术建立了现代掷标枪技术的雏形，并被各国运动员广泛采用，运动成绩得到较大提高。1938 年，芬兰选手尼卡宁用旧式木制标枪创造了 78.70 m 的世界纪录，由于受第二次世界大战影响，在此后 15 年内男子掷标枪技术和成绩停滞不前。

在旧中国第三届全运会（1924 年）和第五届全运会（1935 年）上，分别将男、女子掷标枪列入比赛项目。旧中国掷标枪纪录男子为 53.85 m，女子为 32.29 m。

二、技术逐渐成熟与完善时期（1953—1985 年）

这一时期是现代掷标枪运动迅速发展的重要时期。1953 年，美国运动员赫尔德按照空气动力学原理设计了滑翔型标枪，将原来的旧式标枪前部加粗，后部改细，枪头变得短而轻，提高了标枪飞行的稳定性和滑翔性能，使运动成绩得到迅速提高。赫尔德首先突破了 80 m 大关并两次创造世界纪录。1961 年，国际田联修改了规则，对滑翔型标枪加以限制，统一了比赛标枪的规格。

1956 年，西班牙运动员克多拉采用肩下持枪的方法，以类似掷铁饼的旋转技术投掷标枪，最好成绩达到了 112 m。由于这种投掷方法运动员难以控制标枪出手方向，容易引发危险，很快就被禁止使用。虽然这一成绩没有得到国际田联承认，但却使人们认识到充分发挥转体力量对掷标枪成绩的重要意义。一些运动员在做引枪和交叉步动作时采用了加大转体动作幅度的技术，最后用力时充分利用躯干旋转力量投掷标枪，对技术发展和成绩提高起到了促进作用。

1964 年，塑胶助跑道问世，对加快助跑速度、保证最后用力时下肢获得更稳固的支撑，提高标枪出手速度等起到了积极作用。由于塑胶助跑道具有一定的弹性，助跑技术尤其是投掷步技术也随之发生了变化，很多优秀运动员不再采用身体重心起伏较大的"跳跃式"投掷步技术，而是改用身体重心较平稳，水平加速效果好的"混合式"投掷步技术。

国际田联对标枪的结构、重心、规格提出了一定的要求。20 世纪 50 年代末开始出现金属标枪，60 年代的铝合金标枪，不仅提高了标枪的硬度，而且减小了标枪飞行时的震颤，延长了标枪在空中的飞行时间，更有利于运动员创造好成绩。

这一时期，掷标枪技术的发展都是围绕提高助跑速度和最后用力速度这个中心问题进行的。例如，助跑距离不断加长，强调提高对助跑速度的利用率；出现了先持枪于髋侧或腰间助跑，然后再举枪至肩上的持枪助跑方法；引枪时采用上体后倒不大的技术，5 步和 6 步投掷步技术相继产生，既保持了助跑速度，加大了超越器械的动作幅度又加强了投掷步节奏，使助跑与最后用力得到更好的衔接。

这一时期，女子掷标枪运动受男子的影响也迅速发展，标枪结构的改革与男子标枪几乎同步；掷标枪技术越来越接近于男子；在训练方面，突出了专项能力特别是力量素质的提高。

由于掷标枪技术逐渐成熟与日趋完善，运动成绩达到了较高水平，男、女掷标枪世界纪录 20 世纪 50 年代末分别为 86.04 m 和 67.49 m；60 年代末分别为 92.70 m 和 62.40 m；70 年代末分别为 94.58 m 和 69.52 m。1984 年，民主德国选手霍恩以 104.80 m 的成绩创造了男子世界纪录，使人们不得不考虑改进标枪结构以保证运动的安全。一年后霍恩的同伴费尔克将女子世界纪录提高到 75.40 m。

中国掷标枪运动发展也较快，20 世纪 60 年代在亚洲就处于领先地位。申毛毛和王静分别在 1980 年和 1985 年以 89.14 m 与 64.18 m 的成绩创造了男、女掷标枪亚洲记录，截止 2013 年底，女子亚洲纪录是中国选手吕会会在 2013 年创造的 65.62 m。

三、技术稳定发展与呼唤创新时期（1986 年至今）

1986 年，男子开始使用新型标枪，对投掷技术提出了新的要求。由于男子新型标枪的重心向枪尖方向移动了 4 cm，并且加粗了枪尾部直径，使标枪的滑翔性能大大降低，因此，新型标枪的出手速度更为重要。国际田联对女子标枪的重心也做出了新的规定，从 1999 年开始使用女子新型标枪，并重新设立女子标枪世界记录，由于女子新型标枪的重心向枪尖方向移动了 3 cm，投掷技术会有新的变化和发展。

这一时期由于科学研究的日益深入，掷标枪技术、训练、教学等理论和实践得到了进一步完善与发展，在许多方面已达成共识，促进了运动成绩的稳步提高。目前，男、女掷标枪世界纪录分别为 104.8 m 和 72.28 m，中国的此两项纪录分别为 84.29 m 和 65.62 m。

随着技术的深入发展，国内外优秀标枪运动员呈现出不同的技术风格，根据最后用力的典型特征可以分为两大类：一是以投掷步速度快，助跑与最后用力衔接紧密，但最后用力动作幅度相对较小为主要特征的"速度型"技术风格；二是以投掷步速度稍慢，最后用力时躯干转动幅度较大和身体重心较低为主要特征的"力量型"技术风格。

当前掷标枪技术发展的基本趋势是：进一步提高助跑速度，突出投掷步加速节奏；缩短交叉步步长以减小交叉步右脚着地时的制动；进一步强调身体重心快速前移，形成对器械的超越动作；最后用力时间提前，转体幅度加大，注重整体用力；加长最后用力工作距离，最后出手爆发力强，沿标枪纵轴用力好，获得合理的标枪冲击角；更加重视个人技术风格，讲究技术的实效性，争取人—器械运动系统的最大效益。

掷标枪的发展过程启示我们，掷标枪运动的发展伴随着人类的探索与创新精神，创新是推动掷标枪运动水平提高的动力。当前，只有依靠人类的大胆探索和勇于创新，在理论、技术、教学、训练等诸方面加以突破，才能促进掷标枪运动持续稳定的发展。

第二节　掷标枪的技术分析

一、现代掷标枪的技术

掷标枪的完整技术是一个连续过程，为了便于分析，可分为握枪与持枪、助跑、最后用力和标枪出手后维持身体平衡 4 个部分。

（一）握枪与持枪（以右手掷标枪为例）

1. 握枪

常用的握枪方法有现代式握法和普通式握法两种。

（1）现代式握法（拇指和中指握法）：将标枪斜放在右手掌心上，用拇指和中指握在缠绳把手末端上沿，食指自然弯曲斜放在枪身上，无名指和小指自然地握在缠绳把手上（图 14~1①）。

（2）普通式握法（拇指和食指握法）：将标枪斜放在右手掌心上，用拇指和食指握在缠绳把手末端上沿，其余手指依次握在缠绳把手上（图14-1②）。

目前广泛采用现代式握法，其优点是在掷标枪出手瞬间能充分利用长而有力的中指对标枪施力，有利于增加最后用力工作距离，提高标枪出手初速度，并使标枪产生绕纵轴的旋转，保持空中飞行的稳定性。

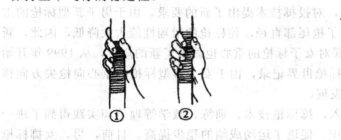

图 14-1　握枪方法　　　　　　　图 14-2　肩上持枪方法

2. 持枪

常见的持枪方法有肩上持枪法和先肩下后肩上持枪法两种。

（1）肩上持枪法：右手持枪于右肩上方，右臂弯曲，上臂与前臂的夹角约为90°，肘关节稍向外，根据个人习惯，持枪手稍高于头或在头侧，枪尖稍低于枪尾或枪身与地面平行（图14-2）。

（2）先肩下后肩上持枪法：在预备姿势和预跑时前半段，右臂自然下垂，右手持枪于髋侧或腰间，枪尾向前，随着向前的跑进动作两臂自然前后摆动。在预跑的后半段，右臂举起成肩上持枪姿势。

目前，大多数人采用肩上持枪法，这种方法动作简单，有利于控制标枪，使持枪助跑能平稳地转入引枪。

（二）助　跑

助跑的任务是使人体和标枪获得一定的预先速度，完成引枪和超越器械动作，为最后用力创造良好的条件。

助跑包括预先助跑和投掷步两个阶段。通常在助跑距离内设置两个标志，第一标志点是预跑的开始点，第二标志点是投掷步的开始点。助跑距离一般在 22～35 m 之间，女子稍短一些。预跑距离从第一标志点起到第二标志点止，一般长 12～21 m，通常跑 8～14 步。投掷步距离从第二标志点起到投掷步最后一步左脚着地处止，长约 8～12 m，用 4～6 步完成。此外，标枪出手后的缓冲距离在 2 m 左右（图14-3）。

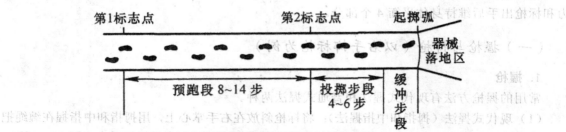

图 14-3　助跑阶段划分示意图

1. 预跑阶段

预跑前，通常是面对投掷方向原地两脚前后站立，左脚在前，踏在第一标志点上，迈右腿开始助跑。这种方法助跑步稳定，有利于准确踏上第二标志点；也可以持枪向前走或小步慢跑几步，以左脚踏上第一标志点后开始进入预跑，这种方法易使跑的动作放松，有利于发挥助跑速度。

预跑是周期性动作。预跑时，下肢动作和加速跑动作基本相同，要求跑的动作放松自然，富有弹性和节奏，保持助跑的直线性，步点稳定，控制好标枪，持枪臂随跑的节奏自然小幅度前后摆动，与下肢动作协调配合，在逐渐加速中流畅地进入投掷步阶段。

2. 投掷步阶段

投掷步是掷标枪的专门助跑阶段，不但要保持较高的助跑速度，完成引枪交叉步和超越器械等动作，还要实现由助跑向最后用力动作的过渡和衔接。投掷步的步数一般是 4 步或 6 步，用 2 步完成引枪动作；也有采用 5 步的，通常用 3 步完成引枪动作。当采用偶数步时，以左脚踏上第二标志点，迈右腿开始投掷步；当采用奇数步时则反之。我们主要介绍 4 步投掷步和直接向后引枪的技术（图 14-4）。

第一步：左脚踏上第二标志点，右腿积极前摆，同时上体向右转动，右肩后撤，持枪臂开始向后引枪，左肩向标枪靠拢，左臂自然摆向胸前，目视前方。右脚着地时，髋部正对投掷方向，躯干基本与地面垂直，右臂尚未伸直，标枪靠近身体（图 14-4②～⑤）。

第二步：右脚落地后，左腿积极前摆，同时右腿蹬地，上体继续向右转动，持枪臂继续向后引枪，左臂自然摆向身体左侧。随着左脚着地，身体已转至左侧对投掷方向，右臂伸直完成引枪动作。这时，右手约同肩高在肩轴延长线上，标枪与前臂之间的夹角较小，枪头靠近右眉，眼睛注视投掷方向（图 14-4③～⑥）。

第三步（交叉步）：这是投掷步中关键的一步。当第二步左脚一着地，右腿自然屈膝，以大腿带动小腿快速前摆靠近左腿；当身体重心移过左脚支撑点时，左腿积极蹬地，在左腿蹬伸的配合下，右大腿加速向前摆动并与左腿成交叉姿势，同时左臂自然摆至胸前，帮助左肩内扣和加大躯干向右的扭转幅度，使肩轴与髋轴形成交叉状态。由于两腿快速有力地向前蹬摆，促使髋部加速向前，超过肩部前移速度，使躯干后倾逐渐加大；紧接着左脚蹬离地面，在人体处于低腾空（短暂的无支撑）阶段，左腿快速低平前摆并超过右腿，为左脚快落支撑创造条件；随之以右脚跟外侧先着地并迅速过渡到全脚掌支撑，右脚尖外展与投掷方向约成 45°角。这时右肩、右髋和右脚几乎成一直线，身体向后倾斜与垂直面构成一定的夹角（躯干后倾角），形成良好的超越器械动作，右臂充分后伸位于肩轴延长线上，枪尖不高过头部，肩、臂肌肉保持放松（图 14-4⑨～⑩）。

第四步：这是从助跑过渡到最后用力的衔接步。交叉步右脚着地后，右腿迅速屈膝缓冲，以减小制动和加快身体重心前移，并使右小腿与地面构成较小的夹角；当身体重心前移超过右脚支撑点时，右腿积极用力蹬地，推送髋部向投掷方向前移和转动，已摆至右腿前方的左腿快速向前下方插去，以脚跟或脚内侧先着地，完成强有力的制动支撑。在左腿前摆和落地过程中，膝关节几乎伸直，大腿不要抬得过高，防止身体重心起伏，以加快投掷步第三四步的动作节奏。左脚着地位置在右脚前方偏左约 20～30 cm 处，脚尖内扣与投掷方向约成 20°角。随着左腿前摆，左臂从胸前向身体左侧摆动，标枪控制在投掷步第三步时的状态，上体仍保持向后倾斜的姿势，为最后用力创造条件（图 14-4⑮～㉒）。

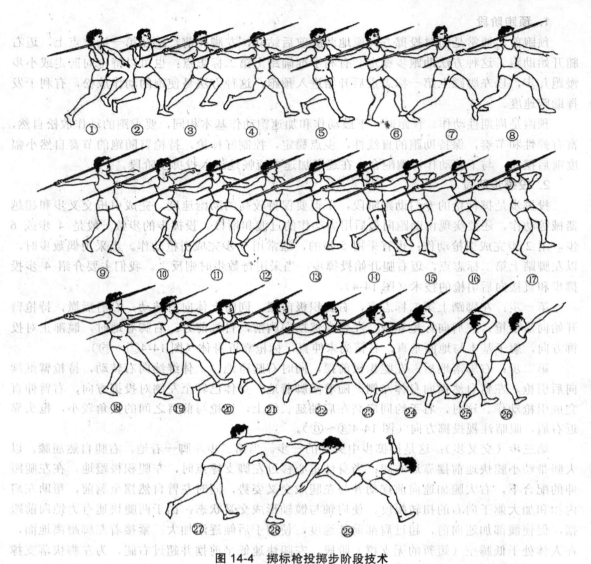

图 14-4 掷标枪投掷步阶段技术

（三）最后用力

最后用力的任务是尽量利用助跑速度和超越器械的身体姿势，连贯完成由助跑向最后用力的过渡，充分发挥人体各部分肌肉力量并通过投掷臂集中作用于标枪上，以获得最大的出手初速度和适宜的出手角度，使标枪飞行得更远。最后用力从投掷步第三步右脚着地，身体重心前移超过支撑点垂直面，右腿转入蹬地动作时开始，这是一个由投掷步向最后用力的过渡性动作，随着第四步左脚着地形成双脚支撑，为人体肌肉收缩发挥强大力量和最大速度提供了条件。因此，双脚支撑阶段是最后用力的最有效阶段。

右腿继续蹬地，推动右髋向投掷方向加速运动，使髋轴超越肩轴并牵引着肩轴向投掷方向转动。左脚着地形成的制动与支撑，为上体向投掷方向运动创造了条件。左臂屈肘积极摆向身体左下方，左肩适当压低并有效制动，形成了从左脚到左肩的左侧支撑轴，从而加快右肩向投掷方向的转动。右胸前挺带动投掷臂向上转动，前臂和手腕向上翻转，当上体转至正对投掷方向时，形成了"满弓"姿势（图14-4㉓㉔）。这时，投掷臂伸直留在身后，与肩同高，与躯干几乎成直角，右腿、右髋、右胸和右臂的连线像"弓"一样向后反张。"满弓"姿势形成后，立即转入屈体挥臂的"鞭打"动作。由于上述动作的作用以及向前的惯性，身体重心逐渐移向左腿，迫使左腿微屈支撑。胸部继续前挺带动投掷臂的上臂向前，上臂又带动前臂向前，使肘关节被动弯曲。当上臂移至肩关节垂直上方时，上臂与前臂之间的夹角约为90°，前臂与标枪之间的夹角保持在25°左右。紧接着微屈的左腿快速有力地蹬伸，被拉长的腹部肌肉强有力地收缩，胸部和右肩带动上臂向前并快速完成伸肘、挥前臂和甩腕的掷枪动作，使全身力量通过投掷臂、手腕和手指作用于标枪的纵轴上（图14-4㉕㉖）。标枪离手瞬间，手腕和手指要积极甩动，使出手后的标枪沿纵轴按顺时针方向自转飞进，提高飞行的稳定性。标枪出手的适宜角度约为29°～36°。

（四）标枪出手后的维持身体平衡

维持身体平衡是掷标枪技术的结束动作。为了防止由于惯性作用使人体继续向前运动而造成犯规，在标枪出手后，右腿应及时向前跨出一大步，上体前倾并稍向左转，屈膝降低身体重心，两臂配合自然摆动，以缓冲人体向前的冲力，维持身体平衡（图14-4㉗～㉙）。

二、掷标枪技术特点与分析

助跑和最后用力是掷标枪完整技术的主要部分，助跑和最后用力紧密衔接是掷标枪技术的难点，最后用力是掷标枪的技术重点。

（一）助 跑

1. 助跑速度

目前，世界优秀男子运动员预跑结束时的速度可达到6.5～8 m/s，女子稍低于男子。由于个体差异，不同运动员掷标枪的助跑距离、加速形式、助跑最大速度及其出现时段等，都有各自的特点。预跑段结束，应在继续加速中进入投掷步阶段。由于投掷步已转为非周期性运动，并且采用身体侧对投掷方向的助跑方法来完成引枪和超越器械等动作，容易造成减速，尤其是交叉步右脚落地时产生的制动会使身体水平运动速度有所下降，紧接着左脚落地支撑再次使身体水平速度减小。我国优秀男子运动员右脚落地瞬间与左脚落地瞬间身体重心水平速度分别为5.72 m/s和4.27 m/s。助跑进入最后用力时身体水平运动速度下降，这是由掷标枪技术特点决定的，尽管不同水平的运动员速度下降幅度各不相同，但力求减少最后用力前助跑速度的损失，保持较高速度进入最后用力是掷标枪技术的共同要求。

选择适宜的助跑速度十分重要，助跑过快会影响最后用力技术的完成质量甚至出现助跑与最后用力动作的脱节；助跑过慢则不利动量的增加，发挥不了助跑的作用。优秀运动员的助跑速度一般控制在本人平跑最高速度的70%左右。

加快助跑速度是提高掷标枪成绩的一个重要途径。标枪出手速度是一种合成速度，助跑速度为提高标枪出手速度创造了条件。优秀运动员标枪出手速度的20%～30%来自于助跑产生的作用，这种作用可称为助跑贡献率。助跑投掷与原地投掷的成绩差是衡量助跑贡献率的指标。应在不断熟练基本技术和提高身体素质的基础上逐步提高助跑速度。提高助跑速度必须与快速准确地完成最后用力技术相结合，才能获得良好效益。助跑是为最后用力服务的，提高助跑速度应以不失去对投掷动作的控制和保证最后用力获得最大速度并有效传递到标枪纵轴上为原则，任何运动员都应科学确定适合本人技术水平和身体素质特点并能表现最佳成绩的助跑速度。在训练中，加强青少年标枪运动员加速助跑意识的培养，对掌握技术和提高成绩极为有利。

2. 引枪

引枪主要有直线引枪和弧形引枪两种，大多数运动员采用直接向后引枪的方法，这种方法动作简单、引枪自然、连贯性好、容易控制标枪。直线引枪时，两腿要积极前迈，减小身体重心的上下起伏，保持投掷步速度；引枪结束，肩轴与投掷方向平行，右臂自然伸直位于肩轴延长线上，标枪靠近身体，标枪纵轴与前臂的夹角一般在 15°～20°之间，以便更好地控制标枪，为完成投掷步后两步动作和最后用力创造条件。

3. 投掷步

（1）投掷步第一步、第二步：为了保持预跑段获得的速度，投掷步第一步、第二步结束时，躯干应与地面接近垂直，躯干后倾角度不宜过大。世界优秀运动员此时躯干后倾角一般不超过10°。如果躯干后倾角过大，会加大身体重心与支撑点之间的距离而产生较大制动，影响投掷步水平速度的发挥和第三步动作的正确完成。

（2）投掷步第三步（交叉步）：交叉步是投掷步最关键的一步，对保持人体快速向前运动，形成超越器械姿势，加大掷标枪工作距离，创造良好的发力条件和实现助跑与最后用力衔接起着重要的作用。在完成交叉步动作过程中，应强调右腿摆动和左腿蹬伸动作协调配合、加大髋轴超越肩轴和躯干扭紧的程度、做好右脚着地后的缓冲动作、形成一定的躯干后倾角等技术要求。

投掷步第三步保持适宜的右腿摆出方向和左腿蹬地角度非常重要。左腿蹬地角是指交叉步离地瞬间身体重心和支撑点连线与地面的夹角。左腿蹬地角直接反映人体运动方向，世界优秀运动员平均约为 72.89°。左腿蹬地角越大，交叉步离地瞬间身体重心的垂直速度也越大，会因为交叉步腾空过高和交叉步步长过大等错误，而导致身体重心上下起伏，破坏人体向前运动和损失水平速度，并增加了右脚着地时承受的冲力和完成动作的难度。

由于交叉步两腿的积极动作，特别是右腿前摆带髋，使髋轴加速转向投掷方向，左臂摆动帮助左肩内扣和躯干右转；在右脚着地时，世界优秀运动员的髋轴与投掷方向的夹角通常在 140°～158°，平均约为 146°；肩轴与投掷方向的夹角平均约为 181°；躯干形成扭紧状态，充分拉长躯干肌群，为快速收缩用力做好了准备。

由于交叉步右脚着地点在身体重心投影点前，右脚支撑承受的垂直冲力和水平冲力都较大，因此，右脚着地后右膝应及时弯曲，通过有弹性的缓冲，促使身体重心尽快移过支撑点，以减小制动，保持水平速度和人体在高速运动中的平衡，拉长腿部工作肌群，为紧接着的蹬伸动作创造有利条件。世界优秀运动员膝关节弯曲角一般在 145°左右，缓冲时间为 0.08～0.12 s。右膝弯曲角度和缓冲时间与右脚着地时的位置以及运动员训练水平有关。

交叉步右脚落地瞬间的躯干后倾角，是反映运动员最后用力前身体位置合理程度的重要指标。世界优秀运动员此时躯干后倾角约为 20°～26°。后倾角过大，虽然可获得较长的最后用力工作距离，但易造成身体后倒，使右脚单支撑时间加长，从而影响动作的连贯性；后倾角过小，会导致上体过早前移，影响最后用力动作幅度和肌肉能量的发挥。

（3）投掷步第四步（助跑与最后用力的衔接）：第四步是助跑中唯一没有腾空的一步，其任务是左脚主动快落，做好左侧支撑动作，实现助跑向最后用力的连贯过渡，使助跑获得的速度有效地传递到最后用力中去，提高标枪的出手速度。因此，这一步动作直接影响着最后用力的效果，是掷标枪较难掌握的技术环节。也是评价掷标枪技术质量的重要指标。

实现助跑与最后用力衔接应注意以下技术特点：

① 第四步左腿前摆低平、快速并及时超越右腿，即第二步右脚一着地，左腿已摆至右腿前方，为左脚快落支撑做好准备。

② 第三步右脚着屈膝缓冲后尽快转入右腿蹬地动作。右腿以较小的角度蹬地，既可防止身体重心过早上移，加快髋部向投掷方向移动的水平速度，又可为左脚快落支撑创造条件，缩短由单脚支撑过渡到双脚支撑的时间。

③ 在右腿蹬伸动作配合下，左脚沿地面快速下插着地。左腿强有力地制动支撑，不仅保证右腿继续正确用力，而且使动量不失时机地由下肢传递给上体和标枪。

④ 第四步的步长合理。步长过大会增加将身体重心推向左腿的难度，并影响出手动作的完成；步长过小则不能有效地完成最后用力动作。第四步所用时间要短，世界优秀运动员约为 0.16～0.20 s。在第四步左脚即将落地时，仍要保持一定的躯干后倾角，为加大最后用力工作距离创造条件。

4. 投掷步的形式与节奏

投掷步形式有 3 种：跳跃式、跑步式和混合式。

（1）跳跃式：跳跃式投掷步像跑跳步，摆动腿抬得较高，后蹬有力。特点是节奏感较强，腾空时间长，有利于完成引枪和超越器械动作，但易造成身体重心起伏而损失助跑速度。

（2）跑步式：跑步式投掷步像平跑一样，特点是步幅较小，动作自然连贯，能较好地保持水平速度，但引枪时间短，交叉步时较难完成充分的超越器械动作。

（3）混合式：混合式投掷步结合上述两种形式的特点在引枪结束前采用跑步式，交叉步采用跳跃式，特别是身体重心运动轨迹较平，节奏性强，动作放松，易发挥较快的助跑速度。

投掷步应表现良好的动作节奏，这种节奏是掷标枪助跑的显著特点。投掷步节奏不仅体现在完成各步动作的时间和技术的准确性以及两腿加速等方面，而且与各步的步长密切相关。在尽量保持预跑段已获得的速度的基础上，投掷步节奏各步有所不同，优秀运动员通常表现出第一步、第二步较快，第三步稍慢，第四步最快的节奏特点。尽管优秀运动员投掷步各步步长分配存在着差异，但也呈现出一定的规律，通常是第一步长，便于完成引枪动作；第二步较长，为过渡到交叉步创造条件；第三步最长，保证有充足的时间形成超越器械姿势，为最后用力做好准备；第四步最短，有利于实现助跑与最后用力的衔接。

（二）最后用力

最后用力是增大标枪出手速度的主要阶段，器械在这一阶段获得的速度占出手速度的70%～80%。在最后用力阶段，运动员应以最短的时间在尽可能长的工作距离内将最大的力作用于标枪纵轴，使标枪在出手瞬间达到最高速度并以适宜的出手角度掷出。

最后用力过程包括"满弓"、"鞭打"和标枪出手 3 个动作阶段。

1. "满弓"动作

"满弓"动作是顺利完成"鞭打"动作的前提和保证。在"满弓"动作形成过程中，两腿协调配合用力十分重要。右腿蹬地推送右髋加速前移，左脚着地制动支撑使下股运动突停而产生动量转移，加之左脚制动点处于身体的旁侧部位形成了旋转力，从而提高了右髋向投掷方向运动的速度和幅度，不仅使"满弓"动作得以形成，而且为髋轴领先肩轴运动并带动躯干充分转动创造了条件。因此，右腿积极蹬地是实现"满弓"的基础，左腿制动支撑是形成"满弓"的保证。

"满弓"动作结束瞬间，投掷臂在肩上伸直，躯干与上臂之间形成的拉引角是衡量"满弓"动作质量的一个重要指标，优秀运动员拉引角通常在90°左右。此时，枪尖稍高于头顶，前臂与标枪保持较小的夹角，为增加"鞭打"用力的工作距离和发挥胸、肩、臂肌肉的收缩力量创造条件；左腿微屈支撑，左膝关节达到最大弯曲角度，优秀运动员约为 150°～165°，为紧接着的左腿充分蹬伸用力，提高标枪出手速度做好了准备。

2. "鞭打"动作

形成"满弓"后，应刻不容缓地转入"鞭打"动作。"鞭打"动作是掷标枪的重要技术特征，是取得最后用力良好效果的关键技术动作。做"鞭打"动作时，身体各环节用力顺序和速度变化要符合人体运动链的原理。人体参与用力的各环节肌肉群自下而上按严格的顺序依次用力，使人体各环节相继加速运动，然后依次减速，动量从质量较大的躯干依次向胸、肩上臂、前臂、手腕、手指等环节传递，并不断得到积累、补充和合成，最后传到器械上，大大提高了标枪的出手速度。身体各环节的依次加速运动，造成相邻环节肌肉依次快速拉长，引起肌肉的有力收缩。因此，前一环节加速的结束是后一环节加速的开始，不仅体现了身体各环节合理的用力顺序，而且形成了身体各环节的速度变化曲线（图 14-5 所示）。

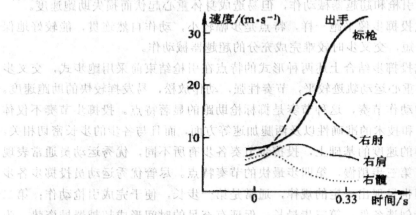

图 14-5　最后用力身体各环节速度变化图

"鞭打"时，左腿支撑十分重要。左腿的支撑与蹬伸是实现动量传递和增加器械出手速度的重要技术，在"鞭打"时上体积极前移，保证身体重心升高，使人体和标枪进一步加速具有很大作用。左腿强有力的支撑还有助于配合完成挺胸动作，弥补因胸部前挺方向偏下面造成的不良影响，使"以胸带臂鞭打"动作能够正确完成。

3. 标枪的出手与飞行

在最后用力阶段，加大作用于标枪纵轴的力、增加用力工作距离和缩短用力时间是提高标枪出手速度的重要方面。准确沿标枪纵轴用力体现了最后用力的合理性，是加大对标枪作用力的主要方面。最后用力阶段，优秀运动员对标枪的施力距离可达 2.10~2.30 m，而时间仅在 0.12~0.15 s 之间。

标枪出手时，不仅要获得适宜的出手角度，还应考虑倾角和冲击角。倾角是指出手瞬间标枪纵轴与水平面的夹角。在不同的风向投掷时，应适当改变出手角和标枪倾角。研究证明，逆风投掷时应适当减小倾角，顺风投掷时则反之，以便合理地利用空气升力，减小空气阻力，因此，提高运动员出手瞬间的控枪能力十分重要。有研究显示掷标枪合理的冲击角应为接近零度的负手角。

由于运动员在标枪出手时的甩腕拨枪动作，使出手后的标枪沿纵轴旋转向前飞进，这种自转对提高标枪飞行的稳定性有利；在有些情况下还会产生一定的空气升力，起到延缓标枪落地时间的作用。

第三节 掷标枪的教学分析

一、掷标枪教材分析

掷标枪技术教学的重点是最后用力动作。在教学中，第一，要帮助学生掌握合理的投前姿势和正确的最后用力顺序，通过专门性练习体会身体各环节动作的协调配合，尤其是腿、髋、腰、胸、肩等大肌群的用力要求；学会"自下而上"、"以大带小"的用力顺序，防止只以上肢用力或上肢过早用力的错误动作，强调发挥身体各环节力量放松投掷。第二，要帮助学生掌握左侧支撑动作，体会左臂、左肩、左腿等身体各环节在最后用力中的正确运动与配合。第三，要强调沿标枪纵轴用力的技术要求，重点体会投掷臂"鞭打"用力方向与枪尖指向一致，与标枪纵轴不产生任何方向上的角度偏差。第四，学习最后用力动作应注意由原地练习及时向跑动中练习的过渡，采用助跑投小垒球等练习手段，逐步培养学生在快速。此外，应重视投掷步特别是交叉步技术的教学。

在教学中，应注意引枪的方向、标枪的位置以及引枪和下肢动作的协调配合，强调交叉步两腿摆蹬的配合和形成超越器械姿势，并对投掷步的步点、步长、加速、连贯性和动作节奏等方面不断提出要求。

助跑与最后用力紧密衔接既是教学的重点，也是教学的难点。在教学实践中，教师应深入钻研教法，选择有效的练习手段，反复强调交叉步后右腿快速转入蹬伸动作和左脚主动快落进行最后用力的要求，并采用由慢速助跑练习逐渐过渡到快速助跑练习，由模仿练习过渡到轻器械练习等教学方法，帮助学生尽快掌握在快速助跑中不停顿地完成最后用力的技术动作。

二、掷标枪教学的程序与方法

（一）建立正确的掷标枪技术概念

（1）通过讲解、示范和其他电化教学手段，使学生了解掷标枪的技术过程、主要技术环节及其特点。

（2）简介掷标枪的比赛规则、场地和器材，简介掷标枪运动的发展，提出掷标枪教学要求与安全措施，使学生掌握掷标枪的一般知识。

（二）学习最后用力技术

（1）学习、掌握掷标枪的各种诱导练习和专门练习。

（2）学习握枪与持枪方法。

① 学习现代式握法，介绍普通式握法。在讲解、示范后让学生练习，教师检查并组织学生相互纠正。亦可组织学生对两种握枪法进行比较分析。

② 学习肩上持枪方法。教法手段同上。

3. 原地正面插枪

面对投掷方向，两脚前后开立，左脚在前，身体成"弓"形姿势，投掷臂伸直持枪于右肩后上方，枪尖低于枪尾，左臂微屈于体前。然后两腿蹬地，以胸带臂，沿枪尖指向掷出标枪。

（1）向目标插枪：在投掷前方约 10 m 处的地上画小圆圈或设置其他目标，投掷时使枪尖插中目标。设置的目标由大到小，由近至远（目标不动，人向后移）。

（2）逐渐抬高准备姿势时枪尖的位置，逐渐加大出手角度原地正面插枪。

4. 正面上一步插枪

面对投掷方向，两脚前后开立，右脚在前，右臂伸直持枪于右肩后上方。然后左腿前迈，体重移向右腿，随左脚落地右腿用力蹬地、送髋，上体和右胸积极向前，带动右臂向前下方插枪。

5. 原地侧向掷标枪

侧对投掷方向，两脚左右开立，体重落在弯曲的右腿上，上体向右倾斜，投掷臂伸直持枪于肩轴延长线上，枪尖约与眼同高，指向约为 30°的前上方，左臂微屈于左肩前，目视投掷方向。然后右腿蹬转，送髋转体，转肩翻肘，在左腿支撑、蹬伸配合下，以胸带臂"鞭打"掷出标枪。

（1）徒手或持标枪练习原地侧向掷标枪的准备姿势。

（2）徒手、持标枪或双人互拉手，从准备姿势开始用力并成"满弓"姿势。

（3）右手持软树枝，采用原地侧向掷标枪的准备姿势然后快速向前上方的标志物做"鞭打"动作。结合学习右腿前跨一步缓冲并维持身体平衡动作。

6. 侧向上一步掷标枪

准备姿势同 5，但左腿靠近右腿，左脚尖在右脚跟处着地。在右腿蹬转、送髋的同时，左腿前迈下插着地，并连贯完成后续动作掷出标枪。

（三）学习投掷步掷标枪的技术

1. 投掷步第三四步的练习

侧对投掷方向，两脚左右开立，投掷臂后引伸直。然后右腿屈膝积极前摆，左腿配合蹬伸，经低腾空右脚着地，右腿弯曲左脚下插着地，上体右倾形成最后用力准备姿势。

（1）徒手、扶同伴两肩或扶支撑物做右腿屈膝前摆与左腿交叉的练习；要求两腿协调配合、避免踢右小腿动作。

（2）徒手、持标枪做交叉步结合左脚着地的练习：要求右腿着地瞬间，左腿摆至右腿前。

（3）徒手、持标枪或软树枝连续向前交叉步走和交叉步跑：要求两腿摆蹬协调配合上体右倾，投掷臂保持稳定。

（4）侧向上两步成"满弓"练习：随着交叉步右脚着地屈膝缓冲，右腿蹬地用力，左脚下插着地，转肩翻肘形成"满弓"姿势。

（5）侧向上两步掷标枪练习：开始动作同"满弓"后连贯用力"鞭打"掷出标枪。要求交叉步后形成超越器械姿势，上步与最后用力结合，最后用力顺序正确。

2. 引枪练习

原地正面两脚前后开立，左脚在前，右臂弯曲肩上持枪；然后按投掷步第一二步的技术要领完成引枪动作。

（1）原地引枪练习：要求转体与引枪配合，引枪方向正确。

（2）上两步引枪练习：随教师的口令，引枪动作要由慢到快，注意两腿前迈与引枪动作同步进行。

（3）走和慢跑4步接引枪的练习：先做走4步引枪练习，再过渡到慢跑4步引枪练习。要求上、下肢动作协调配合，引枪在两步内完成。

3. 投掷步掷标枪练习

面对投掷方向两脚前后开立，左脚在前，肩上持枪。然后右腿前迈完成投掷步动作，最后用力掷出标枪。

（1）徒手或持标枪做投掷步练习：要求动作连贯，形成良好的最后用力准备姿势。

（2）徒手或持标枪做投掷步接"满弓"练习：交叉步后右腿蹬地与左脚下插落地结合。

（3）投掷步掷标枪练习：练习时应重点强调交叉步动作，超越器械动作、投掷步第三四步与最后用力衔接以及正确的最后用力顺序。

（四）学习全程助跑掷标枪技术

（1）持枪助跑练习。面对投掷方向两脚前后开立，左脚在前，肩上持枪。然后右腿前迈开始做持枪助跑练习，助跑速度由慢到较快，距离20～30 m。

（2）持枪慢跑4～6步接投掷步的练习。

（3）持枪中速跑4～6步接投掷步的练习。

（4）4～6步助跑掷标枪或小垒球的练习。4～6步是预先助跑，然后进入投掷步结合，最后用力投掷标枪。

（5）丈量全程助跑步点。以走步或跑步的方法确定全程助跑距离和第二标志点，通过反复练习达到基本稳定。

（6）8～10步助跑掷标枪练习。要求预跑速度不要太快，引枪动作连贯，控制好标枪，投掷步结束形成超越器械姿势，并迅速进入最后用力阶段，最后用力顺序正确。

（五）改进和提高掷标枪的完整技术

（1）全程助跑掷标枪练习。应重点强调动作的连贯性和节奏。

（2）确定个人助跑速度，全程逐渐加速助跑掷标枪。

（3）根据每个学生掌握技术的情况，分别采用相应的有效手段，改进有关技术环节的动作，提高和巩固掷标枪完整技术。教师要注重培养学生分析技术、发现和纠正错误动作的能力。

（4）进行助跑掷标枪的技术评定。

（5）组织助跑掷标枪的教学比赛。

第四节　掷标枪的技术训练

掷标枪的技术训练方法：

（1）掷标枪各种专门练习和模仿练习（徒手和带器械）。

（2）原地、上3～5步、短程助跑、全程助跑的鞭打练习。

（3）原地和上步插枪、投小球或石块、掷标枪。

（4）原地侧向掷轻标枪、标准枪或投掷其他器械。

（5）交叉步各种练习和交叉步掷标枪。

（6）原地、上步和短程、全程助跑（采用不同的助跑速度）做引枪练习。

（7）投掷步掷标枪或投掷其他器械。可在地上画出步点标志或通过语言、击掌等信号提示进行投掷步练习，以形成稳定的步长和建立节奏感。

（8）以各种速度做持枪助跑练习和持枪助跑接投掷步的练习。

（9）短程、半程、全程助跑掷标枪或投掷其他器械。

第五节　掷标枪的素质训练

一、专项速度训练的主要方法与手段

1. 发展助跑速度的主要练习

（1）短、中、长距离持枪快跑，利用下坡持枪快跑。

（2）20～30 m 持枪计时加速跑或行进间 15～20 m 持枪计时跑。

（3）持枪跑接投掷步的节奏跑练习。

（4）徒手、持枪或负轻重量连续交叉步跑 15～20 m，持枪计时跑。

（5）持枪跑 15～20 m 后引枪接侧向交叉步跑 15～20m，动作熟练后结合计时。

（6）持枪全程助跑练习。

2. 发展专项动作速度的主要练习

（1）徒手或持枪，原地或左腿上一步做右腿大幅度快速的蹬转送髋练习。

（2）徒手或持枪，交叉步后右腿做快速蹬转送髋动作。

（3）原地或上步做大幅度、快速度的展体"拉弓"和屈体"鞭打"练习。

（4）两手正握单杠，两脚前后开立，左脚在前，右腿屈膝，体重落在右腿上；然后做快速的蹬腿送髋和挺胸拉肩练习。

（5）原地正面、原地侧向和上步，徒手或手持软树枝做各种"鞭打"练习。

（6）右手持一段软管、粗绳或软竹竿，原地、上步或助跑，快速用力击打前上方悬挂的轮胎，吊球或其他标志物。

（7）原地侧向、交叉步、助跑对挡墙或挡网掷垒球、小沙包和轻橡皮球。

（8）投掷步或短程、半程、全程助跑掷小球、小石块和轻标枪。

二、专项力量训练的主要方法与手段

（1）仰卧、斜卧、立姿或坐姿，单臂或双臂从头后屈肘拉起杆铃（片）。

（2）坐凳肩负杠铃转体。

（3）双手持杠铃片弓步臂上举。

（4）单手或双手持杠铃片，单臂或双臂绕肩转动，或绕肘、腕转动（向不同方向）。

（5）两手各持杠铃片直立，两臂依次交替向头后上方和体后下方摆振。

（6）单手或双手持杠铃片做右腿蹬转展体拉"满弓"的练习。

（7）俯卧在跳箱或"山羊"上，两手持轻杠铃片，上体尽量前屈，两腿由同伴压住。然后上体充分后屈抬起，两臂向后上方摆动，肩部拉开，挺胸抬头使躯干成反弓形。抬上体时可结合做向左、右转体动作；也可成仰卧姿势做前、后屈体练习。

（8）单杠悬垂，两腿后摆并充分展体挺髋，然后快速收腹举腿使两脚触及头上方的单杠。

（9）两手持杠铃片左、右腰绕环。要求绕环幅度大，结合挺髋动作。

（10）原地正面两脚前后开立，左脚在前，以单手或双手从头后向前上方掷实心球。

（11）正面上一步、上两步、助跑以单手或双手从头后向前上方掷实心球。

（12）侧向站立，原地或上步蹬腿、送髋、转体用力，以单手或双手从头后向前上方掷实心球。

（13）成半仰卧姿势（腰背部枕一个软实心球），利用腹、胸、肩和臂依次收缩的力量，单手或双手从头后向前上方掷实心球。可逐渐增加上体前移幅度成仰卧坐起向前上方掷球。

（14）两膝弯曲跪在体操垫上，上体面对投掷方向充分后仰成反弓形，双手从头后向前上方（挡墙）掷实心球。也可上体侧对投掷方向，肩、肘部扭转拉紧，利用转体动作单手掷轻球。

（15）反弹球练习。面对挡墙两脚前后开立，左脚在前距墙约 20 cm 处，身体成反弓形，投掷臂持带球或有套子的实心球，另一手可扶墙或支撑物。然后蹬腿、收腹、挺胸、挥臂用力用球击打墙面（手仍抓紧球的带子），利用球击墙后的反弹力使身体再次成反弓形，连续做。要求用力顺序正确，幅度逐渐加大，亦可双手持球练习。球的重量不宜过重。

（16）一手抓住胶带（胶带另一端固定），原地、上一步或交叉步用力拉成"满弓"。练习时抓握胶带的手臂要放松，不应主动用力。

（17）胶带一端固定，另一端套在右膝上，做克服阻力或增加助力的右腿交叉步摆动动作，提高大腿内收肌的收缩速度和力量。

（18）原地、上步、投掷步或短程助跑掷橡皮球、小铁球和加重标枪。要求严格控制器械重量和投掷强度。

（19）负重或不负重的侧向单足跳和侧向多级跳。可采用计时或丈量距离的方法加大训练强度。

（20）正面 4 步助跑，左腿快速蹬地跳起，右手摸空中标志物。要求 4 步助跑有明显节奏，后两步快于前两步。

三、柔韧性、灵活性训练的主要方法与手段

（1）各种转髋练习。如正面两腿左右交叉转髋走，侧向两腿前后交叉转髋跑，两腿并拢或左右大开立转髋，原地或行进间跳起连续转髋等。

（2）向不同方向大幅度摆腿和摆臂。

（3）侧向站立，原地和上步做低重心、大幅度的右腿蹬转、送髋练习。

（4）两手握单杠或吊环做悬垂翻转拉肩练习。

（5）利用垒木或双人配合做各种背弓和后桥练习。

（6）利用垒木或标枪做各种压肩、转肩和双人配合拉伸肩关节的练习。

（7）用标枪顶住墙，原地和上一步做右腿蹬转、送髋、挺胸，拉肩的练习。

（8）单手或双手握标枪、拉胶带、扶垒木和低单杠，或拉住同伴的手做各种展体拉"满弓"的练习。

（9）各种转体、屈体、体侧屈和伸展腰椎关节的练习。

（10）俯卧在体操垫上，两手握踝做抬头、挺胸、展髋练习。

第六节　掷标枪赛前训练与比赛

在重大或主要比赛前，应安排一个专门准备阶段进行赛前训练，通常需要有 6～8 周的时间。赛前训练的主要任务是通过技术训练、身体训练、心理诱导以及模拟训练等逐步提高运动员的专项能力和竞技状态，为运动员在比赛中能取得优良的成绩做好准备。

赛前训练是由训练准备期向竞赛期的转化和过渡，训练内容有所变化，但不宜过多过大，两者要注意衔接，体现连贯性。赛前训练的特点是相对增加专项训练内容的比重，提高专项技术训练质量，稳妥地减小训练负荷量而相应加大负荷强度，逐渐提高运动员的心理应激水平，更加突出具有个人特点的训练安排，逐步提高竞技能力，以适应比赛的需求。

赛前训练通常可分为两个阶段来安排。赛前一周的安排至关重要，教练员要根据个人特点把运动员的竞技状态调控至最佳水平。不宜过早或过晚减小训练负荷量，过早减量可能导致提前兴奋，过晚减量又可能导致比赛兴奋不起来。因此，教练员要加强学习，勇于探索，勤于思考，针对运动员的特点区别对待，科学安排好赛前一周的训练。如一周内安排两次技术训练课，第二次课投掷强度应大于第一次课。如一周内有 3 次技术训练课，则以一次大强度为主，另两次为中上强度。如赛前安排力量训练，应注意练习手段不宜采用过多，练习的组数、次数相对减少，负重强度一般控制在 80%～90%。赛前一周与比赛周的训练计划示例见表 14-1。

表 14-1 赛前一周、比赛周训练计划安排

星期	赛前一周	比赛周
一	发展速度，提高专项能力	发展速度、弹跳力
二	改进掷标枪技术，发展力量（中等强度）	完善技术（中等强度）
三	一般身体训练	专项力量和力量练习
四	同星期一训练内容	休息或轻微活动
五	同星期二训练内容（大强度）	赛前准备活动
六	发展力量和速度	比赛
日	积极性休息	休息

　　我国运动员在参加重大比赛前 4 天的训练安排一般是：第一天，掷标枪 10～5 次，抛铅球和跳跃练习；第二天，杠铃练习；第三天，赛前准备活动；第四天，休息；第五天，比赛。

　　在安排赛前训练时，教练员还应从实际情况出发，使训练时间尽可能与比赛日程相一致，注意女子运动员月经周期的变化，避免在训练中发生伤病。此外，教练员必须将心理训练、恢复训练的内容纳入赛前训练计划。

　　在比赛前，教练员应根据运动员的具体情况，制定出准备活动与比赛计划。准备活动应充分考虑到时间、内容、练习手段、活动程序、活动场所甚至气候条件等方面，并研究增强运动员信心和调节比赛情绪的方法，鼓励运动员力争在前几次试掷中就发挥出较高水平，教会运动员掌握自我心理调节的方法，培养运动员的应变能力，使其善于分析和利用比赛环境，发挥正常技术，取得理想成绩。

第七节　掷标枪的实训计划

一、青少年运动员周训练计划示例

　　表 14-2 是准备期每周训练 4 次的周计划示例。

表 14-2 准备期周计划

星期	主要任务	主要内容	负荷量	负荷强度
星期一	发展柔韧素质、改进技术、提高跑跳能力	垒木练习；持枪柔韧练习；加速跑 40 m×6；引枪 20 次；投掷步练习 20 次；上两步掷标枪 15～20 次；投掷步掷标枪 20～25 次，立定三级跳远 15 次；跳栏架 50～60 次	中	中
星期三	发展速度、提高专项力量	跑的专门性练习；加速跑 30 m×4；行进间跑计时 20 m×6；持枪跑 30 m×4；持枪连续交叉步跑 20 m×4；双手持杠铃片弓步臂上举 12 次×4，两臂摆振 10 次×4；肩绕环各 10 次×4；腰绕环左右各 6 次×4；跨步跳 10 级×4 5～6 组	大	中

续表 14-2

星期	主要任务	主要内容	负荷量	负荷强度
星期五	发展柔韧素质、改进技术、发展专项"鞭打"速度	垒木练习；加速跑 40 m×6；专项技术模仿练手；上步投小球如 10~15 次；投掷步投小球 10~15 次；短程助跑打鞭子 20 次；短程助跑掷轻标枪 20 次；立定跳远 15 次	中	小或中
星期六	发展力量素质、抛掷练习、发展下肢爆发力	加速跑 40 m×6；抓举；负重转体；仰卧头后拉起重物；正面上步双手头后向前上方掷实心球 20 次；后抛实心球 20~25 次；原地投重器械 20 次；跳栏架 50~60 次；跑跳步练习	大	中

二、青少年运动员训练课计划示例

1.本课训练任务

（1）发展运动员肩、胸、腰的柔韧性。

（2）改进交叉步和最后用力技术动作，提高交叉步两腿摆、蹬、落的配合以及形成超越器械、连贯用力和最后用力顺序的动作质量。

（3）发展专项"鞭打"速度，提高专项投掷能力。

2. 准备部分

（1）慢跑 600-800 m。

（2）行进间徒手操 8 节。

（3）垒木练习：①压肩；②同伴帮助压肩；③双手或单手握垒木拉肩，逐渐加大动作幅度；④双手握垒木下蹲，两腿蹬起拉肩；⑤两手握垒木，两脚踏在垒木低层横木上做反弓拉肩；⑥背对垒木站立，逐渐下腰使人体成"桥"形。

（4）加速跑 40 m×6 次，注意跑得轻快，富有弹性，动作正确。

3. 基本部分

（1）专项技术模仿练习：①右臂伸直持枪，蹬地送髋转体拉成"满弓"6 次×5 组；②上两步引枪，10 次×2 组；③引枪接交叉步，5 次×4 组；④持枪投掷步接右腿蹬转拉成"满弓"，4 次×5 组。

（2）上两步投 300 g 小球，5 次×3 组。

（3）投掷步投 200 g 小球，5 次×3 组。

（4）4 步助跑打鞭子（右手持一段粗绳、胶管或软树枝，助跑进入投掷步接最后用力击打足球门横顶木或其他标志物），5 次×4 组。

（5）4~6 步助跑掷轻标枪（重量不超过 300 g），5 次×4 组。

（6）立定跳远，5 次×3 组。

4. 结束部分

（1）追逐游戏 5 min。

（2）放松慢跑 400 m。

（3）伸展练习 5 min。

第十五章　掷　链　球

第一节　掷链球的发展概况

现代掷链球运动是 19 世纪后叶在苏格兰和爱尔兰发展起来的。1900 年，第二届现代奥林匹克运动会，掷链球被列入正式比赛项目，同时确定了掷链球的比赛规则。

1890～1920 年间，爱尔兰裔美国人约·费拉纳根，14 次改写掷链球世界纪录，曾连获第二、第三、第四届奥运会冠军。1913 年，美国人帕·瑞安创造了第一个被世界公认的世界纪录（57.73 m）并一直保持了 25 年之久。这一时期的运动员都采用以左脚尖为圆心的旋转技术。1920 年以后，运动员开始使用 3 圈的旋转技术。当时，美国运动员弗·图尔完善了脚尖旋转技术，其技术特点是旋转 3 圈，旋转速度逐渐加快，并形成超越器械动作，保持了一个强而有力的最后用力姿势。他的最好成绩是 59.44 m。

20 世纪 30 年代初，德国教练塞·克里斯曼依据力学原理和人体运动的特点，利用电影技术对掷链球技术进行分析后提出：合理的掷链球技术应该是从左脚跟外侧开始旋转，向左脚外侧转动并过渡到前脚掌转动，继而再过渡到左脚跟转动，同时他还提出了两手放在体前拉住链球旋转的方法，以保证左脚在地面的牢固支撑，使运动员在旋转中能很好地维持身体平衡和控制肢体动作；另外，由于两臂充分伸展，加大了链球的旋转半径，有效地提高了链球的出手速度。这一技术结束了掷链球史上的脚尖旋转技术，被认为是一个划时代变革，推动了链球运动的发展。

20 世纪 50 年代初，掷链球运动在欧洲得到空前发展，掷链球技术逐渐趋于完整、合理，并向快速方向发展，掷链球水平普遍提高。匈牙利运动员约·切尔马克在 1952 年第十五届赫尔辛基奥运会上，以 60.34 m 的成绩获得冠军，成为世界上第一个将链球掷过 60 m 的运动员。1950～1970 年的 20 年中先后有 9 人 22 次创掷链球世界纪录。美国运动员哈·康诺利获第十六届奥运会冠军并于 1960 年突破 70 m 大关，1965 年达到 71.26 m。这一时期，掷链球运动员采用大量的杠铃训练，力量普遍增大。如康诺利的最大深蹲力量达 260，硬拉 320kg，抓举杠铃大都在 120～130 kg 以上。

1970～1986 年，共有 8 人 19 次创掷链球世界纪录，呈高水平持续发展趋势。1978 年，苏联运动员鲍·扎伊邱克以 80.14 m 的成绩创世界纪录，是世界上第一个超越 80 m 大关的运动员。谢·迪赫 6 次创世界纪录，最好成绩达 86.74 m，此项纪录保持至今。

20 世纪 80 年代后期以来，掷链球运动稳步发展。第二十四届至二十七届奥运会前 3 名运动员的成绩均超过 80 m，而各名次之间成绩相差无几，这使得掷链球比赛更加激烈，扣人心弦。

随着田径运动的飞速发展，国际田联 1993 年在德国斯图加特第 39 届代表大会上规定"女子掷链球 1993 年以来创造的最好成绩将作为世界纪录，存入档案"。1994 年，新修订的田径竞赛规则中设立的世界纪录、世界青年纪录中，增设女子掷链球纪录。这为女子掷链球的发展提供了良好的契机。1994 年 2 月 23 日，俄罗斯的库岑科娃在阿德勒取得的 66.84 m 的成绩成为第一个女子掷链球世界纪录。1999 年又创造了 76.07 m 的世界纪录。1997 年，女子掷链球又被列为 1999 年世锦赛和 2000 年奥运会的比赛项目。从此，女子掷链球项目迈进奥运大家庭。

我国掷链球运动起步较晚。1954 年苏联田径队访华，才第一次举行掷链球比赛。当年中央体育学院研究生王宏以 29.92 m 的成绩创下我国第一个掷链球纪录。1956—1966 年，掷链球运动在我国发展较快。1956 年杨少善率先掷过 40 m，一年后山东运动员毕鸿福以 50.68 m 突破 50 m 大关。1963 年，解放军运动员李云彪以 62.3 m 创全国纪录，这一成绩与当时的世界纪录相差 7.47 m。

1967—1972 年掷链球训练呈停滞状态。

1973 年，掷链球运动又重新发展起来。1976 年，解放军运动员纪绍明以 63.96 m 创全国纪录。随后纪绍明、胡刚、谢英琪先后 6 次创全国纪录，推动了我国掷链球运动的发展。1988 年后起之秀、江西省运动员毕忠 6 次创全国纪录，并以 77.04 m 创当时亚洲纪录为我国链球运动冲出亚洲奠定基石。1973～1990 年是我国掷链球运动发展的又一次高峰。

进入 20 世纪 90 年代以来，由于我国掷链球项目普及较差，基础较薄弱，使我国的掷链球运动发展出现了徘徊的局面。但女子掷链球运动的兴起又为我国掷链球运动的发展带来了曙光。1994 年，我国开始了女子掷链球的选材与训练工作。1998 年 7 月 19 日，我国选手顾原在第十二届亚洲田径锦标赛上夺得女子掷链球冠军，并先后 3 次以 61.42 m、61.86 m、62.28 m 的成绩打破亚洲纪录，一举进入当年世界前 10 名，为我国女子掷链球运动的崛起打下了良好的基础。2000 年，中国八一队赵巍以 65.70 m 创亚洲纪录。2001 年 5 月，八一队小将张文秀又将亚洲纪录提高到 66.30 m。陕西选手顾原在第九届全国运动会上以 66.97 m 的成绩再次提高亚洲纪录。2012 年 5 月 24 日在国际田联挑战赛捷克俄斯特拉发站比赛中以 76.99 m 的成绩再次打破亚洲纪录。中国女子掷链球的异军突起将在中国乃至世界掷链球运动的发展史上添上浓重的一笔。

第二节　掷链球的技术分析

一、现代掷链球的技术

掷链球时，运动员用双手持链球在投掷圈内，以旋转的动作形式，使链球逐渐获得加速，最后将链球掷出。通常把掷链球技术分为握持链球、预备姿势、预摆、旋转、最后用力和维持身体平衡 5 部分。

（一）握持链球

投掷链球时，通常采用扣锁式握柄方法（以向左旋转投掷为例）。这种方法是将链球的把柄放在左手食指、中指和无名指中指节末节，手指关节弯曲成勾形，勾握把柄，掌骨关节相对伸直，右手指扣握在左手指的指根部，右手的拇指扣握左手食指，左手拇指扣握右手拇指，两拇指交叉相握，成扣锁式握法。

（二）预备姿势

运动员背对投掷方向站立在投掷圈后沿，两脚开立，距离同肩宽或略宽于肩，以适应运动员预摆和进入旋转为度。左脚站于靠近投掷方向中心线，右脚稍远。两膝关节弯曲，向前倾向右转，体重稍偏右，链球放在圈内身体右后方，两臂伸直。

图 15-1　握球的方法　　　　　图 15-2　预备姿势

（三）预　摆

预摆是从预备姿势开始，链球绕人体纵轴由高点到低点的椭圆形运动。其目的是使链球获得适宜的预先速度，为平稳地进入第一圈旋转创造有利条件。投掷者一般采用两周预摆。

第一周预摆动作是从两腿蹬伸、上体直立左转拉伸两臂开始的，使链球从身体的右后方沿向前—向左—向上的弧线运动。随着链球向前移动，体重逐渐从右腿移向左腿。当链球摆在体前、肩轴与髋轴相平行时，两臂充分伸直，随后链球向左上方运动。当链球摆到左侧高点时屈两肘，两手位于额前上方。当链球通过预摆斜面高点后，两臂逐渐伸直，体重移向右腿，左膝稍屈，肩轴向右自然扭转 70°～90°。此时链球由上经身体右侧向下摆至低点，然后紧接着开始第二周预摆。第二周预摆链球运动斜面一般与地面的夹角较小，速度加快，幅度增大。对人体的拉力也相应增大。

（四）旋　转

当预摆最后一圈链球运行至中心线时，肩轴与髋轴平行，投掷者两膝弯曲，重心降低，两臂伸直成等腰三角形，两脚用左脚前掌与右脚的前掌内侧支撑转动，待链球向左上方高点移动时，重心左移，右脚蹬离地面进入单支撑旋转。

旋转是掷链球的关键技术环节。通过旋转器械获得较大的运行速度，积累动量，并形成良好的超越器械动作，为最后用力创造有利条件。

1. 第一圈旋转

第一圈旋转是接最后一周预摆开始的，当链球摆至身体右侧与肩平时，两腿弯曲，两臂伸直，球随盆骨与上体左转。当球运行至身体前方（中心线）肩轴与髋轴平行时，向左转髋，同时两脚开始左转，左脚以前脚掌、右脚以前脚掌内侧支撑地面，分别左转约 90°和 60°，上体随之向左转 90°；伸直的两臂随着身体的左转大幅度地将球送向左上前方，右脚随即蹬离地面，右腿屈膝靠近左膝主动绕左腿旋转，身体重心移至左腿，进入单支撑转动阶段。此时，要特别注重重心的跟进，右脚要积极地蹬离地面，抬向左腿，使身体很快进入以左肩至左脚为垂直轴的转动。在球超过高点时，左脚积极转动，左膝加大弯曲并下压，右腿配合左腿积极下压，右脚掌在指向 270°的方向处积极着地完成第一圈的旋转。单支撑阶段的旋转，骨盆和两腿、两脚要特别主动，使链球在高点运动时能放出去，从高点向低点运行时能把链球拉回来，完成超越器械。

2. 第二三四圈旋转

现代掷链球旋转中 4 圈旋转与 3 圈旋转的技术结构基本相同，只是 3 圈旋转技术中的第一圈旋转节奏较快，4 圈旋转技术链球运动轨迹较长。4 圈与 3 圈旋转技术的共同点是链球轨迹的斜面第一圈都较平展，以后几圈旋转轨迹的斜面逐渐加大直到出手。

第二三圈旋转与第一圈旋转有不同的要求，但动作的基本结构相同。后 3 圈旋转主要是给器械加速是人带球转，球体运行斜面逐渐加大，髋要挺出去，使球沿左肩至左脚的垂直轴稳固加速旋转。

第四圈旋转是从第三圈旋转右脚着地开始的。随链球加速下行，两脚和髋左转约 80°，由于离心力继续增大和转速的进一步加快，链球的低点左移约 40 cm，使链球的低点处于身体的正下方。第四圈双支撑更加短暂，髋部前挺，紧接着就是左脚和右脚的旋转进入单支撑阶段，链球更早地进入上行路线。随链球上行、右膝上抬内扣且靠近左膝，进入以左脚外侧支撑的单脚支撑阶段，链球斜面比第三圈又升高。左脚外侧向左脚掌的旋转提前，左膝弯曲下压，在链球通过高点下行时，左膝蹲得较深。由于离心力的加大和转速的加快，躯干左倾角度加大，右脚着地更早（右脚着地约与左脚弓平行），此时身体处左倾状态。

图 15-3　4 圈旋转掷链球技术示意图

（五）最后用力

最后用力是掷链球技术的主要组成部分，直接关系到出手速度、角度和出手高度。最后用力是从最后一圈旋转单支撑阶段结束右脚着地后开始的。最后一圈右脚着地，下肢动作充分超越上体和链球，髋轴与肩轴最大限度地扭紧，两肩两臂充分伸展，链球处在远离身体的右后上方，双膝弯曲，身体重心稍偏左。由于最后一圈转动速度较大，链球变速向下运行，身体重心右移，腰部与躯干带动链球向左扭转。当链球运行至身体的右前侧时，身体重心移至双腿，弯曲的双膝开始蹬伸，身体重心左移并升高，链球沿身体左侧弧线上升。此时左侧做强有力的支撑，右脚左转蹬送，躯干左转挺伸，头部后仰，当链球快速运行上升至左肩高度时，两臂挥动将链球顺运行的切线方向和理想角度掷出。

（六）维持身体平衡

为保持身体平衡和防止犯规，链球出手后要转体换腿，降低身体重心。

二、掷链球的技术特点与分析

链球飞行的远度取决于链球出手的速度和角度，所以，必须围绕加快出手速度和获得合理出手角度来改进和完善技术。

（一）各技术环节应注意的问题

（1）现代掷链球技术注重增大旋转半径、加大摆动幅度，合理运用体重，顺惯性运动，强调最佳发力位置和发力时机以形成高速度旋转。

（2）持握器械时为取得较大的旋转半径，运动员将把柄置于左手指骨末节和指骨中段之间，然后右手扣握在左手上。

（3）预摆关系到投掷成功与否。预摆时应保持身体平衡，以准确、稳定的投掷节奏，顺利进入旋转动作。预摆中链球的顶端应尽量远离身体，以加大摆动幅度，此时运动员与链球之间产生一种强大的拉力，平衡这种拉力主要靠运动员合理地移动自己的身体重心控制住高速转动的链球，而不应拉臂，重心移动的方向始终与链球做离心运动的方向相反。

（4）预摆与旋转的过渡衔接应紧密、旋转节奏应合理。在这一过程中，身体和链球要成为一个整体，链球应顺势而行，决不能拉球，以左腿支撑对抗链球的拉力，当链球处于 280°～300°至 80°～90°的位置上时，右腿离地诱导链球旋转。在进入旋转时，运动员的躯干应保持正直，如上体前倾过大或后倾过大，将造成"人—球"体系的失控，而导致减速。

（5）旋转是掷链球的核心部分。旋转时，运动员通过切线加速和角加速原理进行加速。依靠增加双支撑用力时间并缩短单支撑时间，达到加长链球旋转时的运行距离和加快链球的运行速度的目的。在旋转中，链球最高点逐渐升高，运行斜面的角度逐渐增大，为最后用力创造条件。

（6）最后用力是链球出手前的最后一次加速。掷链球成绩近 60% 取决于这一动作。为了形成最佳的最后用力姿势，在旋转到最后一圈时，膝部应较大弯曲，身体姿势较低，旋转角度较小，当腰部对着投掷方向以左 20°～30°的位置时开始最后用力动作；同时身体要形成稳定的左侧支撑和制动，身体重心上提，充分发挥腰背大肌群的力量，直至两臂伸展向投掷方向用力挥动。

（二）合理的快节奏

掷链球运动由多个环节组成，技术比较复杂，其整体效益的获得取决于各技术环节的合理衔接，所以节奏起着至关重要的作用。

（1）现代掷链球的加速节奏体现在缩短单支撑时间和加快双支撑旋转速度上，这可从苏联运动员谢迪赫和利特维诺夫各技术阶段的时间结构反映出来（表 15-1）。

表 15-1　谢迪赫与利特维诺夫各阶段时间结构比较

姓名	成绩/m	阶段	第一圈/s	第二圈/s	第三圈/s	第四圈/s	出手总时间/s
谢迪赫	86.74	as	0.24	0.21	0.21	0.27	1.63
		ds	0.22	0.26	0.22		
利特维诺夫	86.04	as	0.30	0.25	0.22	0.22	1.93
		ds	0.29	0.23	0.19	0.23	

注：as 为单支撑阶段，ds 为双支撑阶段。

（2）现代掷链球的快节奏是以逐圈加大链球运行距离为前提的。表 15-2 是谢迪赫创造 86.74m 世界纪录时各阶段的运行距离。

表 15-2　谢迪赫掷链球技术各阶段链球运行距离

运作阶段	支撑阶段	链球运行距离/m
第一圈旋转	ds	3.61
	as	3.96
第二圈旋转	ds	5.15
	as	4.45
第三圈旋转	ds	5.8
	as	4.97
最后用力	ds	6.68
总长		34

（三）合理的运行轨迹

现代掷链球技术要求预摆结束进入旋转时，将链球最低点放在正前方，旋转时最高点在正后方，也就是正对投掷方向。这种运行轨迹既可利用球自身的重量进行加速，又可避免造成左肩拉球的技术错误。

（四）选择旋转圈数的依据

由于掷链球的加速区域是有限的，一般运动员的旋转圈数主要取决于 3 个方面：一是运动员旋转时的加速能力，二是运动员控制身体平衡的能力，三是运动员脚掌的长度。

第三节　掷链球的技术教学

一、教材的分析

掷链球是技术较复杂的一项田径运动项目，需要学生具有良好而全面的身体素质、顽强的意志品质和吃苦耐劳的精神。

掷链球技术教学的重点是如何使技术模仿练习和持球旋转技术练习结合起来。教学的难点是掌握和提高多圈旋转技术、旋转练习向完整技术练习转换的时机和转换是否合理，以及转换技术结合的合理性。因此，在掷链球技术教学中，教师应抓住教学的重点和难点，采取科学、合理、有效的方法和手段进行教学。具体而言，应注意做到：模仿练习与掷链球完整技术相结合；掌握与提高多圈旋转的节奏和能力；改进技术与提高身体素质相结合。旋转是掷链球技术的重要组成部分，它起着承上启下的作用，关系着整个技术的完成质量。因此，在掷链球的技术教学中，可以打破其他投掷项目的教学常规，也就是先教旋转，再教最后用力，重点放在旋转上。

二、掷链球的教学程序与方法

学习掷链球技术时，要遵循从易到难的原则，注意分解技术与完整技术教学的搭配，课与课、阶段与阶段的衔接，及时抓住正反典型进行肯定和纠正。教师的示范动作要准确，可利用直观教学方法，使学生有深刻的感性认识。

（一）初步了解掷链球的完整技术

（1）通过观看掷链球的技术电影、录像、图片以及示范结合直观实例，简要讲解掷链球技术。

（2）简要介绍掷链球场地、器材规格和比赛规则。

2. 教法提示

（1）精讲主要技术环节和难点。

（2）加强安全教育，提出具体措施。

（3）培养学生学习掷链球技术的信心和兴趣。

（二）学习握法和预摆技术

1. 内容

（1）两脚分立同肩宽，做左右前后移动髋部练习。

（2）两脚分立同肩宽，结合双臂在肩上和头上绕躯干摆动，做移动髋部练习。

（3）手持木棒或带球进行预摆练习。

（4）学习握法并持轻球或标准链球进行预摆练习。

2. 教法提示

（1）在学习预摆技术时，由徒手练习过渡到持器械练习。所持器械应从固定的到短的、轻的再逐渐到较重的顺序进行。

（2）在预摆动作中要保持躯干正直，两腿自然弯曲，双臂放松，髋部和双腿做与链球摆动方向相反的对抗补偿运动。

（3）预摆的用力方法，应该是球由左侧高点沿弧线下行至身体的右侧施力于链球，使球获得加速度；球由低点上升时动作应尽量放开，保持身体平衡，使链球能够匀加速前进。

（三）学习原地掷链球的技术

1．内容

（1）徒手模仿做最后用力的练习。

（2）用实心球、哑铃或木棒做最后用力的练习。

（3）原地摆链球，做1～2次预摆后将链球抛出。

（4）原地投短链球或轻链球，做1～2次预摆后将链球掷出。

2．教学法提示

（1）做最后用力练习时要注意动作的正确顺序。

（2）最后用力的学习任务放在旋转任务的前面，能使旋转和最后用力形成自然的衔接。

（3）最后用力的练习要注意出手的方向、高度、角度和加速度，以及上下肢的协调用力。

（四）学习旋转和旋转投掷链球的技术

1．内容

（1）徒手旋转练习。

（2）徒手旋转2圈、3圈、4圈和多圈的练习。

（3）持木棒、带球或网袋球旋转1圈、2圈、3圈、4圈和多圈的练习。

（4）持短链球、轻链球旋转1圈、2圈、3圈、4圈和多圈的练习。

（5）持标准球旋转练习。

2．教法提示

（1）在旋转和旋转掷链球技术中，应保持上体正直，双臂伸直，两腿弯曲，髋部挺出，左脚跟与左脚掌在旋转中形成自然衔接，保持左脚的直线旋转。右脚离地要迅速落地，位置要准确，同时在每圈旋转中要有明显的超越和加速。

（2）保持头部自然位置，防止头部过分转动。在旋转中注意定向，对方向、方位、器械和空间有良好的感觉。

（3）在旋转中保持以左脚为支撑点的稳定、垂直的旋转轴，保持人与链球融为一体旋转。

（4）以移动身体重心对抗离心力、加长旋转半径和加快链球运行的方法进行旋转。

（5）旋转与旋转的衔接要连贯，旋转与最后用力要连贯，形成动作整体性，使旋转有明显的加速节奏。

（五）第一圈旋转

1．内容

（1）徒手旋转第一圈练习。

（2）右手持木棒或链球向左前方引摆，人随链球或木棒做旋转一圈的练习。

（3）双手持木棒或链球向左前方引摆，人随链球或木棒做旋转一圈的练习。

2．教法提示

器械平衡，两臂放开，躯干挺直，髋部挺出，人随球转，左脚要快起动，快落地。

（六）改进和提高掷链球的完整技术

1．内容

（1）在圈内或圈外预摆两周，做旋转 3 圈或 4 圈掷链球练习。

（2）用不同重量和不同长度的链球预摆两周，做旋转 3 圈或 4 圈的掷链球练习。

（3）评定技术或测试成绩。

2．教法提示

（1）在完整技术的练习中，严格要求技术动作的准确性。

（2）在完整技术练习中，教师要及时指出和纠正错误动作。

（3）完整技术训练应尽量在护网和投掷圈内进行。

（4）评定技术前，应提出评定的内容和标准，并预先通知学生。

第四节　掷链球的技术训练

现代掷链球已由力量型转为速度力量型，要求掷链球运动员必须具有很强的加速能力、控制快速旋转所产生的离心力的能力和维持身体平衡的能力。长期科学、全面、系统训练所建立的合理"技术—素质"结构模型是运动员运动潜力得以发挥的根本保障。

一、技术训练的主要任务

（1）掌握新的掷链球技术。

（2）复习与巩固已经掌握的掷链球技术动作。

（3）发展专门快速力量素质。

二、掷链球技术训练的主要手段

（1）观看、分析以及比较优秀运动员和运动员自己的投掷技术录像。

（2）专项诱导练习。专项诱导练习手段的设计都出自于掷链球技术动作的某一单个基本动作。从动作结构上看与基本动作几乎相同。

（3）分解和完整技术的模仿练习。

（4）用加力帮助的形式强化运动员的投掷感觉。

（5）念动训练。头脑中经常回想正确投掷技术过程，有助于技术动作的掌握和巩固。

（6）学习专项技术理论。掌握专项知识越多，就越容易理解投掷技术的内涵。

三、链球技术训练的实施

（1）技术训练在整个掷链球训练过程中的地位不同年龄、不同运动水平的运动员，在整个训练过程的不同时期掷链球技术的训练，占有的比重也不同（表15-3）。

表 15-3　不同年龄阶段技术训练所占的比重

阶段	基础训练阶段	初级专项训练阶段	专项提高及高级专项训练前期	高级专项训练阶段后期
年龄	13~15 岁	16~17 岁	18~24 岁	25 岁后
比重	15%~20%	20%~30%	30%~40%	25%~35%

① 投掷技术训练在小周期中的地位：世界优秀运动员一般在一周中有两次以上的技术训练课。近些年来，国内外许多掷链球运动员都喜欢采用将技术训练总量分摊在一周中数次训练课中（有的是每天都有）的方法。这样的目的是：既可以保证完成大周期所要求的很高的投掷总数，又可以保证投掷中的强度和质量。

② 投掷技术训练在大周期中的地位：技术训练所占的比重在各阶段的训练中是不一样的，一般在准备期和竞赛期最多，过渡期最少。青少年的训练以身体训练为主，技术训练的比重相对少得多，一般只占训练总量的 15%~20%。

2. 技术训练的负荷与安排。

投掷强度的大小是和训练任务相关联的。当训练任务是要改进技术或学习新技术时，在学习和技术模仿阶段，一般采用小强度；进入掷链球技术改进阶段后以中等强度较为合适。据科学研究，大脑中枢神经兴奋性过高或过低都不利于学习掌握或改进技术动作。一旦技术被基本掌握，就应马上采用大强度投掷。这是为了从中发现学习中隐藏的问题，同时还可以体验新动作中肌肉的用力感觉。如果发现技术出现错误，则可将强度再次降低。当投掷任务是要发展投掷专项能力或进行赛前适应训练时，应加大投掷强度。

四、技术训练的原则

1. 技术训练优先
在一个训练单元中，应先进行技术训练，然后才进行其他内容的训练。

2. 适宜兴奋性
运动员兴奋性过高或过低时，不宜进行新技术学习或改进技术，否则效果将适得其反。

3. 追求正确率
在技术训练中，错误动作每多出现一次，错误动作就会被强化一次，一旦错误动作被巩固，改正它要比学习新技术难得多。

4. 长期性原则
不间断地进行投掷练习，才能不断强化已掌握的技术动作。

第五节　掷链球的素质训练

掷链球运动员的素质训练可包括：一般素质训练、专项素质训练和心理素质训练。

一、一般素质训练

根据掷链球运动员掌握先进技术及达到高水平运动成绩的需要，把运动素质分成力量、速度、耐力、柔韧性、协调性等。

1. 力量训练

掷链球运动员的力量十分重要，特别是下肢的支撑力量和腰部及扭转躯干的大肌肉群的力量，以及直臂抛掷的肩末节力量。力量素质是一般素质的一个重要组成部分。

发展不同类型力量的具体手段：

（1）以发展一般力量为主的练习手段：抓举、卧推、高提、高翻、全蹲、半蹲、身体扭转力量的负重练习等。

（2）以发展启动力量为主的练习手段：加速跑、阻力跑、负重跑、跳跃、各种重量的器械投掷等。

（3）以发展快速力量为主的练习手段：轻重器械的投掷技术练习，轻杠铃练习等。

（4）以发展爆发力为主的练习手段：立定跳远、跳高、负重跳、专项技能器械等。

力量训练的关键在于使获得的基本力量及时地高比例转化为专项能力，这就需要一般练习与专项技能练习，专项技能与小力量练习，以及轻、重器械多种技能的方法的配合。

2. 速度训练

速度是决定掷链球成绩的关键。在练习时，一是看形成完整技术结构的速度，二是看部分技术的动作速度。如用杠铃片转体，用 10 kg 重量比用 20 kg 重量做得更快一些，就能发展动作速度。年轻运动员和高水平的运动员都应多做拉橡皮带快速左右转体的练习，一组作 7～8 次，这对改进转 4 圈加速能力的效果很好，可以使髋转上去。

3. 耐力训练

掷链球运动员的耐力也是非常重要的。一般耐力如长时间的慢跑、球类活动等，有助于提高内脏器官的功能，有利于做较多次数的投掷，以及在大强度的投球之后不气喘。掷链球运动员应重视耐力训练，1～2 周应安排一次不少于 2 000 m 的慢跑，而且在跑的时间上也要有适当的要求。

4. 柔韧性、协调性训练

掷链球运动员柔韧性训练的重点是肩关节、肘关节和腰部的转体幅度。掷链球运动员的柔韧性练习绝大多数是在力量练习中进行的，如双手持杠铃片做抡摆练习、抱重物左右转体、吊环悬垂转髋抡摆双腿、前后分腿下蹲转体 90^0 起立等。

协调性训练要使运动中枢在完成某一动作时的泛化范围尽量缩小，并逐渐形成各种连锁条件反射，从而达到动作的高度协调。

二、专项素质训练

专项素质主要通过专门投掷练习来提高。常用的投掷器材有重 3 kg、4 kg、5 kg、6 kg、8 kg、10 kg 的链球，及不同长度链子的链球。投掷的技术要求与专项技术一样。在训练安排上主要用两翼带中间的办法，例如要提高掷 7 kg 球的水平，则用掷 6 kg 球发展速度，用掷 8 kg 球提高力量。可安排先掷 7 kg 球，然后掷 6 kg 球，最后掷重球。

采用不同长度链子的链球的目的，主要是让运动员用不同的旋转半径来控制旋转角速度。控制动作的能力是掷链球运动员很重要的一种专项素质。它与协调性密切相关，但又不同于协调性，比如做一般投掷练习，想用力投，就要能投远；要投准就投准。控制动作的能力主要通过技术复杂的练习和专门投掷能力来培养。通过投掷 3～6 kg 的轻球，提高在高速旋转中控制技术的能力，通过投掷重球提高在较大阻力情况下控制技术的能力。运动员还要锻炼在不同体力情况下调整技术的本领，具有善于在不同比赛条件下的应变能力。运动员控制动作的能力，会直接影响竞技状态的发挥，同时又是直接衡量教学和训练效果的一个重要指标，所以要重视这一能力的培养。

三、心理训练

一个优秀的掷链球运动员，除了要有良好的技术和身体素质外，还必须具备良好的心理素质，如能够自我暗示、自我平衡，有坚强的意志和毅力，在恶劣的比赛环境中能自我调整，及对客观环境的适应和在困难复杂情况下能正常发挥技术。这些心理素质，必须在训练中才能形成。掷链球的训练，除培养运动员热爱自己从事的专项之外，还要进行大量枯燥的力量训练，这就要求运动员具有自觉克服困难的毅力和吃大苦耐大劳的高尚品质，这都要在平常的训练中有目的地进行培养。

在平时训练中，要培养运动员认真对待每一次投掷，每一个练习，养成高度的自觉性和责任心。要求运动员有意识地克服激动、急躁、发怒、示弱、慌张等情绪。

第六节　掷链球的赛前训练

适度地参加比赛有利于运动员积累比赛经验，系统地参加比赛主要是保证运动员在重大比赛中出好成绩。为了取得好成绩，赛前训练十分重要。

一、赛前训练阶段时间的确定

赛前训练阶段时间的确定，是以人体机能发展规律为依据的。运动员经过一段训练后，开始形成竞技状态，然后是竞技状态保持阶段，最后是机能下降。赛前训练安排大约为 10～12 周，一般分为两个阶段：一是加强训练阶段，时间约为 6～8 周；一是提高竞技状态阶段，时间为赛前 4 周左右。

二、赛前训练的主要任务

第一阶段的任务是进一步提高以负荷量为主的训练负荷，为获得较大的超量恢复，形成较高的竞技状态打下基础。第二阶段的任务是提高竞技能力，在最佳竞技状态下参加比赛。

三、赛前训练内容和负荷安排

第一阶段主要是发展运动员的专项素质和专项能力，熟练专项技术。负荷强度有所控制，着重加大负荷量，训练比较艰苦。第二阶段主要通过适当调整后，疲劳的机体得到超量恢复。在这期间，特别是赛前两周的训练内容更加专项化，采用的练习更加接近专项的运动形式，练习的组织形式更加接近专项比赛特点。在运动素质上，一般素质练习比例大大减少，专项素质比例增加，强度加大，专项技术练习加强。

四、赛前比赛周的训练

比赛周的训练安排，应根据运动员个体差异区别对待，必须防止运动员过早和过分的兴奋。赛前连续几天消极休息是不可取的，经验证明：对投掷运动员赛前几天进行适量的力量训练和投掷训练及在赛前 1～2 天进行积极性休息的效果较好。

为更好地控制运动员兴奋点，防止过早出现兴奋，以采用三个力量训练手段为宜，每个手段进行 3～4 组，每组 3～4 次，强度在 80%～90%之间；投掷技术训练可适当采用重器械，一次课投 10 次左右，其中 3～5 次强度在 85%～90%。在投掷时应引导运动员把注意力放在完整技术节奏和对器械的感觉上。

第七节　掷链球的实训计划

一、多年训练计划的制订

一名优秀掷链球运动员的成长要经过 12～15 年的训练。制订多年训练计划，首先要考虑竞赛日程与训练的主要任务，然后考虑运动员的具体情况，制订出多年训练目标，并从实际情况出发，切实可行地制订出各阶段的任务。一般各省、市运动队以全运会为周期，国家集训队及国际运动健将级运动员则以奥运会为周期来安排。所以多年训练周期一般为 4 年。

在制订多年训练计划时，要分析世界掷链球训练的发展趋势，根据我国的具体条件，不断创新训练方法，完善教学技术。

多年训练计划的具体内容，由每年的年度计划内容所组成。要根据运动员的训练水平、年龄特征、比赛任务来确定每年的任务和安排训练。

二、年度训练计划的制订

北京体育大学业余体校链球专项多年训练计划列举：

1．运动员情况分析

（1）队员简介。

赵鹏，男。1982 年 7 月生，身高 1.87 米，体重 97 公斤。

专项成绩：51.83 米（球重 7.26 公斤）。

队员特点：专项能力强，速度较好，善于比赛，比赛发挥率 90%。

运动经历：曾多次参加全国比赛，全国比赛最好名次第三名。

（2）训练年限。

时间：1996 年 11 月～1999 年 10 月（3 年）

（3）训练目标

① 专项成绩：51～56 米

② 名次指标：全国比赛进前二名

2．训练任务

（1）加强全面身体素质，提高专项能力。

（2）完善基本技术。

（3）巩固提高完整技术，逐步形成自己的技术风格。

（4）积极参加大型比赛，丰富比赛经验。

（5）提高心理素质，提高比赛成功率，达到 90% 以上。

3．训练规划

（1）初期准备阶段。

年度：1997 年

年龄：15 岁

主要训练任务：全面提高素质，打好技术基础。

（2）专项提高阶段。

年度：1998 年

年龄：16 岁

主要训练任务：提高素质水平，培养良好的心理素质。

（3）半成熟阶段。

年度：1999 年

年龄：17 岁

主要训练任务：最大限度地发展专项能力，创造良好成绩，完成多年训练目标。

4．各年度训练主要内容

（1）第一年度 1996—1997 年 10 月。

① 思想方面：进行深入细致的思想工作。

② 身体素质方面：全面提高身体素质。

③ 基本技术方面：能较流畅的完成三圈投球技术。

④ 训练时数：780 小时以上。

⑤ 训练指标：51～53 米。

（2）第二年度 1997 年 10 月～1998 年 10 月.

① 思想方面：培养荣誉感和吃苦耐劳精神。

②身体素质：以速度为主，全面进行身体训练。

③基本技术：动作连贯，能表现出一定的能力和速度。

④训练时数：780 小时以上。

⑤训练指标：51～54.50 米。

（3）第三年训练内容.

①思想方面：能吃苦，经得住大运动量训练。

②身体素质：全面提高身体素质，以速度训练为主。

③基本技术：技术动作基本进入自动化阶段，动作各环节能充分体现出来，最后用力动作正确、幅度大，节奏感强。

④训练时数：780 小时以上。

⑤训练指标：51～56 米。

5. 三年训练总负荷量

每周训练：6 次

每次课训练：2.5～3 小时

年比赛次数：8～10 次

模仿练习：2 000 次×3

原地投球：6 000 次×3

旋转投球：1 800 次×3

专门投：3 000 次×3

跳跃：1 200 次×3

耐力：40 万米×3

力量：120 万公斤×3

6. 三年中改进技术的主要要求和手段（简要）

（1）技术训练，根据链球的预备姿势、抡摆、旋转、最后用力四部分，采用重复训练法，把分解练习和完整练习结合起来。

（2）练习器械，可根据运动员技术情况，可选用木棍、棒球棍等做技术模仿的旋转练习，逐步过渡到标准链球进行练习。

（3）根据运动员情况确定旋转圈数。

7. 年度比赛计划

1997 年：全国比赛 3 次——上海、广州、南京。

1998 年：全国比赛 4 次——辽宁、青岛、北京、武汉。

1999 年：全国比赛 3 次——北京、石家庄、郑州。

二、月（中周期）训练计划

为了方便，制订月训练计划一般均以 4 个星期为一个中周期。月的训练任务、训练强度、量，均要参照年度计划的要求及运动员的具体情况来确定。根据苏联国家集训队的经验，在一个月之内一般不宜抓几个重点，应该在已适应的负荷基础上，对 1～2 项运动素质或技术要点进行突击训练，利用四周的时间来完成。第一周运动员处在调动机能的状态，训练强度和量都能有一定的提高；第二周一般仍能保持或比第一周略有下降；第三周由于运动员出现超量恢复，训练水平可不断提高；第四周达到高水平。

三、周训练（小周期）计划实例

1. 初级运动员周期训练计划

每周 3 次训练。

星期一：准备活动 30 min；持 4 kg 链球做模仿练习 20 min；投轻球 10 次；立定跳远 15 次；用各种方法投实心球 20 次；持链球做模仿练习 20 min；加速跑 4×50 m；球类活动 15 min。

星期三：准备活动 30 min；持链球做模仿练习 20 min；投比赛用球 15 次；手持哑铃蹲跳（总重量为 1 t）；持链球做模仿练习 15 min；用各种方法投实心球 20 次；球类活动 20 min。

星期五：准备活动 30 min；持链球做模仿练习 30 min；投 5 kg 链球 15 次；肩负杠铃下蹲 1 500 kg；直体抓举 1 000 kg；加速跑到 50 m×3；立定跳远 15 次。

力量练习也可以做肩负杠铃体前屈和背肌练习。

2. 运动健将级运动员的周训练计划

每周训练 6 次。

星期一、三、五：准备活动 10 min；投标准球 15 次；转体 1 t；背肌练习 1 t；体前持杠铃半蹲 2 t；投 8 kg 链球 10 次；投 6 kg 球 10 次；立定跳远 15 次。

星期二、四、六：准备活动 15 min；旋转一周技链长 60 cm、12 kg 的链球 30 次；肩负杠铃蹲跳 2 000 kg；躯干肌肉的力量训练 1 500 kg；肩负杠铃体前屈 1 500 kg；各种方法投铅球 30 次；球类活动 20 min。

3. 国际运动健将级运动员周训练计划

每星期训练 5～6 天（星期四、六或星期日休息）以 6 次为例。

星期一、三、五上午：准备活动 10 min；投 6.5 kg 轻链球 10 次；投比赛用球 10 次；投 8.5 kg 球 10 次。下午：准备活动 10 min；负重转体 2 000 kg；肩负杠铃换脚做弓箭步 3 500 kg；直体提铃至胸 2 500 kg。

星期二、四、六上午：准备活动 10 min；各种方法投 16 kg 哑铃 100 次；立定跳远 30 次。下午：准备活动 10 min；负重转体 1 500 kg；负杠铃体前屈 1 500 kg；肩负杠铃蹲跳 2 000 kg；球类活动 20 min。

第十六章 全能运动

第一节 现代全能运动的发展概况

现代全能运动是在古代奥运会全能运动基础上演变发展起来的。公元前 708 年第十八届古代奥运会开始设置了全能项目的比赛，当时的项目是赛跑、跳远、掷铁饼、掷标枪和角力竞技。现代奥运会是从 1904 年开始设置全能运动比赛的，从此这项古老的运动开始了在新时期的演变与发展。

需要注意的是，1920 年把掷铁饼与 110 米栏比赛顺序做了调整；在 1912 年、1920 年、1924 年进行的是五项全能的比赛；1964 年女子全能运动正式成为奥运会比赛项目，在此之前的比赛项目为铅球、跳高、跳远、80 m 栏、100 m 栏、100 m、200 m、掷标枪。

一、全能运动的发展

（一）男子全能运动的发展

男子全能运动的发展可分为 3 个阶段：初期发展阶段、稳定提高阶段、高水平发展阶段。

初期发展阶段：一般认为从现代奥运会设置全能运动项目起到全能运动项目固定是全能运动的初期发展阶段。这一时期是全能运动项目的探索时期。1912 年第五届奥运会的十项全能比赛项目与 1904 年相比，只将铅球等 5 个项目保留下来。而且在 1912 年、1920 年、1924 年还进行了五项全能项目的比赛，这说明当时全能运动项目的设置还处于探索阶段。

稳定提高阶段：从 1912 年起，由于全能运动项目设置的固定，训练理论与方法的更新，运动员的成绩得到大幅度的提高。这个时期属于全能运动发展的飞跃时期。男子十项全能的世界纪录由 6 087 分提高到 8 700 分，进一步说明项目的固定对全能运动的发展起着重要的作用。

高水平发展阶段：20 世纪 80 年代至今，男子十项全能总分突破了 8 500 分，标志着全能运动进入了高水平发展阶段。由于社会的进步，科技的发展日新月异，各学科知识向体育领域的渗透，使全能运动训练日趋科学化。当前男子十项全能的总分已经达到了 9 026 分的好成绩。

（二）女子全能运动的发展

女子全能运动的发展大体可以分为 3 个阶段：

第一阶段：五项全能的起步阶段。各项目的设置与顺序还不固定。

第二阶段：五项全能的蓬勃发展阶段。1964 年，东京奥运会首次将女子全能运动列入比赛项目，从而使该项运动得到蓬勃发展，运动成绩也迅速提高。

第三阶段：1979 年 10 月 5 日，国际田联通过决议，"从 1981 年起，女子五项全能改为七项全能"。1983 年采用了新的评分标准后，女子全能运动进入了高水平发展阶段。

二、评分表变化对全能运动发展的影响

评分表历来是全能运动发展的"方向盘"。评分表的每一次修改都会引起全能运动迅速发展及训练方法的变革。以 1985 年国际田联修改的评分表为例，原评分表与新评分表有着明显的不同。

（一）原评分表的特点

1. 以跳跃项目为主要得分手段的运动员占有明显的优势

1985 年以前的男子十项全能评分表虽然经过了 3 次修改，但是总的来说变化不大。在全能运动员可能达到的运动水平范围内，投掷与跳跃项目得分增长率较高，而跑的项目得分增长率却较低，特别是反映运动员耐力水平的 1 500 m，评分增长率最低。这一特点致使当时的优秀全能运动员大多成为"跳跃型"选手，并有许多较全面的跳跃运动员成功地转项为优秀的全能运动员。可以说，以跳跃为主要得分手段的优秀全能运动员，代表了当时全能运动发展的"主流"。

2. 径赛项目得分比较困难

运动员要想在各个单项达到 880 分[①]，就必须在径赛项目上（100 m 栏除外）达到或者超过一级运动员水平，这使全能运动对速度项目的要求提高了，而 110 m 栏、撑竿跳高、跳远、跳高这些技术要求比较高的项目只需达到二级运动员水平（表 16-2），这样就出现了运动员在训练中对技术性项目的依赖。另外，原评分表耐力项目得分难度偏高，这就使运动员技术的全面性发生倾斜，因为作为耐力项目的 1 500 m 安排在比赛的最后一项，运动员经过两天的比赛想要超越对手、提高排名的决心下降，这样，就使全能运动比赛的精彩程度下降。

表 16-1　单项 880 分在新旧评分对照表

项目	原成绩	运动等级	新成绩	运动等级
100 m	10.60 s	一级+[※]	10.91 s	一级[※]
400 m	48.40 s	一级+	48.61 s	一级
1 500 m	3 min 5.29 s	一级+	4 min 10.23 s	二级+
110 m 栏	14.8 s	二级+	14.75 s	一级+
跳高	2.02 m	一级	2.08 m	一级
跳远	7.29 m	二级+	7.28 m	二级
撑竿跳高	4.28 m	二级	4.90 m	一级
铅球	16.57 m	一级	16.46 m	一级
铁饼	50.44 m	一级	50.44 m	一级
标枪	70.04 m	一级+	69.36 m	一级+

注："一级+[※]"表示超出一级运动水平接近运动健将级；"一级"表示略高于或相当于一级运动水平。

① 因为当时男子全能运动的世界纪录为 8847 分，那么每个项目都得 880 分就可以达到世界纪录的水平，所以以 880 分为参照。跳跃、投掷项目评分变化都呈"上拱型"的曲线，这表明，当运动成绩进入高水平阶段，运动员每提高一个单位成绩的难度越来越大，得分增长率也下降了。所以，原评分表的曲线反映出评分递增不合理状态。

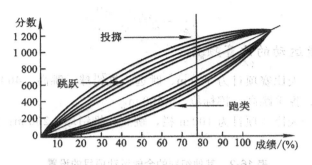

图 16-1　原评分表对全能运动的影响

（坐标系中的弧线从上至下依次代表掷标枪、掷铁饼、撑竿跳高、推铅球、跳远、跳高、100 m、400 m、110 m 跨栏）

（二）1985 年公布的新评分表的特点

1985 年新评分表的颁布，对高水平阶段的全能运动持续发展产生了历史性的推动作用。

1. 对运动员的要求更加全面

在项目上，各单项最高分不再以单项世界纪录为最高分（1 200 分）取齐。世界纪录只是一个参照，甚至跳远与铅球的世界纪录还超过了全能评分的最高分。其次，降低了跳跃与跨栏等技术性较强项目的评分标准，使运动员对技术型项目的依赖程度下降，进一步突出全面发展的特点。

2. 得分曲线趋于合理

由图 16-2 可以看出，所有项目的得分曲线都呈"上扬型"的走向。这表明，随着运动员水平的提高，得分增长率也提高。得分曲线的一致性表明了全能运动向"全"的方面进一步发展。由于速度的发展对跳跃和投掷项目均具有"正迁移"作用，所以，以速度为主要得分手段的全能运动员迅速成为现代全能运动发展的"主流"。

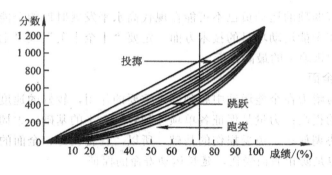

图 16-2　新评分表对全能运动的影响

（坐标中的弧线从上至下依次代表掷铁饼、掷标枪、铅球、跳远、撑竿跳高、跳高、1 500 m、400 m、100 m，110 m 跨栏）

3. 比赛激烈程度加大

在全能项目比赛中，决定胜负的往往是关键的最后一项。新评分表较大幅度地提高了耐力项目的分值，从而使运动员为提高自己的最终排名努力去拼搏、奋斗，这样就提高了全能运动比赛的激烈程度。

（三）现代全能运动的比赛项目

男子全能运动第一天比赛项目为 100 m、跳远、推铅球、跳高、400 m；第二天比赛项目为 110 m 栏、掷铁饼、撑竿跳高、掷标枪、1 500 m。

女子全能运动第一天比赛项目为 100 m 栏、跳高、推铅球、200 m；第二天比赛项目为跳远、掷标枪、800 m。

表 16-2　其他组别的全能运动项目的设置

组别	项目	第一天	第二天
男子五项	五项	跳远、掷标枪、200 m、掷铁饼、1 500 m	
少年男子甲项	七项	110 m 栏、跳高、掷标枪、400 m	掷铁饼、撑竿跳高 1 500 m
少年女子甲组	五项	100 m 栏、推铅球、跳高	跳远、800 m
少年男子乙组	四项	110 栏、跳高	掷标枪、1 500 m
少年女子乙组	四项	110 栏、跳高	掷标枪、800 m

第二节　现代全能运动项目技术分析

全能运动项目被人们誉为"田径之母"该项目具有典型的全面性、相关性、系统有序性、适应性和训练的相悖性等特点。

一、全面性

1. 技术全面

事实证明，有弱项的运动员已不可能在现代高水平发展时期的全能运动比赛中取得优异的成绩。所以，在全能运动项目的技术方面一定要"十全十美"或"七全七美"同时这也是所有全能运动员积极追求的最高目标。

2. 专项素质全面

速度、力量与耐力在全能运动中起到同等重要的作用，较好的速度素质能够促进跳跃、投掷等各项成绩的提高；力量是保证各单项达到较高水平的基础；柔韧是全能运动员完成大幅度动作、肌肉协调放松、免受损伤的基础。所以，具备良好、全面的身体素质不仅是取得好成绩的基础，也是防止肌肉受伤，延长运动寿命的保证。

二、相关性

全能运动员训练和发展策略通常是以全能运动项目设置和比赛顺序为基本依据的，各项目之间存在的相互作用、相互依存的内在联系表现在以下两个方面：

1. 项类相关性

径赛项目为主体，速度为先导，跳跃和投掷为两翼，力量为推动整体的原动力（图 16-3、

图 16-4）。

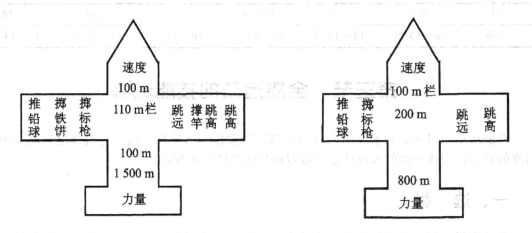

图 16-3　男子十项全能整体相关模式图　　　图 16-4　女子七项全能整体相关模式图

2. 运动能力发展的相关性与相悖性

项目之间的相关性主要是体现在各项目之间相互影响的迁移规律上。其中迁移规律是指已掌握的知识技能对新知识的影响，能够产生积极影响的叫正迁移；产生消极影响的叫负迁移或干扰；不产生迁移的叫零迁移。全能运动的项目与项目之间既相互联系、相互依赖又相互排斥、相互干扰。通过迁移规律探讨项目之间的关系，有助于我们更好地掌握情况，使全能运动训练计划的制定更具科学性。在身体素质方面，力量、灵敏、柔韧、速度、耐力等素质之间在一定程度上存在着相互干扰的因素。例如，绝对力量和耐力发展之间便存在一定的相互制约现象。不过，耐力水平的提高标志着运动员代谢能力的提高，因此，就不可能通过加大训练负荷来提高运动能力，这就是全能运动训练效应的相关性与相悖性。我们要深入了解各项目之间的内在联系，积极促进正迁移，减少干扰与零迁移，有效运用相悖性。

三、适应性

系统以外的所有事物构成系统所处的环境，任何事物都是在一定的环境下存在和发展的。环境的变化必然会影响到系统的正常运转。全能运动员必须具有适应外界环境变化的能力，才可能以最佳的竞技状态迎接比赛。我们把这种对环境的应变能力称为环境的适应性。环境的适应性在全能比赛中主要表现为：一是适应不同比赛环境；二是适应不同项目所处的形势。

四、系统有序性

系统论认为系统内部具有层次性与等级性的特征。由于运动员各项素质的发展均有敏感期，所以在全能运动训练的策略上应系统、有序地利用"敏感期"高效率发展各项运动素质（表 16-3）。另外，由于比赛是按照规则规定的顺序进行的，训练实践证明，按照合理的顺序进行各个项目技术训练，能有效发挥运动员的潜能。

表 16-3　身体素质发展的敏感期和年龄的对照表

素质	速度	力量	爆发力	耐力	灵敏	柔韧
年龄	10～13 岁	13～17 岁	12～13 岁	10～16 岁	13～14 岁	11～13 岁

第三节　全能运动的技能训练

全能运动项目多、内容复杂的特点使其训练安排较为复杂，系统分析全能运动的项目与训练的特点，安排详细的训练计划是取得优异成绩的基本保证。

一、选　材

有关资料表明，全能运动选材应特别注重运动员的形态、素质、机能、心理与技能等方面的发展潜能，全能运动项目选材的具体内容见《运动员选材学》。

二、训　练

（一）全能运动训练的生物学基础

生物学训练是指运用生物适应的原理，通过运动负荷使机能得到适应性发展的训练过程。

1. 身体训练

身体训练必须遵循全面发展的原则。速度、耐力、力量等运动素质在全能运动的身体训练中占有和技术训练同等重要的位置。

（1）速度训练：速度是身体训练的主体，贯穿于全能运动所有的项目。如位移速度、动作速度、反应速度等。

①位移速度。位移速度与力量素质有密切的关系，在练习时相互结合效果更佳。具体方法为负重跑、负重高抬腿跑；另外重复跑、上下坡跑等都可提高位移速度。

②运动速度。动作速度需要瞬间爆发，所以发展动作速度的训练基本上等同于速度力量的训练，如进行最快速度的反复跳跃、单足跳 30 m、立定跳远和多级跳等，另外，投掷轻器械也可以很好地发展运动员的动作速度。

③反应速度。a 利用突发信号的重复练习，即发出信号要运动员做出某一个动作越快越好；b 按信号做选择性练习，可进行与信号相反的动作练习，如发出站立的信号做出下蹲的动作；c 运动感觉法，即在规定的间隔时间内完成某一个动作，使运动员有明确的时间感。

（2）力量素质训练：力量素质主要表现为绝对力量、相对力量、速度力量。

①绝对力量。是指无论体重大小，身体或身体某一部分肌肉克服最大阻力的能力。具体的训练方法与手段主要是杠铃练习，包括抓、挺、提拉、握推、半蹲、深蹲等。

②相对力量。每千克体重所具有的最大力量，若是体重增加而力量不变，则相对力量就变小。相对力量主要针对全能运动项目中的跳远、跳高、撑竿跳高项目。要增加这些项目的力量，要对体重进行控制。具体手段是运用轻杠铃、哑铃、壶铃、杠铃片、实心球和联合器

械进行各种练习，力求全方位发展肌肉力量。另外，对体重要进行控制。

③速度力量。是指肌肉在运动时快速克服阻力的能力。发展的具体手段为运用各种器械做与各单项技术相结合的专门力量练习，如铅球的前后抛、用不同重量的壶铃模仿铅球技术练习等。

（3）灵敏素质训练：灵敏素质是指运动员掌握技术、应付外界复杂环境的应变能力。如滚翻、手翻等动作可以使全能运动中的跳高、跳远、撑竿跳高和掷标枪、掷铁饼的成绩得到提高。学会踢足球、打篮球、打排球、跳舞都可以改善灵活性，使运动员的协调性也得到进步。在训练实践中，较高的灵敏素质对每一项技术都起到积极而明显的效果。

（4）柔韧素质训练：柔韧是指关节的灵活性，肌肉、肌腱的弹性在运动实践中称为柔韧性。主要发展手段有肩关节绕环，腰部成"桥"横、竖劈叉，大腿后群肌韧带的牵拉练习。同时，柔韧训练也可以使身体的协调性得到发展。

2. 技术训练

技术训练主要包括转项技术训练与弱项技术训练。

（1）转项技术训练：就是指由一个项目的训练转到另一个项目训练的过程，此时动作节奏、肌肉感觉也应迅速适应转项的训练方式。由于全能比赛的每个比赛单元要进行 2～3 个项目。转项训练就是彻底摆脱上一个项目的肌肉感觉，完全进入到本次运动项目的比赛感觉中来。如刚结束 100 m 比赛，在有一定疲劳积累下进行跳远，就必须迅速进入跳远比赛状态。转项技术训练是全能技术训练区别于其他田径项目的特点之一。在训练过程中，可运用"组合式"或"程序式"的训练方法把每个比赛单元的项目"串联"起来训练，多次刺激，达到短时间消除负迁移和减少干扰的作用。

（2）弱项技术训练：由于自身兴趣与身体素质发展水平的限制，大多数全能运动员均在一定程度上存在薄弱项目。所以，对薄弱项目进行重点训练是全面提高全能运动成绩的有效途径。

目前，我国男子十项全能运动总是徘徊在 8 000 分左右。其中问题主要集中在投掷和 1 500 m 项目上。所以，训练中必须全面考虑、系统分析，训练计划中必须安排一定比例的耐力训练。同时注意培养运动员的意志品质和不到最后一刻决不放弃的精神，最终提高弱项的成绩，使全能运动员的成绩达到一个质的飞跃。

3. 高原训练

运用高原训练方法创造优异的成绩是在 1968 年第 19 届墨西哥奥运会之后才开始的。因为赛前的高原训练使运动员在比赛期间创造了许多世界纪录，并且这些世界纪录还保持了相当长的一段时间。如 100 m 世界纪录保持了 15 年；200 m 世界纪录 11 年后才被打破等。

全能运动的各单项对运动员运动能力的要求比较高，高原训练使运动员机体的携氧能力与运动能力得到提高，可以大幅度地提高 1 500 m 和 800 m 耐力类项目的成绩，所以，高原训练为全能运动提供了重要的训练方法和手段。

4. 恢复训练

由于全能运动项目多，机体承受的负荷大，比赛持续时间长，因此，在比赛中与比赛后的恢复是提高成绩的重要因素之一。具体方法如下：

（1）主动休息：主动休息是指在训练与比赛的间歇，主动地进行一些整理与牵拉活动，使机体疲劳程度降低的休息方式。如 400 m 跑以后应慢跑一圈，然后进行一些整理与柔韧练习，防止乳酸堆积而使肌肉僵硬、失去弹性，同时可以预防运动损伤。

（2）被动休息：被动休息指在比赛与训练结束后，采用一些非积极、非主动的活动来消除疲劳。如睡眠、淋浴、按摩等。特别是睡眠，没有充分的睡眠就不可能得到充分的休息。如果在睡眠之前进行按摩与淋浴，就可以使第二天的比赛精力更加充沛而获得更好的成绩。

（3）心理恢复：在训练和比赛的过程中，需长时间地动用心理能源物质。如果没有进行良好的心理恢复，不仅运动员的心理疲劳难以消除，而且对运动员今后的比赛和训练也有相当大的影响。心理恢复的具体方法有自我暗示、表象训练、自我放松训练等。

（4）营养与恢复：营养不足会直接影响到运动员恢复的速度，还会导致机能的减弱。在训练中应针对全能运动这一综合性项目配以专门的营养师进行饮食的合理搭配，并配合中药的滋补（如人参、蜂蜜、阿胶、虫草、甲鱼等）与维生素的补充。维生素不仅能消除疲劳，加快机体恢复，还能提高运动员的运动能力，具有促进物质能量代谢的作用。另外，全能运动项目多、比赛持续时间长，糖的补充也相当重要，食用抗疲劳物质对疲劳消除有着相当重要的作用，如麦芽油、碱盐、碱性食物、肉毒碱、天冬氨酸盐、咖啡因（限量）、磷酸盐等。

（二）全能运动训练的社会学基础

社会学训练是指运用社会科学的理论，通过管理、行政、心理训练与信息交流等手段提高生物学训练效应的训练过程。社会学训练是一个具有广阔发展空间的新领域。

1. 心理训练

全能运动员不仅要掌握各项目技术、合理安排训练策略与比赛战术，还要有良好的心理状态。全能运动比赛是通过积分来排定名次的，任何一项比赛中出现明显失误都有可能导致比赛的失败。所以，运动员必须进行良好的心理训练以面对比赛时的各种压力。

心理技能的训练方法有：

（1）放松技能训练：是利用语言暗示、意念和想象的力量，使肌肉松弛、呼吸减缓，身体、情绪、心理处于平静状态的训练。具体为表象放松训练，即在比赛前通过自己的意念想象逐渐达到放松的目的；呼吸放松，包括深呼吸、腹式呼吸、内视呼吸等，主要运用于全能比赛过程中；肌肉放松，先使肌肉僵硬，再对全身进行放松等方法，在赛后进行效果最佳。

（2）表象技能训练：是指运动员主动地、有目的地利用自己头脑中已形成的表象进行训练的方法。具体方法为，首先从放松开始，然后进行基础表象训练——尽可能地唤起参与运动时的各种感觉；其次对技术动作进行清晰的回忆，以此达到对每个动作进行控制；最后达到表象与技术训练相结合。

（3）注意技能训练：注意是心理活动对一定事物的指向和集中，它是心理活动的门户，是心理过程正常进行的必要条件。可以通过视觉、听觉、呼吸、意念来集中注意力。也可以利用干扰条件锻炼注意力，以达到"闹中求静"的效果。

2. 信息化训练传递与控制

全能运动训练信息传递与控制是指运用信息科学和信息规律，获取、处理、传递、掌握有关运动训练信息，从而对训练过程进行最佳控制的训练方法。现代运动训练最显著的特点是运用多学科知识理论与多种科学技术进行训练。在训练过程进行各种测试，以获取、存储、处理、传递各方面的信息，使训练计划、方案的控制达到最佳化。信息化训练控制的主要内容包括：学习最新训练理论与方法，掌握运动训练最新动向；引进最新技术；进行训练理论的发展与交流；对竞赛水平进行预测，对技术动作进行诊断与设计；场地器材的更新以及竞赛中的"知己知彼"等。

　　全能运训练信息控制的内容主要作用于训练方法、手段、科学的选材、管理、营养与恢复手段、体育运动场地、器材、设施的改进、新的规则和对当前运动成绩进行分析。

3. 训练管理

　　全能运动训练管理是指对全能训练系统的人、财、物、信息、时间等基本要素进行计划、组织、协调、控制、监督的过程，训练管理流程见图 16-5。

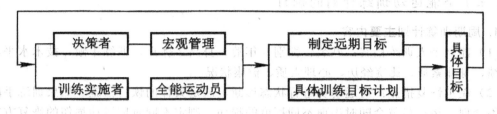

图 16-5　训练管理流程

　　训练管理应做到"以人为本"即以运动员的发展需要为管理的基本依据，以充分保证生物学训练效应为基本目标。

　　如模拟训练主要针对"己"与"彼"两种情况，"己"主要是指运动员在比赛之前，针对自己的具体情况进行反复研究，模拟在比赛中可能出现的情况进行训练。使自己在比赛中保持良好的心理状态。"彼"则表现为了解对手，不仅了解对于的实力、特点，而且还要对环境进行分析，尽可能作出准确的判断，制定出自己的训练计划。按照比赛任务要求，针对比赛对手、场地器材、环境、气候等因素的变化，提前在训练中进行模仿、演示，使运动员尽可能适应这种有针对性、有目的的训练，这种特殊的训练就是模拟训练。分析对手的强弱项和环境因素，模拟训练的具体程序为大量地收集信息，分析对手的实力和环境因素。建立对手和环境的模型，进行模拟训练，并进行检验和评价，制定出具体对策。如果在检验中存在某些问题，要精心调整和反复改进，细致分析原因，重新建立模拟程序，以达到战胜对手的目的（图 16-6）。

图 16-6　模拟控制训练流程图

　　例如，如果得到对手跳高实力强的信息，则选择与跳高专项的运动员一起训练；如果1 500 m 或 800 m 的成绩与对手相当时，就选择成绩相当的运动员陪练，如根据自己的特点进行跟跑或领跑等；在比赛前选择气候、环境与比赛场地差不多的地方或者条件更差的地方进行模拟训练，以便更好地适应比赛环境。分析对手、适应比赛场地，有针对性地进行模拟训练，同时也可以增强信心，准确地布置战术，为取得优异的成绩创造条件，最终确定战胜对手的方案。

（三）全能运动训练计划的制订

1. 周期训练计划主要内容

（1）建立个人训练档案：姓名、性别、年龄、身高、体重、训练年限、技术水平、各方面成绩、身体素质、比赛经历、心理素质、健康状况。

（2）制定恢复措施：对运动员进行状态诊断，制定具体的恢复措施。如果训练手段和方法的不合理，运动员就会随时出现不同程度的损伤。制定不同时期运动损伤的恢复方案是运动员取得胜利的重要基础。

（3）明确具体比赛任务指标：明确未来一年里所要参加的比赛以及在比赛中要达到的名次与成绩。

（4）个人训练周期的（阶段）划分：因"训练效应"存在个体差异，所以，运动员训练阶段与周期的划分应因人而异。

（5）运动负荷：这是计划的重要部分，也是计划的核心。合理的运动负荷不仅是运动员取得好成绩的基础，更是延长运动员运动寿命的保证。在制订计划的过程中务必考虑到：①运动员的训练水平和负荷承受能力；②比赛的任务要求；③不同季节的训练特点；④负荷与适应的良好反馈。

2. 制定全能运动训练计划的基本步骤（图 16-7）

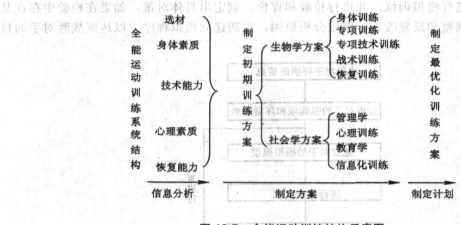

图 16-7 全能运动训练结构示意图

第四节 全能运动的实训计划

全能运动训练是不断改进和完善各单项技术及提高身体素质的一项系统工程。教练员在制订计划时，除应考虑运动员的年龄、训练年限和训练水平外，还应考虑个人特点，以充分发挥各自的优势。在训练计划中，应对所有的数据和指标进行仔细的比较、评价和计算。研究表明：女子能适应和男子一样的训练方法和手段，在增加力量、耐力和改善有机体机能方面能收到同样的效果。但是，由于女子生理上的特点，机体负担最大紧张工作的能力稍差，体力消耗所需的恢复时间较长。因此，在最大限度的耐力训练时，应比男子有更长的休息时间；安排训练课负荷量时，应比同一训练水平的男子少些；在跑量上应比男子少20%左右。

一、多年训练计划

根据青少年的特点，全能运动员的训练可以六年为一个大周期。青少年六年训练安排如下：

第一年：全面发展身体素质，重点是发展速度、灵活性及柔韧性，做一些技术性模仿练习。

第二年：在全面发展身体素质的基础上，学习和掌握一些重点项目的技术。

第三年：在继续全面发展身体素质的基础上，全面掌握各项基本技术。

第四年：在全面掌握各项基本技术的基础上，掌握较复杂和较关键的技术动作。

第五年：进一步提高身体素质，改进各项技术，加强意志品质的培养，争取多参加比赛。

第六年：提高训练强度，争取创造个人全能运动最高成绩。

二、全年训练计划

青少年全能运动员全年训练计划应根据多年训练计划和全年的比赛任务加以安排。

全能运动员的训练课应综合性地安排内容，一般一次训练课包括2~3个项目。训练课开始时，先进行发展速度和改进技术的练习，然后进行发展力量和弹跳力的练习，最后进行发展一般耐力和专项耐力的训练。

（1）在准备期的前期训练阶段，要安排大量的中速跑、变速跑、加速跑和越野跑来发展速度和一般耐力；采用各种轻器械和各种跳跃练习发展力量和弹跳力；采用专门练习和模仿练习改进与提高各项技术。

准备期的后期训练阶段要加强速度、速度耐力的训练；发展专门的跳跃和投掷能力；安排各项完整技术的练习。训练负荷的大、中、小节奏安排要明显，一般采用2~3周加大负荷量，下一周减少负荷量的训练方法。准备期每周安排5~6次训练，每次1.5~2 h，每次课男子全能运动员安排3项训练内容，女子全能运动员安排2项。在一周训练中，各项目应至少安排一次技术训练，需重点改进的项目要安排两次。

（2）竞赛期要加强完整技术训练、基本训练和专项素质的训练，训练强度应提高到接近比赛强度，训练量下降30%左右，训练负荷节奏要明显。根据青少年的特点，应严格控制大运动量、大强度训练。练习要少而精，一般可采用连续性或间隔性的安排方式。间隔性安排是按比赛顺序将全能各项划分为几个组合，在3~4天内完成。

（3）休整期训练采用一般性的身体练习，如打球、划船、游泳等，使机体得到恢复，为下一年的训练做好准备。

总之，全能运动是一个综合性运动项目，教练员不应采用单项训练的方法来训练全能运动员。为了提高青少年全能训练的兴趣，必须不断地变换训练内容。全能运动员必须坚持多年系统的科学训练，才能取得理想的成绩。

参考文献

[1] 吴永海. 田径训练使用手册. 北京：国家行政学院出版社，2013.

[2] 文超. 田径运动高级教程. 3 版. 北京：人民体育出版社，2013.

[3] 李老民. 田径运动教程. 北京：北京体育大学出版社，2012.

[4] 孙南，熊西北，张英波. 现代田径训练高级教程. 北京：北京体育大学出版社，2011.

[5] 孟刚. 田径. 北京：北京师范大学出版社，2011.

[6] 李鸿江. 田径. 北京：高等教育出版社，2008.

[7] 刘建国，宫本庄，周铁军，等. 田径运动. 北京：高等教育出版社，2002.

[8] 车保仁，李鸿江. 田径：专修. 北京：高等教育出版社，2000.

[9] 全国体育院校教材委员会. 田径运动教程. 北京：人民体育出版社，1999.

[10] 国际田联编写组. 现代田径技术. 中国田径协会《田径指南》编辑部，1990.